每周蒋讲

法律服务的未来

蒋勇 著

中国政法大学出版社

2019·北京

图书在版编目（ＣＩＰ）数据

法律服务的未来/蒋勇著. —北京:中国政法大学出版社,2018.8
ISBN 978-7-5620-8444-0

Ⅰ.①法… Ⅱ.①蒋… Ⅲ.①互联网络－应用－法律－工作－研究－中国
Ⅳ.①D92-39

中国版本图书馆CIP数据核字(2018)第177645号

出　版　者　中国政法大学出版社
地　　　址　北京市海淀区西土城路25号
邮寄地址　北京 100088 信箱 8034 分箱　邮编 100088
网　　　址　http://www.cuplpress.com（网络实名：中国政法大学出版社）
电　　　话　010-58908437(编辑室) 58908334(邮购部)
承　　　印　北京中科印刷有限公司
开　　　本　880mm×1230mm　1/32
印　　　张　10.625
字　　　数　250 千字
版　　　次　2019 年 1 月第 1 版
印　　　次　2019 年 1 月第 1 次印刷
定　　　价　66.00 元

"每周蒋讲"伴我成长

2014 年春天，我和小伙伴们聚在一起，商量怎么在初创的天同诉讼圈微信公众号上做一些创新。那时，罗辑思维这样的知识社群非常红火，它的创始人罗振宇的专栏也极受欢迎。天同诉讼圈的主编想想姑提议说，要不蒋律师也开个专栏吧，名字就叫"蒋讲"。我说，既然开专栏，那就争取做到每周一篇，干脆就叫"每周蒋讲"吧。

当时的我没有想到，灵感一现蹦出来的这四个字，会在之后三年时间里成了"紧箍咒"一样的存在：它不仅需要每周更新，还需要我每周都讲出一些有价值的原创内容来。于是，搜肠刮肚地梳理我的知识和经验储备，在处理完各项工作后加班把文章赶出来，每个周五发表在"天同诉讼圈"上，成了我在很长一段时间里的必备动作。

2017 年 1 月，由于愈加繁重的工作，我不得不将"每周蒋讲"改为不定期的"蒋讲"。"紧箍咒"是松掉了，我却常常感到失落和遗憾。重新整理文稿，更觉得从前这段被更新节奏倒逼着"每周蒋讲"的日子值得怀念。

自从 2014 年 5 月 23 日推出第一篇文章以来，"每周蒋讲"专栏坚持更新了 132 期。除了五一、国庆、春节这样的大假期，每周从未间断。专栏内容涵盖律师成长、律所管理、法律生态圈、法律服务的互联网化等方方面面，不仅有我的自说自话，还引入对话、问答等多种形式，展现在互动中碰撞出的思想火花。文字之外，我们还尝试了语音、视频等呈现方式，让内容更加立体丰富。

一期期积累下来，三年多时间里，"每周蒋讲"专栏一共发表了超过 46 万字的内容，累计被阅读了超过 200 万次。

这些文字让我有机会参与到行业内重要话题的讨论中去。

我曾就律所合伙人的薪酬分配问题连续写过三篇文章，表达我对这一律师行业"天下第一问"的看法；也曾连续发表三篇有关法官与律师关系的演讲，坦诚地表达我的困惑与希冀。在元旦和青年节，我常常"熬制鸡汤"，以切身感悟寄语青年律师。在技术变革深入法律行业之时，我多次谈及有关互联网、大数据、云计算、人工智能的基础认知，并且研读理查德·萨斯金（Richard Susskind）的新书《专业人士的未来》（*The Future of the Professions*），在第一时间与大家分享⋯⋯

所有内容，不敢妄言成熟完善，但始终真诚开放。我竭尽所能地与大家分享我的所思所想，以我的感悟为同行提供参考，期待在法律生态圈中以律师的视角贡献有建设性的意见。

这些文字也让我结识了一帮志同道合的朋友。

我常说，移动互联网的传播是一种"圈层传播"，只有对内容感兴趣的人才会点开来阅读，只有被内容打动的人才会转发，发起新一轮的传播。如此看来，"每周蒋讲"专栏的每一篇文章都像是一份邀约，找寻着关注这些话题，认同这些理念的朋友。当越来越多这样的人聚在一起，内容也被传播得越来越广，甚至产生奇妙的"蝴蝶效应"：2016 年全国律师代表大会期间，一篇呼吁国家加大对律师行业基础设施建设投入的专栏文章有幸得到许多与会代表的关注与认可，形成提案在大会提交。

很多律师朋友告诉我，他们会在每周五下午守候"每周蒋讲"的更新，这个专栏里的每一篇文章他们都会仔细阅读。这对我而言，是难得的信任，也是无比珍惜的缘分。

在这个过程中，我自己也收获了难得的成长。

我一直相信，写作是绝佳的思考方式，可以帮助我们理清那些似是而非的模糊念头。我们从来都不需要把某个问题完全想明白再提笔写作，写作自会督促我们反复检视认知，梳理逻辑，破解疑惑，直至搭建起相对完善的知识体系。

这对于平日里忙于琐碎事务的我来说尤其可贵。我们太容易陷在那些紧急但不重要的事务当中，却把重要但不紧急的事务抛在脑后。"每周蒋讲"就像是一个闹钟，定期地提醒我从日常事务中抽离出来，反思前行的方向。

一般而言，写作是一个孤独的过程。幸运的是，我的写作有团队的陪伴。在这里，我尤其想感谢"每周蒋讲"专栏的幕后团队。

最开始的时候，主要是连哲——一个充满灵气的湖南小姑娘——配合我写作。连姑娘是中国人民大学新闻系硕士，毕业后就加入了当时天同的新媒体事业部。她对内容运营很有想法，文笔也非常不错。每当我确定选题后，就会天马行空地跟她聊上两个小时，由她来把这些零碎的想法整理成文。在这个基础上，我再提出修改意见。其他新媒体事业部的小伙伴和当时在新媒体事业部轮岗的天同律师也会参与进来，协助我完成了若干期内容。

对他们来说，这不是一件容易的差事。在一周一文的快节奏里，他们往往周一周二才能等到我确定选题，聊清楚想法，然后花一两天时间整理成初稿，再根据我的意见反复修改，甚至全部推倒重来。熬夜写稿，或者天不亮就起床写稿，是每一个参与者的工作常态。

2015 年初，当时还是中国政法大学法学院研三学生的邹一娇加入了进来，最开始是担任视频栏目"蒋讲·会客厅"的编导，后来就跟我一起写文章，协助我完成了后面"每周蒋讲"专栏的绝大部分内容。

一娇特别难得的一点在于，她是一个充满好奇的人。沟通选题时，她会敏锐地抓住我说得不够清楚的点，追问下去。如果我的回答给了她新的认知，她的眼神里会有发现宝藏般的光芒，鼓励我更加深入地讲下去。除了梳理我的输入，她还会主动发掘国内外的研究成果，输出给我，沉淀到文章里来。所以，后来的"每周蒋讲"，其实不只是我在"讲"，也有她的很多智慧贡献。

两年多时间配合下来，我和一娇也变得非常默契。最开始的时候，我们可能需要聊上一两个小时，她才能知道我想些什么。但到后来，可能就是聊一二十分钟，甚至只是几句话给她一个方向，她就能完全明白我的想法。所以我常笑称，我的脑子有一半在她那儿。

2015 年 7 月，我受邀作为校友代表，在中国政法大学法学院研究生毕业典礼上发表演讲。一娇协助我准备了这次演讲的内容，同时作为当天的毕业生坐在台下听我演讲。典礼结束后，我们捧着鲜花在台上拍了一张合影，这也算是非常奇妙的缘分了。这篇题为《到处都是我们的人》的演讲稿也引起了很多法律人的共鸣，成为当时阅读量最多的一篇"每周蒋讲"专栏文章。

借着此次出版，我想感谢一娇，感谢连姑娘，感谢小雨、润众、李谦、大龙、皓哥、李岩、大鱼等等协助我写作"每周蒋讲"专栏的小伙伴们。你们承担了写作中最苦最累的工作，帮我梳理思路，润色想法。如果没有你们，就不会有这个专栏，更不可能三年如一日地坚持更新，始终有高品质的内容产出。当然，还要感谢为这个专栏出谋划策的想想姑和范否，无讼视觉团队的闫导、世功、小娟，以及大莹哥、杨yy、崔三杯等好多位先后在天同新媒体事业部或无讼新媒体板块工作的小伙伴们，你们的贡献让这个栏目增色不少。

我也想感谢一直以来始终关注"每周蒋讲"的朋友们。你们的信任和支持是我坚持写作的最大动力，你们的分享与转发才让"每周蒋讲"被这么多人认识和记住。可以说，是你们和我们一起打造了"每周蒋讲"，和你们一起讨论交流，传播理念的日子让我无比难忘。

"每周蒋讲"伴我成长，其实也是你们伴我成长。

此次将文章结集出版，旨在体系性地呈现过去的思考沉淀，为更多人提供参考，同时也想以此纪念过去三年多里我和小伙伴们一起实践、写作、交流，并且在这个过程中共同成长的美好时光。创业本来就是痛并快乐着，这样的成长一去不复返，却凝结成了继续前行者取之不尽，用之不竭的力量。

对我个人来说，"每周蒋讲"早已不仅是一个专栏，更成为一种符号，提醒我不要懈怠，要坚持思考与分享。所以，我也把这个图书系列命名为"每周蒋讲"。除了"每周蒋讲"专栏此前的文章，我接受委托完成的全国律协课题的研究成果也被收录了进来。

常有朋友问我："每周蒋讲"文章为什么不写了？我半开玩笑半当真地回答：因为"蒋"郎才尽啦！是的，文字是思想的结晶，而思想是实践的升华。所以，我历来认为，没有实践就没有思想，没有思想写出来的文字就是苍白的。三年多来每周一篇的文章，建立在我十多年的法律服务实践基础上。这些文字，不说厚积薄发，起码也是有感而发。

正是因为这个原因，当我感觉文思枯竭的时候，我知道，那不是因为别的，是我的实践不够支撑思想了。法律服务的新的实践，需要更多创新的探索，需要有不怕失败，勇往直前的精神。我是时候重新埋头苦干，多做少说了。不过请大家放心，我这辈子都肯定是献身给法律服务行业，献身给法律服务创新事业了，所以我一定会积累实践后重返"每周蒋讲"的，此次出版就当做是我成长历程中的一个小小逗号，期待"每周蒋讲"和大家再续前缘！

朋友们，前路漫漫，让我们彼此相伴，共同成长！

序　言

　　我们这个行业对法律服务的未来的思考，大概是从互联网时代的兴起开始的。当移动互联网改变了传播、改变了购物、改变了出行，我们行业里充满警觉的律师们也开始思考，"互联网＋法律"，会让未来的法律服务变成什么模样。

　　大家的态度常常会有这样两种极端：有人对这样的未来充满忧虑，担心会不会被抢去了饭碗；有人则轻视技术的力量，在他们看来，法律服务这个行业太特殊，太与人的情感和智慧相关了，很难被冷冰冰的技术改变。但如果我们可以更好地理解技术的作用机理，这样的极端或许会被化解。

　　说到底，法律服务的过程就是传递和处理信息的过程。当技术改变了信息储存、传递、处理的过程，也就必将改变法律服务的状态。也正是在这个意义上，我相信，未来的法律服务必定会与今天的有极大的不同。

　　在过去，律师事务所更像是一个个小作坊或者小作坊的集合，从前期的品牌推广、拓展案源，到会见客户、达成代理协议，到提供法律服务的具体环节，往往都是由同一位律师来完成。

　　技术的发展将降低信息传递和处理的成本，带来律师工作方式、律所组织形式等多方面的变革。此前难以实现的法律服务的分工与协作将愈加深入，大数据和人工智能也将协助律师更高效地完成工作。一些原本只能由紧密协作的律师团队完成的业务将可以由单独的个体通过互联网平台上的协作完成。紧密协作的律师团队则会主动顺应社会发展中法律服务需求的变化和律师行业的进步方向，开发更多依赖于律师的智慧和创造力、需要律师紧密协作才能完成的新型业务，创造出新的蓝海。

我相信，法律服务终将在未来迎来一场自己的"工业革命"。一些基础的律师工作可能会被机器取代，但与此同时，行业内也会诞生越来越多的新工种和新的工作机会。与其一味地拒绝或者恐慌，不如更加深入地了解这个趋势，将自己融入到这个进程中去，找到在未来法律服务市场中的新位置。

除此之外，司法体系的运转方式也将在未来发生改变。随着新的技术基础带来的法律职业更进一步的分工协作和整体的效率提升，未来的法院也将变得更加开放和智慧。在这里，公平正义将更加高效率、低成本地得到实现。

当然，以上的图景都只是一些遥远的设想。通往它的路径到底在哪里，还有赖于这个行业的创新者们的扎扎实实的探索和实践。

这必然不是一条容易的路。无论是法律互联网的创业者，还是智慧法院建设的实践者，都肩负着法律领域的从0到1的使命。在这条不曾有人走过的路上，反复地试错，调整方向，甚至全部推倒重来，几乎是一种必然。其中的迷茫、疲惫、怀疑、痛苦，相信每一个参与者都曾有深切体会。

本书收录了此前"每周蒋讲"专栏中所有和法律服务的未来相关的文章。它见证了我在过去的两三年时间里逐步理解变革逻辑的过程，也记录了我和无讼团队的许多实践。必须承认，回过头来看的时候，我也常常会觉得此前的许多思考是浅陋的，但是，它们都是我们在那个时期的努力所留下的宝贵印记。

期待未来行业中的更多人可以和我们一起参与到这个进程中来。我从来不认为法律服务的互联网化和律师的工匠精神是对立的。相反，越是追求极致的法律服务，就越要尝试所有可能的方式，真正实现它。我坚信，这必将引领着我们，开创新的未来。

Part 1
理解技术逻辑

《在线》，有关未来世界的新常识 *

原文发布于 2016 年
10 月 28 日。

前不久，无讼的法律人工智能机器人法小淘在杭州举办的世界最大规模的开发者大会——云栖大会上发布了！法小淘的诞生得到了阿里云提供的底层技术支持。在其研发和面世过程中，阿里云总裁胡晓明、阿里巴巴技术委员会主席王坚博士、阿里巴巴法务副总裁俞思瑛都给了我们很多关心和鼓励。王坚博士还亲临云栖大会无讼的展台，并向我们赠送了他亲笔签名的首发新书——《在线》。

在今年云栖大会主论坛上的演讲中，王坚博士曾引用马云的评论，笑称这本书拥有"上个世纪的设计，下个世纪的内容"。对前半句的评价或许会因为个人审美的不同而有所差异，后半句所指的内容的超前性则让我对这本书充满期待。

在阿里巴巴，王坚博士一直是一个颇具传奇性和争议性的人物。他在 2008 年 9 月加盟阿里巴巴，担任首席架构师。他创建了阿里云计算公司并任总裁，率领团队自主研发了大规模分布式计算系统"飞天"，完成了云计算公共服务的商业化；他提出并主导了"去IOE"战略，用云计算彻底改变了阿里集团的 IT 基础架构；他率领团队孵化并打造了 YunOS，建立起了商业化的操作系统平台。但是，他并非程序员出身，而是心理学博士。

在《在线》一书的序言里，马云仍然毫不犹豫地力挺王坚："第一次见到王坚博士时，我震撼于他对互联网技术未来发展的理解，有一种相见恨晚的感觉。第一次在集团战略会议上听到博士谈未来数据时代，惊叹于他对数据技术的理解和执着，正因如此，阿里才有了如今的技术布局。""假如，10 年前我们就有了博士，今天阿里的技术可能会很不一样。"

我在云栖大会结束后翻开这本书，系统性地了解王坚博士对在线世界的认识，不由得叹服于他的判断的精辟和清晰，也更能理解马云在序言中的感叹。

"在线，正一点点重构我们生活的基础细节。""互联网变成基础设施，数据成为新的生产资料，计算变成公共服务，这三者结合裂变的结果是新经济的出现，我把它称作计算经济，它是在线时代的经济。"在这本书中，王坚博士用互联网、大数据、云计算这三个要素清晰地勾勒出了在线世界的未来。

认识在线，认识这些要素，也就成了身处这个正在在线化的世界的我们不可或缺的基本素养。只有这样，我们才将更好地迎向未来。

一、作为基础设施的互联网

在王坚博士看来，互联网是这个在线世界的基础设施，因为它让一切在线了。这一切，不妨从最细小的用户行为说起。

在过去，即使是微软这样成功的软件提供商，当它想要结合用户需求提升产品的易用性，也必须设置专门的实验室，观测和分析普通用户使用软件的行为，或者在软件中植入若干代码，让软件自动搜集某些方面的用户数据。这样的数据采集方式是成本极高的，能够搜集到的数据也十分有限。

互联网公司则是一种为在线而生的公司形态。从网站和网页的设计本质来说，它们天生就会让数据沉淀。"你今天在网页上点击一下，这个数据必然反馈给互联网公司，否则，互联网公司就无法在网上显示出相应的页面变化。"也就是说，"互联网的出现让点击这件事变得在线了"。

移动互联网带来的则是比传统互联网更加深度的在线。3G/4G网络和智能手机的在线操作系统让我们可以随时随地保持在线。线上的消息可以随时随地传递给我们，我们的每一次点击、每一次浏览记录也都被线上化了。

除此之外，手机在线化的过程也正在其他东西上被不断复制。

眼镜可以在线了，我们看到的每一个画面都将是在线社会的源头；汽车可以在线了，它的内置设备全天候连接着网络，无人驾驶也因此成为可能；电视机可以在线了，我们在看电视时的所有面部表情、眼球焦点都会成为重要的反馈数据；空调可以在线了，它会实时检测房间里的温度与空气流动，提供可供远程查看的数据……

这将是万物互联的时代，互联网成为万物的基础设施。"所有其他跟互联网看起来没有关系的产业、公司，都会变得跟互联网有关系。"这也正应了我之前常常引用的那句话："未来将不会再有互联网公司，因为，所有的公司都是互联网公司。"

二、作为生产资料的大数据

"数据是本来就存在的，不是因为互联网出现才有的，但有了互联网之后，数据的沉淀和利用变得更容易、更自然、成本更低。"

从最基础的 TCP/IP 协议和路由，再到 http 协议和超链接，这些互联网技术都是数据天然沉淀的基础。"只要在这个基础设施上走，它就会留下脚印。"就像石油在大自然中慢慢沉淀一样，数据也会在互联网上慢慢沉淀下来。

正因如此，互联网时代才有了大数据。大数据的核心并不在于大。在过去，拥有数百亿量级数据的数据库并不鲜见。它的真正核心在于在线，并且是"双向在线"。

一方面，数据的积累是在线的，通过人们的在线行为自然沉淀了巨量数据；另一方面，数据的输出也是在线的，它可以根据数据反映出的用户习惯衍生出新的数据，给用户以反馈。"今日头条"这样的新闻应用所具备的"5 秒算出你的兴趣""根据兴趣智能推荐"的功能，正是秉承着双向在线的理念。

王坚博士用了三个比喻来形容数据的战略价值：它像是望远镜，帮助我们看到一个大到我们以前根本看不到的世界；它像是显微镜，帮助我们看到点击这样的细微到我们此前根本看不到的动作；它像是雷达，当人的所有沟通和交流都在互联网的某一角落留下蛛丝马迹，它可以据此预测未来发生的事情。

在线世界里，数据是重要的战略资源。它是"人类自身活动留下的财富"，是"人类历史上第一次大规模地通过自身活动产生的自然资源"。

三、作为公共服务的云计算

在互联网时代，人们对计算能力的需求大大增强了。即使是在搜索框键入关键字，敲下回车键这样一个小小的动作，也大概需要数万台服务器瞬间提供计算支持。同时，正如石油资源需要开采一样，数据资源也需要被数字化、被计算，才能真正发挥价值。

购置一堆设备来满足这样的计算需求是成本极高的。除了像谷歌那样的大公司，普通的人和企业完全无法满足。但是，计算的需求却又是如此普遍，计算能力的缺乏将大大限制人们的创造能力，同时也会对这个时代的公平性提出挑战。

这就召唤作为公共服务的云计算的出现。它拥有由巨大数据中心承载的巨大计算规模，以在线的方式进入公共服务领域，让每一个人都能以更低的成本获得强大的计算能力。

在王坚博士看来，这和公共电网的出现是一个道理。如果你在19世纪末、20世纪初的美国纽约建一个纺织厂，必须自建一个发电站，才能让那些庞大无比的机器动起来。在很多时候，建发电站的成本可能比建普通的工厂的成本还高。公共电网的出现让电力真正成为人类生活、社会经济发展的基础设施。我们不再需要各自配备发电机，只要接入电网就可以满足供电需求。同时，电的成本也因为规模效应的实现而降低。

一旦云计算成为像电一样触手可及的能源动力，更大的创造力将被激发出来。"有了计算机的公共服务，无论大公司还是个人，无论买得起或买不起计算机，计算不再是瓶颈。"每一个个人，每一个企业，都可以借助于云计算，做出独特的创新，在线的世界也会因此变得更加丰富和精彩。

四、在线让我们看到了完整的世界

当你理解了作为基础设施的互联网、作为生产资料的数据和作为公共服务的计算，你会发现，这个在线世界并非是一个独立于现实世界的虚拟世界。相反，"在线让我们发现了完整的世界"。

"除了原来我们所处的离线世界知识，还有更多丰富多彩的世界文明等待我们去发现。"除此之外，在线的世界摆脱了传统物理学的规则，在这里，我们的交往距离和交往时间都不受限制，从而拥有更大的发展空间。

当然，在线的世界并非没有隐忧。

有人担心，云计算是不安全的，它把你最重要的战略资源，也就是数据，放在别人的平台之上。也有人担心，在线会让我们的缺点暴露无遗："当飞机及其发动机在线后，人们只要在地面控制在线设备，就可以直接让飞机失控，坠落下来。"

对于前者，信任是必需的。它是提供云计算服务的企业赖以生存的根本，也是沉淀大数据的前提所在。"如果你做了一次付出信任感的事情，得到了你想要的回报，那你的信任度就会提高。"在这样的良性互动中，整个社会的信任会逐渐建立起来。

对于后者，与其说它预示着在线世界的危险，倒不如说它提醒着我们，在线世界需要崭新的规则，各方的责任需要被重新界定。"在线世界是一个没有被开荒的世界，我们的工作其实还没有开始，可以做的事情还有很多。"无论是这个世界还是这个世界的新规则，都仍然有待探索，但这不应该成为我们拒绝它的理由。

毕竟，"城市也曾经是一头怪兽，在城市刚刚兴起的德国，有这样一个说法：'在去慕尼黑之前，最好把遗嘱写好。'但我们今天谁也不能否认，城市是人类了不起的发明。"

五、从"在线三定律"看未来

无论如何，必须承认，"在线，正一点点重构我们生活的基础细节。这些看起来不起眼的变化，不断创造着全新的规则与产物。在线的世界会变成什么样，全依赖人类的想象力。我们正处在这样的一个在线的世界，只有在本质上理解它，懂得审视它，学会使用它并保护好自己，才能发展。"

可以确定的是，在线是这个未来世界的根本，不在线的东西将不具有经济价值。在判断一个新生事物是否符合未来的时候，我们不妨参照王坚博士提出的"在线三定律"：

定律一： 每一个比特都在互联网上。

定律二： 每一个比特都可以在互联网上流动。

定律三： 比特所代表的每个对象都是在互联网上可计算的。

这三个定律，不仅意味着在线本身，更意味着，我们要用云的方法，用数据的方法看待世界。前者要求我们在对一个东西做出判断时，首先要看它的规模，而这种规模在离线世界是很难达到的；后者则要求我们告别传统的统计方法，让数据参与决策。

据此，我们其实也可以勾勒出未来法律服务的图景：未来的法律服务一定是在线化的法律服务，每一个法律服务的相关行为都将在互联网上自然沉淀为数据。在云计算的支持下，这些数据将进一步指引我们，提供更高效优质的法律服务。

我们或许没有办法确切地说出这样的未来会在什么时候到来，但我相信，它一定是整个社会在线化趋势的有机组成部分。朝着这样的方向努力和探索，是所有乐意拥抱未来的法律人的使命所在。

将给律师业务带来
"无法计算的价值"的云到底是什么? *

原文发布于 2016 年 4
月 22 日。

在前几期的"每周蒋讲"专栏文章中,谈及律所的互联网化,我屡次提到"云端"、SaaS 这样的概念,并且大胆预言布局在云端的 SaaS 平台将大大加速中国律师行业的互联网化进程。文章发出后,有许多律师朋友在微信上给我留言,向我表达对"云"、SaaS 这类概念的困惑,希望我对此做一些说明。

上周末,我在阿里巴巴位于杭州的总部参加了主题为"DT 时代的创新战略"的沙龙,和阿里的合伙人、云计算总裁胡晓明先生同台讨论。这让我对云计算有了更深刻的认知,同时也让我更加清楚地意识到,"云计算"这个对我们法律人来说,曾经像天上的云一样虚无缥缈、遥不可及的概念,正朝我们扑面而来。只有及时地理解它,充分地运用它,未来我们才能在它的帮助下,实现法律服务中潜藏的"无法计算的价值"。

这期的"每周蒋讲",我就专门来和大家谈谈云计算,以及它在法律行业中可能的应用。

一、云到底是什么?

作为一种科技概念的云,首次出现在 2006 年。当时,互联网巨头谷歌推出了著名的"Google 101 计划",由此带出了云的概念和理论。在此之后,亚马逊、IBM、惠普、微软等高科技企业迅速跟进,纷纷宣布自己的"云计划"。在中国,阿里云创立于 2009 年,迅速成为中国最大的云计算平台;2014 年 2 月,阿里巴巴集团将"云 + 端"确立为未来十年的重要战略。

作为科技概念的云当然不同于我们一般所指的云,却完美借用了天空中云朵的意象:借助于电脑、手机等终端设备和网络连接,用户可以随时随地接入自己保存在服务提供商的大规模服务器集群上的数据和软件服务,而这些承载数据的服务器存在于一个他们根本看不到的地方,仿佛是在云端。这样的服务提供方式也就被称作"云计算"。

它与传统计算的根本区别在于,当你通过电脑、手机等终端设备向云寻求计算服务时,你的电脑或手机并不是真正进行计算的设备。即使你是在自己的屏幕上看到计算结果,所有的计算实际上都发生在其他地方。这里的"其他地方",往往是一个无论在物理上还是法律上都处于你的控制范围之外的数据中心。

通过将计算过程迁移到云上,企业可以在购买、维护和升级企业内部服务器上节省大量人力、物力。另一方面,企业也不再需要以高昂的价格购买软件产品,而只需要按照自己的需求,直接购买与之相匹配的云端服务,从而进一步降低企业运营成本。

这其实与电厂集中供电是一个道理:我们每天都要用电,但并非每家都自备发电机,而是由电厂集中提供;在信息时代,我们对信息化生活和办公的需求日趋强烈，但由于技术本身的高成本、高门槛，很难每一个人、每一家企业都搭建属于自己的计算中心，由云统一提供计算服务就成为一种必然的高效选择。

可以说，在信息时代，云计算扮演着信息基础设施的角色。将计算、服务和应用作为一种公共设施提供给公众，使人们能够像使用水、电、煤气和电话那样使用计算机资源，正是云计算的最终目标。

二、云计算的具体服务模式有哪些?

根据云所提供的具体服务的不同，目前的云计算大体上被分为以下三种类型: IaaS（Infrastructure as a Service）、PaaS（Platform as a Service）和 SaaS（Software as a Service）。

所谓 IaaS，即"基础设施即服务"，有时也被称作"硬件即服务"。它在云端提供的是信息时代的基础设施，即可供租用的场外服务器、存储和网络硬件等设备。用户不再需要购置自己的服务器，就可以基于 IaaS 提供的存储资源和服务器等，创造自己的开发环境和软件应用。Amazon Web Service（AWS）、IBM 的 BlueCloud 均属于此种类型。

所谓 PaaS，即"平台即服务"，则是为企业或个人提供研发的中间件平台，把开发环境作为一种服务来提供。也就是说，PaaS 向用户提供应用程序开发、数据库、应用服务器、试验、托管等服务，用户可以在其平台基础上定制开发自己的应用程序，并把它们通过其服务器和互联网传递给客户。Google App Engine、八百客的 800 APP 都是 PaaS 的代表产品。

所谓 SaaS，即"软件即服务"，服务提供商将应用软件统一部署在自己的服务器上，用户根据需求通过互联网向其订购软件服务，服务提供商则通过浏览器向客户提供软件，并且根据客户所订软件的数量、时间长短等因素收费。早期的 SaaS 主要是围绕企业的非核心业务设计的通用软件模块，比如说在互联网上为用户提供通用的 ERP 系统等等。但是，随着 SaaS 的发展，已经出现了越来越多的定位于垂直细分领域，围绕行业核心业务定制化地打造办公辅助系统的 SaaS 平台。Salesforce.com 是提供这类服务的最有名的公司。

对律师事务所来说，由于没有独立开发应用程序的需求，也少有这方面的人才，直接从云计算中获得软件服务，提升效率是最好的选择。因此，在这三种服务方式中，SaaS 对律师事务所的意义要远远大于前两者。

在商业领域，SaaS 所能提供的服务类型已经非常完善：从最初的客户关系管理、供应链管理到后来的销售管理、人力资源管理、客服管理、项目管理、通讯 OA 类、进销存类、财务报销类等职能，几乎覆盖了企业"衣食住行"的所有需求。我们预计，在法律领域，SaaS 应用的前景也将十分广阔。

三、云计算中的 SaaS 在法律领域如何应用？

SaaS 在法律领域的广阔前景在很大程度上来源于律师行业对电

子化办公与协作的刚性需求。

随着电子化办公习惯的养成，律师事务所有越来越多的电子文档、资料需要存储，律师也需要基于这些文档和资料进行协作。但是，由律所自建系统或者购买相应软件成本高昂，并且需要花费大量精力进行维护，传统模式的律所很难为之提供人力、物力上的支持。购买 SaaS 形式的云端服务无疑是更加便捷的选择。

另一方面，移动互联时代日益兴起的移动办公的需求更意味着，将资料储存在可随时随地获取的云上，而不是律所内部的固定办公系统里，将大大方便律师的远程办公与协作。

更重要的是，SaaS 提供的不仅仅是储存文档和协作的平台，它可以根据法律领域的具体特点和用户的工作习惯提供工具性质的服务，在一个个工作场景上切实解决律师的痛点。由此可以形成更多的行业标准与规范动作，甚至为建立一套更客观全面的行业评价体系提供基础。

在美国，法律领域已经出现了许多 SaaS 方面的探索，其中一个典型的例子就是电子证据交换。

在证据交换这一环节，过去双方往往会交换纸质文件，数量甚至多达好几箱。但慢慢地，随着纸质文件被电脑直接生成的内容替代，电子邮件、声音邮件、电子日历、手持设备上的数据、照片、网页等电子证据越来越多地出现。许多公司倾向于在公司内部搭建系统，进行电子证据的识别、保存、收集、分析和展示，但这样的系统灵活程度不高，技术更新较慢，基于 SaaS 技术的电子证据交换平台逐渐成为一种趋势。

除此之外，欧美律师行业中也已经出现了客户与律所共享的网上交易室，以及建立在互联网基础上的合作平台。在这里，与交易和争议相关的文档可以很容易地被储存和修改。此外，像时间记录、计费管理和客户关系管理这样的功能也是最容易走上云端的。

不过，即使在欧美，云计算当前也尚未成为律所信息化建设的主流选择。这在很大程度上是出于律师们对云的安全性的担忧。

四、云计算安全吗？

虽然云计算的低成本和便捷有目共睹，但是它的安全性也受到过许多质疑。

一种质疑是对将信息外置本身的不放心。在一些人看来，只要信息不被存放在律所内部，脱离了律所的掌控，就存在很大的安全风险。

这样的担心其实是基于对律所信息系统安全的乌托邦式的信任。但事实上，云上的和律所内部的软件都可能遭遇安全问题和数据泄露。

它们的不同点在于，在大多数律所中，并没有充足的保障信息安全，守护数据隐私的人员。正因如此，律所被黑客攻击，信息泄露的事件在英美频频发生，即使是 Cravath 这样的老牌精英律所也难以幸免。但是在云上就不同了，信息的安全和管理是由经过训练的专职专家守护的。这是云服务的业务核心所在，云服务的提供者也会因此投入所有的资源和经验，保护数据不受来自内部和外部的攻击。也就是说，与大家担忧的这一点正好相反的是，把信息存在云上，恰恰比存在律所内部信息系统里更安全！

另一种质疑认为，使用云服务是将客户的信息交给了第三人，从而违背了律师对客户的保密义务。

这个问题在美国律师行业也已经有过许多争论，由律师职业道德委员会签发的一项意见则表明了行业最终的基本立场：只要律师采取了合理的措施来预防信息被非法公布，将客户信息存储在云上并不违反职业道德。虽然美国律师协会的执业行为规范规定，律师必须尽职地保护客户的信息不受律师和其他参与代理、受律师监督的人的非法披露，必须对可能的客户信息的泄露采取合理的预防措施（reasonable precautions），但越来越多的人都开始意识到，在一个不断变化的世界中，这一规范的适用方式也应该发生变化。

在云计算已经渐成常态的今天，单纯地固守"不能将信息交给第三人"的规定而拒绝任何意义上的云服务，无疑是刻板和落后的，也并非这一规则订立的初衷。

这项意见强调，律师的合理预防义务并不意味着律师必须保证电脑储存系统不受任何非法侵入，相反地，它意味着律师必须对需要采取什么样的步骤来预防非法侵入有着可靠的专业判断。这也就意味着，律师应该仔细辨别和挑选可靠的云服务提供者，从而预防信息泄露的出现。只要做到了这一点，律师就尽到了对客户的保密义务。

另一方面，云计算这一技术本身也在不断进步。比如说，Microsoft Azure、阿里云这类企业级的云计算平台，已经允许用户使用自己的加密密匙，这让一些原本较为保守的律师事务所也愿意在未来采用越来越多的云服务。毕竟，降低成本、提高效率始终是律所革新的重要推动力。

事实上，在美国律师行业，云计算被认为是 2016 年最值得关注的科技，越来越多的人和律所都开始接受云服务，并将其视作一股势不可挡的发展趋势。而在中国律师行业，无讼推出的"加速器计划"也正在做这方面的探索。通过提高全行业信息化水平，加强行业基础设施建设，云端的 SaaS 也将为中国律师行业提供绝佳的跨越式发展的机会。

我们设想，在这一次迈向云端的变革中，中国律师业完全有可能与美国的同行们几乎同时起跑，并肩同行，甚至有超越的机会。

大数据能为律师行业带来什么？ *

原文发布于 2016 年 8
月 12 日。

在此前的一篇"每周蒋讲"文章中[1]，我试图澄清律师行业中一些人对互联网的误解：互联网并不意味着喧嚣浮躁，更不是工匠精神的反面。法律服务互联网化进程，会切实帮助律师提高工作效率和服务质量。今天，我想和大家谈谈实现这个进程最为关键的推动力——法律大数据。

所谓大数据，是一种规模大到在获取、存储、管理、分析方面大大超出了传统数据库软件工具能力范围的数据集合。在法律领域，海量的法条、合同、裁判文书等法律相关文本就构成了这样的大数据。通过新兴的数据解构方式，我们可以让机器读懂这些文本，解读出和法律规则、交易规则、诉讼参与人等有关的重要信息，并且发现数据之间的关联。这将从根本上改变法律服务领域的已有格局和传统工作方式。

总的来说，大数据会从以下两个方面为律师行业带来深远影响。

---

1 《法律服务的互联网化与工匠精神是对立的吗？》，发布于 2016年 7 月 22 日，收录于"每周蒋讲"系列图书《律师的成长》一书。

一、大数据的评价价值

我曾经在此前的一篇"每周蒋讲"文章中谈到，律师评价体系是律师行业最重要的基础设施："由于法律知识的专业性，法律服务的受众对律师能力没有足够的判断力，其对律师的选择必须依赖于外界提供的评价。可以说，评价体系是法律服务市场供需对接的基础，从根本上决定了资源配置的走向。"[1]然而，律师评价体系的建立却一直是律师行业里的一个难题。从律师主管机构的律师评级到一些市场机构发布的榜单，无一不因为样本的不全面和数据的不客观而或多或少地面临争议。有说服力的律师评价体系一直未能建立，成为制约行业发展的重要瓶颈。

同样的道理，对法律服务的互联网化而言，如果不能解决评价体系的问题，同样无法建立当事人与陌生律师之间的信任关系，资源的高效匹配就无从谈起。

不过，法律大数据可以为律师的评价体系提供更为客观的评价基础，从而在一定程度上解决律师能力的评价难题。

比如说，从公开的裁判文书法律大数据中，可挖掘出全国诉讼律师的执业信息，为每一位律师"画像"。随着公开信息的增多，这样的"画像"甚至可能扩展到律师的非诉业务。

比如说，从无讼阅读 APP 这样的法律内容社区的数据中，可以挖掘出律师们发表文章的情况，同行的评价与点赞则可以成为评价律师专业能力的重要依据。

1　参见"每周蒋讲"专栏文章《给律师代表大会提建议：呼吁国家加大对律师行业基础设施建设的投入》，发布于 2016 年 3 月 31 日，收录于本书"法律服务的未来变迁"一章。

除此之外，法律行业里其实已经沉淀着一部分有关律师执业状况的数据：在律师行业里，司法行政机关和律协掌握着所有律师的注册信息、执业登记信息等基本数据；在法院系统里，也留存着律师的案件代理状况、提交的代理意见等数据；在教育机构里，存留着所有律师接受教育和培训的信息。

只要整个法律行业的信息公开越来越彻底和深入，就可以采集到这一部分数据。将这些数据综合起来，就可以形成一个多维的律师评价体系。它是全面的，完全可以涵盖每一位律师；同时，它也是客观的，数据采集者的主观意愿可以被降到最低。

当然，即使如此，律师能力的评价也还是会面临争议：不同的因素应该占多大的比例？数据积累的匮乏是否会导致年轻律师在法律服务市场上的劣势？

其实，在互联网大数据时代，我们对律师评价的观念也应该适时更新。

评价律师最重要的意义是为客户选择律师提供参考，而并非单纯为了选出某一领域能力最强的律师予以嘉奖。不同的法律服务难度不同，对经验的要求也就不同，在某一领域内能力最强的律师并非是所有法律服务最佳的匹配者。相反，资深的优秀律师提供服务的定价往往也更高，反而不适于寻求相对低价的法律服务的客户。

因此，律师评价体系不是为了评价而评价，而是为了更好地配置法律行业内的资源而评价。法律大数据能够为律师能力评价提供客观依据，但这并非配置资源的唯一因素，价格、服务意愿等因素也应该被一并纳入考虑。

所以，其实没有必要担心建立在大数据基础之上的评价体系会对缺乏经验和数据的律师不利。定位在适合自己的细分市场里，打造出与之匹配的专业特色，每一个人都可以在法律服务市场里找到自己的位置。

二、大数据的工具价值

从根本上说，大数据增加了承载着法律专业知识的法条、合同、裁判文书等数据被机器分析、读懂甚至应用的可能性，从而为律师的工作提供辅助工具。

当前最容易被采集、解构和分析的法律大数据，是法院上网公开的海量裁判文书。它不仅承载着律师的执业信息，更体现着每一位法官的裁判倾向。通过对裁判文书数据的深度挖掘，可以更好地理解裁判文书的内容，找出案件与案件之间的关联，帮助律师们从过往案例中提炼裁判规则。

具体而言，裁判文书大数据的工具价值至少可以从以下五个方面体现出来：

第一，提高法律检索的效率。通过对裁判文书的解构，可以实现更精准的关键词匹配，甚至可以判断裁判文书之间的相似性程度，自动向律师推送与他关注的裁判文书类似的其他裁判文书。更进一步地，当律师向系统上传新的案件的基本信息，系统将可以通过解构和初步标签化处理，自动推送相关案件和法律法规。目前我们的无讼案例已经实现了这些功能。

第二，预判案件结果。"能不能赢"是当事人最为关心的问题，在过去，只有相关领域极为资深的律师，通过对案件和过往判例的深入分析，才可以得出一个倾向性的结论。但是在大数据的帮助下，可以由系统自动找出相似案例，并且分析以往案例的裁判结果，从而给出对当下案件的预判情况。这样的案例数据基础更为全面，也会比人工的判定方式更加准确，同时，它将在第一时间呈现预判结果，帮助当事人更加理性地看待诉讼。

第三，辅助制定诉讼策略。除了通过提供审理法官的相关观点、最新审判的价值判断等信息，为争议本质提供新的洞见之外，大数据还可以辅助判断证据材料的可采纳性程度：只要将证据材料与待证事实之间的关联关系作为标签，对这种关联关系是否成立进行大数据分析，评估证据与案件事实间的关联关系，就可以辅助律师预判证据被法庭采纳的可能性大小。

第四，解决律师费报价的问题。究竟应该收多少律师费才是合理的？这是律师和客户都感到十分困扰的问题。尽管有律协的指导性定价，但是由于市场信息的不透明，律师仍然很难把握收费标准，畸高畸低的情况时有发生。但是，如果全国的律师和当事人都愿意到互联网平台上贡献律师收费数据，就能够快速获取并统计同类案件的市场平均价格，结合案件难度为诉讼代理寻求合理报价。同时，这样的价格数据也将成为匹配法律服务供需双方的重要依据。

第五，提供服务全程数据支持。前述四个方面的工具性价值并非只能通过一个个单独的互联网工具来实现，它们可以被嵌入一套互联网化的律师办案流程中，从而在律师工作的每一个阶段提供数据支持。比如说，为律师提供在线的工作模板，自动推送相关的法律法规和法官的裁判倾向，从而为律师的工作提供智能辅助，提高律师工作效率。

以上五个方面是我对未来裁判文书大数据应用的一些畅想。它们并非立即可以实现，但却是在大数据支持之下可以预期的未来。

这只是一个应用的例子。通过对法律法规数据、合同文本数据等法律数据的搜集和深度分析，可以预见，大数据为律师工作带来的工具价值将是全方位的。

三、大数据与律师行业的未来

应该注意的是，大数据的评价价值与工具价值并非完全独立，而是彼此促进的。

一旦律师的工作更多地依赖于线上的大数据办案工具，并且养成线上工作习惯，就可以收集到律师的工作数据，从而将律师的每一次作业过程纳入评价体系，形成对律师更全面准确的能力评价。同时，根据律师使用大数据办案工具的反馈，又可以进一步优化工具本身，更好地为律师提供辅助。

这将完全改变人们依靠人脉找律师，律师在拓展人脉上花费太多精力而忽视专业能力本身的现象，律师执业仅凭个人知识和经验积累的"刀耕火种"的作业方式也将被改变。

可以说，法律大数据对于律师行业的最核心意义在于，它为分析经验和专业知识提供了工具。它既让普通人有了辨识陌生律师法律服务水平的能力，也为个性化极强，极其依赖于律师个人的知识和经验的律师工作提供了辅助工具。

法律大数据甚至为人工智能技术的发展提供了至关重要的训练

基础。未来，当机器积累和学习了足够多的法律数据，它将发展成法律界的人工智能，在一定程度上替代律师的部分工作。事实上，建立在 IBM 的 Watson 认知计算系统基础上的 Ross 法律应用已经开启了这样的未来：使用者可以用通俗易懂的英语向它提出法律问题，它则会自动检索成文法、判例法以及其他资源。

这无异于工业革命之初棉纺机器对于纺织工人的意义：工业革命中的机器替代的是人的体力劳动，并通过大规模生产的方式提高行业生产力水平；大数据技术则可以在信息不对称极其严重的法律服务领域实现更为高效的资源配置，免去律师花费在人脉上的过多精力，同时在一定程度上替代人的脑力劳动，甚至比人做得更好——对律师来说，要搜集、阅读相关领域的所有案例并且对其烂熟于心几乎是不可能的事情，大数据则可以轻而易举地做到。

借由大数据的辅助，整个行业的资源配置方式和律师们的工作方式将大大不同于以往。律师工作将迎来"机器辅助时代"，将其称为法律服务领域的"工业革命"或许都并不为过。在此后的"每周蒋讲"专栏文章中，我将就人工智能对法律服务业的影响做专门介绍。

人工智能对律师行业意味着什么？ *

原文发布于 2016 年 8
月 19 日。

在上一篇"每周蒋讲"文章中，我分析了大数据
对律师行业的意义所在 [1]。值得注意的是，当律师行业
每天产生的数据越来越多，我们搜集、分析和计算数
据的能力越来越强，其实就可以发展出另外一种将对
行业产生革命性影响的技术——人工智能。

虽然人工智能这个概念今年在法律圈内被广泛关
注，但是它究竟是什么，可能为律师行业带来什么，
其实还没有被充分认识。因此，我最近特意读了两
本和人工智能有关的书：一本是普利策奖得主，专注
于机器人与人工智能领域报道的记者约翰·马尔科夫
（John Markoff）的《与机器人共舞——人工智能时代
的大未来》；另一本则是谷歌工程总监雷·库兹韦尔
（Ray Kurzweil）的《如何创造思维——人类思想所揭
示出的奥秘》。前者记载了这位记者对人工智能领域
长时间的观察，后者则从技术角度解读了人工智能的
原理所在。

结合这两个视角，我们或许可以一窥"人工智能"

---

[1] 参见"每周蒋讲"专栏文章《大数据能为律师行业带来什么？》，
发布于 2016 年 8 月 12 日，同样收录于本章。

背后隐藏的能量，以及它将为法律领域带来的新的可能。

一、人工智能的前世今生

人工智能概念的提出是在 1956 年。在当时由美国达特茅斯学院的年轻数学教授约翰·麦卡锡（John McCarthy）组织的夏季研讨会上，科学家们最终抛弃了"控制论""自动机研究""复杂信息处理""机器智能"等名称，决定用"人工智能"为这项新技术命名。

当时他们是这样界定人工智能的："这项研究建立在一种猜想的基础之上，那就是学习的每一方面或智力的任何其他基础，原则上都可以准确地描述，并由机器模拟。我们将尝试，来寻找制造能够使用语言、提炼抽象概念的机器的方法，解决现在仍属于人类的各种问题，并完善人类自身。我们认为，如果一批优秀的科学家在一起研究一个夏天，那么这一领域中的一个或多个问题就能得到显著的推进。"

尽管当时计算资源匮乏，科学家们对人工智能的未来无疑是极其乐观的。"我们最终的目标是创造能够像人类一样高效地从经验中学习的程序。"麦卡锡在那时写道。

在这之后，麦卡锡和求学时期的好友，也是达特茅斯夏季研讨会的主要参与者之一，马文·明斯基（Marvin Lee Minsky）共同加入了麻省理工学院，并在这里成立了人工智能实验室。不过，他们后来却迈向了两种不同的研究方向，并且最终分道扬镳。

麦卡锡提出的是以规则和逻辑为基础的方向，这在之后很长一段时间内都是人工智能的主流方向。在加盟斯坦福大学，建立人工智能实验室之后，麦卡锡在这里开启了早期对机器视觉以及机器人的研究。随着自然语言识别、计算机音乐、专家系统的出现，这一时期也成为人工智能的第一个黄金时期。

值得注意的是，麦卡锡的实验室催生了人工智能的一系列子学科，其中就包括知识工程。这一系统的目标是捕捉并组织人类知识，提倡"将科学家、工程师或经理人的专业知识打包汇总，并将它应用到企业数据中"。

这一学科的最初目标在于对人类有机化学专家解决问题的策略进行自动化研究，帮助他们识别未知有机分子。后来则出现了一批致力于开发此类技术的企业，比如说将商业贷款和保险承保的知识打包，开发出"贷款顾问"和"承保顾问"程序，将它们作为信息工具提供给企业的 Syntelligence。

不过，人工智能的实际发展速度却并未像理论设想的那么快。在 20 世纪 80 年代初的"人工智能的冬天"里，Syntelligence 的创始人被迫出走，人工智能公司一家接一家地走向崩溃，有些是因为资金问题，有些则是因为回归实验研究或重新变回了咨询公司。

明斯基提出的方向是神经网络。神经网络是一些数学结构，由节点或神经元组成，这些节点又通过代表"权重"或"矢量"的数值相互连接，它们能够通过一系列图像和声音等模式的训练，最终识别出相似的模式。不过，这一方向在最初并不被看好，连明斯基自己也表达了对这一路径的怀疑。

人们对神经网络的热情直到 1978 年才被点燃。这一年，哈佛大学神经生物学博士特里·谢伊诺斯基（Terry Sejnowski）和英国心理学博士后杰弗里·辛顿（Geoffrey Hinton）找到了一种将原有神经网络模型改造成一种更强大的学习算法的方法，从而模仿人类通过观察实例、总结泛化来学习的方式。

基于此，他们开发了一个名为 Nettalk 的语言学习项目。在逐步学习了文字量较少的儿童读物语言、五年级学生讲述的一则学校生活故事和一个记录有两万余个单词的字典之后，它能够学会发音，进而像五年级学生一样说话，甚至朗读自己从未见过的新词。

进入 2000 年以后，计算能力的不断进步让打造大规模神经网络成为可能。同时，神经网络研究的另一个关键成分——用来训练网络的大型数据集——也随着全球互联网的出现而成为现实。

云计算这一新的计算能力集中方式能够连接数十亿移动传感和计算系统——智能手机，从而让神经网络的训练变得越发简单。能够轻易获取的互联网数据集和低成本的众包劳动为神经网络研究带来了训练所需的计算和人力资源。

微软、谷歌、Facebook 等巨头的加入让这个领域再次热闹了起来。"这一领域已经走出了 20 世纪五六十年代有关人工智能可行性以及正确方向在哪里的疑问。如今，包括概率数学在内的技术已经重新改造了这一领域，将它从学术界的私藏转变为一种能够改变当今世界的力量。"

二、创造思维的原理和野心

回顾人工智能的历史让我感到惊讶——早在 20 世纪 80 年代，打包专业知识，将它们制成信息工具就已经是知识工程研究者们关注的重点，并且已经有所实践了。专业知识，这一所有专业服务提供者得以存在的核心，原来早就已经被人工智能研究者们盯上了。而今天，随着人工智能技术的成熟，专业知识似乎更难被专业人士独占。

虽然不清楚那一阶段是否有法律领域的知识工程研究者出现，但在约翰·马尔科夫的叙述中，律师似乎已经成了一个必然会被人工智能取代的职业："未来几年内，人工智能和机器人给世界带来的影响将远远超过个人计算和互联网在过去30年间已经对世界造成的改变。汽车可以无人驾驶，机器人可以完成快递员的工作，当然，还有医生和律师的。"

一句"当然"就终结了律师的未来，自然很难让人服气。不过，如果读完库兹韦尔的书，就会发现，所有人类传统的工作、生活和思考方式其实都岌岌可危。

老实说，库兹韦尔的书并不好读，通篇都是神经元、模式、层级、隐马尔科夫模型这样的抽象而陌生的词汇和复杂的解析图。但是，我们还是很容易看出，库兹韦尔的这本书大体分为这样两大部分：前一部分分析了人脑思维的机制所在，后一部分则探讨了如何通过软件模拟人脑的思维方式。

在库兹韦尔看来，大脑新皮质分6层，共包含300亿个神经元，它们又组成了3亿个模式识别器。这些模式识别器按层级关系组织，它们是思想的语言和思维模式识别理论的基础。大脑运转时，并不以神经元为基础，而是神经元集合，也就是"皮质柱"。它们在心理学上的意义是"模式"，人类学习和训练的过程，其实也就是识别模式、建立模式的过程。

人工智能的目标则是构建出仿生数码新皮质。目前，人工智能技术已经能够模拟包含160万个视觉神经元的人脑视觉新皮质，模拟完整人类大脑的目标预计将在2023年实现，机器识别信息和学习新知的能力也正在逐步加强。

对于创造非生物智能，库兹韦尔颇有信心。他曾经提出著名的库兹韦尔定律：技术力量正以指数规律快速发展，更多绝对会超乎我们想象的极端事物用不了多久就会出现。这对于创造思维同样适用。无论是生物医学还是人类传输信息的能力，都正呈指数式增长，助推着大脑研究的飞速进展。

库兹韦尔预言，2045年，机器智能超越人类智能的"奇点"将到来，"严格生物学意义上的人类将不复存在"。

这并不意味着人工智能将取代人类，相反，库兹韦尔描绘了一幅"通过工具扩展自身"的图景："我们与不断发明的智能技术融为一体。我们血液中的智能纳米机器人会保护我们的细胞和分子，进而维持我们的健康状况。这种纳米机器人还会通过毛细血管进入我们的大脑，并与我们的生物神经元互动，直接扩展我们的智力。"

虽然这听起来仍然十分科幻，但"人类已经发明了血细胞大小的设备，这种设备可以治疗动物的 I 型糖尿病或检测并破坏血液中的癌细胞。基于库兹韦尔定律，未来30年间，这些技术的功能会比现在强大十亿倍。"

三、人工智能与律师业的未来

我们无从判断库兹韦尔的预言是现实的前奏，还是只是重演了

20世纪50年代科学家们的乐观。但可以肯定的是，通过工具扩展自身的确是人类发展历程中一条看得见的轨迹。

书写是最初也是最典型的例子。借助于文字和书写，我们可以更好地记忆和进行逻辑推演。而在法律领域，借助于电子存储工具、办公软件和互联网即时通讯工具，律师可以更高效地交流信息，形成成果。借助于 Ross 这样的法律人工智能，律师的法律检索变得更加容易。而在未来，借助于更加成熟的人工智能技术，律师甚至可以在法律推理、制定诉讼策略上得到更多帮助。

"我认为我使用的设备，以及与这些设备有关的云资源都是自我的扩展，如果关掉这些大脑扩展设备，我就会感觉缺少点儿什么。这就是为什么2012年1月18日，谷歌、维基百科及其他网站相继关闭网页，抗议《禁止网络盗版法案》那一天会产生如此大的影响：我觉得大脑的某一部分好像罢工了，"库兹韦尔说，"这一事件表明，我们已经将我们的思维部分外包给云了。可以说，云已经成为我们思维的一部分了。"

从这个角度来说，我们的思维一直受益于外界的帮助。更加发达的人工智能以云的方式为我们的思维提供辅助，甚至以某种方式和人类大脑相连和互动，也只是"通过工具扩展自身"这一发展脉络的自然延伸。

如果从律师的原有工作模式来理解人工智能带来的改变，它当然意味着不小的挑战。当机器学习了所有的法律法规和裁判文书数据，在法律检索、预测案件结果等工作上，它很可能会比人类律师表现得更出色。另一方面，正如理查德·萨斯金（Richard Susskind）在《专业人士的未来》（*The Future of the Professions*）一书中指出的那样，在人工智能的帮助下，普通人也可以处理法律事务。人类专家的实践知识将可以被非专业人士在线上获取，专业人士自身作为中介的意义将越来越弱。[1]

但是，从提供更加优质的法律服务的角度来说，人工智能其实有着更加积极的意义。一方面，法律服务的成本将大大降低，这将让更多人有享有高质量法律服务，更好地维护自身合法权益的能力；另一方面，依赖于大量资料搜集和分析的基础工作将被人工智能替代，进入律师行业的新人不必陷于那些枯燥乏味的重复性工作，而会拥有更高的起点。经验尚浅的律师，也可以在人工智能的帮助下，提供超出自身原有能力的服务。

"假舆马者，非利足也，而致千里；假舟楫者，非能水也，而绝江河。君子生非异也，善假于物也。"这段荀子在两千年前写下的话对于我们今天思考人工智能的意义也仍有启发。

人类的经验、能力和知识水平毕竟是有限的，即使是受过专业训练，积累了丰富经验的律师，也必须承认自身的颇多不足。但是，从文字书写，到电子化办公软件，再到大数据和人工智能，在借助所有可能的工具提供更好的法律服务上，律师们其实一直在路上。

当然，有关人工智能对律师工作的具体影响，我将在以后的文章中，结合我们的实践，为大家进一步展开论述。

1　参见"每周蒋讲"专栏文章《作为专业人士的律师，未来并不乐观》，发布于2016年4月15日，收录于本书"法律服务的未来变迁"一章。

算法：重构法律服务价值链 *

原文发布于 2017 年 1 月 13 日，是蒋勇律师在"桂客留言"2017 年年会上的演讲。

各位朋友，大家上午好！

特别高兴回到这个教室：清华大学经济管理学院的舜德楼 401。2006 年到 2008 年，我曾在这里学习了两年时间。我一直都特别珍视在清华经管的这两年，正是这段经历，让我学习了如何用企业家的视角来思考问题。清华经管有一句经典广告词，叫作"百战归来再读书"。如果各位朋友希望"百战归来再读书"，欢迎和我做校友。

今天我分享的主题是"算法：重构法律服务价值链"。在讲到算法之前，我想先从更基础的层面，和大家分享当前影响律师行业的三项新技术。

第一项新技术是移动互联网。

为什么今天我们这么多法律人聚在这里？是因为移动互联网传播了信息，把我们连接起来。移动互联网改变了人们生活的方方面面，在此我就不赘述了。

第二项新技术是大数据。

移动互联网让人和人、人和物、物和物无时无刻不连接，产生了人类历史上从来不曾有过的海量数据资源。对这些数据进行采集、筛选并加以利用，我们就可以用数据来为律师画像，甚至用数据来匹配律师。前天在南京举办的"2017 年中国商事诉讼论坛"上，我向所有律师尤其是律所管理者提出的第一项建议就是：要把数据当作第一生产力。[1]

第三项新技术是云计算。

未来，计算能力很可能会成为一种公共服务。就像我们现在使用电一样，只要愿意取用，任何开发者都可以利用云计算非常容易地获取过去难以想象、难以达到的超级计算能力。

综合起来说，互联网成为基础设施、数据成为生产资料、计算成为公共服务，这是阿里巴巴技术委员会主席王坚博士提出的三个判断。

有些律师问我：蒋律师，你看我们这个行业嚷嚷互联网这么些年了，为什么时至今日，互联网对法律行业的影响仍然非常有限呢？

我说，原因很简单。因为法律服务本身具有强烈的专业属性和服务属性，使得它不像简单商品那样容易被连接和匹配。法律服务行业的许多特殊问题是难以单纯依靠互联网的连接解决的。

好在今天我们看到，互联网连接的红利逐渐消失，互联网的下半场已经来临，而它的关键就在于人工智能。

提到人工智能，很多人总觉得，人工智能就是要让机器像人一样

1　参见"每周蒋讲"专栏文章《未来已来：民商事诉讼律师面临的新格局与新机会》，发布于 2017 年 1 月 8 日，收录于"每周蒋讲"系列图书《律所的管理》一书。

思考。但其实不完全是这样。人类并非只有像鸟一样长出翅膀才能飞翔，借助空气动力学的原理，我们成功制造了飞机。机器也不一定要像人一样用神经思考问题，只要达到人类智能的效果就可以了。

事实上，今天的人工智能是由大量数据和超级计算能力驱动的。移动互联网的连接使得海量数据在线上沉淀，同时，人类今天的超级计算能力也是此前从来不曾具备的。按照摩尔定律的说法，人类的计算能力其实在以每一年半翻一倍的速度快速增长。今天大家每个人的手机的计算能力，已经远远超过了当年全球运算速度最快的银河亿次计算机。当大数据和超级计算这两者结合起来，就可以发展出人工智能。

去年3月份，著名的AlphaGo震惊全人类。它的原理就是，把围棋定式算法转化为黑白点的数据问题，建立起人工神经网络的机器学习模型。它的核心就是：算法。

在座的各位都不是技术背景出身，当然也包括我在内。那么，我们暂且不去探讨有关"算法"的复杂技术，先来看看"算法"在今天的一些实际应用。

比如说大家都知道的"今日头条"，它的广告语是"最懂你的信息平台"。它是怎么做到的呢？它有一套推荐系统，用算法猜测用户的真实喜好和意图。当你打开任意一篇文章，"今日头条"后台的服务器就知道你看了什么样的新闻，并且基于这样的判断实现个性化推送。事实上，每个人在自己的"今日头条"上看到的信息是和别人不一样的，这就是"今日头条"利用算法做的内容推荐。

同样的，三个月前在杭州，无讼在阿里巴巴举办的云栖大会上发布了法小淘。当我用手机跟它对话，让它帮我找律师，它就根据我描述的案情，为我推荐了三位律师，而这三位律师也的确具备在相关领域丰富的案件处理经验。这其实就是算法在智能律师遴选上的应用。

除此之外，算法在法律服务领域的应用还有更多的可能。就拿法小淘来说，它实质上是无讼利用阿里云的底层技术，结合现有的大量数据和机器学习算法库发展出的人工智能。除了智能律师遴选，我们也正在探索它在案例分析、诉讼辅助等方面的更多应用。而对这方面的前景，我们持积极地乐观态度。

可以预见，"算法"将重构法律服务价值链。

正如我在前面讲到的，仅有连接是无法真正改变法律服务行业的，它不能真正触及法律服务的交易环节和服务过程，但是算法可以。它可以帮助律师提高效率，帮助客户提升体验，帮助律所降低成本。

就拿无讼的实践来说，自从无讼产品上线以来，我们和全国律师有了超过两亿八千次的互动，积累了大量数据。利用算法，我们可以从这些数据中了解每一位用户的习惯和特点，在知识、工具和机会上更加精准地为律师提供帮助。

在知识上，在无讼后台记录着你的每一次点击行为，从而使得机器了解你的阅读兴趣。未来，我们可以提供为你量身定制的知识推荐。如果你是离婚律师，我们就不会推荐股权纠纷解决方案给你；如果你是刑事律师，我们就不会推荐民事方面的案例给你。

在工具上，我们可以改善律师的检索体验。现在的检索，律师需要输入关键词。但未来的检索或许根本不需要输入关键词。只要你在线上系统办理案件，你输入的文字就会被后台识别，自动为你推荐最相关的案例，把"你找案例"变成"案例找你"。同时，即使是基于关键词的检索，你得到的检索结果也会因为你的过往交互数据而变得不同，这和"今日头条"的个性化内容推荐是一样的道理。

在机会上，我们可以让最专业的你得到最适合的案源。律师的能力是各有差异的，我们遇到的案源也不全都属于我们擅长的领域。做这样的案子，律师自然很难专业起来，服务效率也受到限制。但是，基于算法，我们可以为你推荐最适合的案源，让你遇到的客户恰恰是最适合你的客户。

所以说，基于算法，无讼可以更了解每个律师，甚至，比你更了解你自己。基于算法，法律服务的价值链将有机会实现更高效的重构。

关于算法，我还想和大家分享《人类简史》这本去年全球最畅销的书的作者尤瓦尔·赫拉利（Yuval Noah Harari），在他的最新著作《未来简史》中讲到的这样一句话惊世骇俗的话："人类是一种过时的算法。"

这本书的中译本最近将出版，大家可以先睹为快。他在这本书中提出：人类的进程其实是由算法来决定的，在未来，人类的生化算法将被外部算法超越。人身体的各个部位之间其实在不停地产生数据，生命就是进行算法处理。当机器的计算能力对于数据的处理能力能够超越人类自身生化算法，外部算法就有能力比你更了解你自己。他甚至就此得出一些大胆的结论："人类将进化成新物种"，"人作为个体的价值将不复存在，将近99%人类工作将是毫无价值的"，并且"算法将统治21世纪，全人类就是一个数据处理系统，而每个人只是里边的一个芯片，一旦这个系统找到更高效的计算方式，人类将有可能被抛弃。"

这是一个很大胆也很恐怖的猜想，今天没有人能判断它是否会成为现实。但是，算法的深度应用一定是人类技术发展的一个看得见的趋势，它对法律领域的影响和改变也只是个时间问题。

"One more thing"，我想和大家再聊聊预测。

在去年1月11日举办的桂客年会上，我曾经对2016年的法律互联网发展趋势做了三个预言：

第一，基础设施建设受到前所未有的重视，行业扶持资金投入，大所、传统强所、行业重量级大佬会加入；第二，交易类创业项目面临模式突破、工具类模式有待试验验证；第三，法律互联网创业项目冰火两重天、项目重组改变格局。[1]

同时我也说，预测未来的最好方式是把它创造出来。在过去的一年里，律师行业在这三个方面做了很多努力，我们也不断呼吁大家来共同探索。

2016年3月的全国律师代表大会，虽然我不是律师代表，但我写了一篇文章，呼吁国家加大对律师行业基础设施建设的投入。[2] 与会的许多代表都看到了这篇文章，好几个省代表团的代表联署提交议案，国家在未来加大对律师行业基础设施建设的投入应该是大概率事件。除此之外，我们也看到，金杜所的理脉、君合所的律携

---

1 参见"每周蒋讲"专栏文章《2016年法律互联网创新领域三大预测》，发布于2016年1月15日，收录于本书"法律服务互联网化路线图"一章。

2 参见"每周蒋讲"专栏文章《给律师代表大会提建议：呼吁国家加大对律师行业基础设施建设的投入》，发布于2016年3月31日，收录于本书"法律服务的未来变迁"一章。

先后推出，传统大所强所的确加入了进来。所以第一项预测100%准确。

2016年夏天，无讼发布合作项目，让律师跨地域、跨界合作更加便利。目前每天有超过300单异地查档在无讼合作上完成，这意味着全国每天至少300位律师不用仅仅为了查档而出差。这是一种新的服务模式，所以第二项预测也算100%准确。

2016年底，无讼宣布获得1.2亿元融资。很遗憾，由于法律互联网项目的发展尚不够成熟，市场并没有出现法律互联网项目并购和更大的交易，所以这个预测只能算50%准确。

在回顾了2016年之后，我也想再就2017年的法律互联网发展趋势做三个预测：

第一，线上线下深度融合，"无边界"律所初现雏形。

我们一直说，创新的服务模式尚待实践验证。但我想，如果这个服务模式得到进一步验证，未来的发展方向应该是线上线下的深度融合。长远来看，未来律师们可能搞不清楚、也不需要搞清楚自己到底是在线上执业还是线下执业，线上线下本身已经没有了那么清晰的界限。

第二，法律人工智能（AI）算法工程师成为热门工种，法律服务互联网公司发展进入第二阶段。

这样的趋势是和整个互联网进入下半场的趋势相吻合的，而当更多法律互联网的创业公司开始注重建设人工智能方面的能力，本就稀缺的兼具法律背景与技术能力的复合型人才将变得更加紧俏，而这也会吸引更多人才投身到这项事业中来。

第三，法律科技创新在中国受到前所未有的重视，中美法律服务业首次站在同一起跑线。

今天上午我看到新闻报道，马云和特朗普在美国首次会见，承诺将为美国的小企业服务，未来五年内为美国人创造 100 万份就业机会。这在以前或许是想也不敢想的。美国有亚马逊这样的巨头，但是阿里巴巴正在全球范围内快速赶超。律师行业也一样，中国律师制度从恢复以来不过短短三十余年，美国法律服务业比我们成熟太多。但是，技术的进步将有可能让我们实现"蛙跳式"发展，弯道超车。

今天桂客年会的主题是"全球互联时代法律服务新动力"。在这样的时代背景下，对于我们律师来说，我想最重要的还是时时刻刻保持学习的能力，时时刻刻更新我们自己头脑中的"算法"，紧跟趋势，顺势而为，拥抱变化。

谢谢大家！

Part 2

法律服务的未来变迁

无界律所的无限可能 *

原文发布于2014年5
月23日，是"每周蒋
讲"专栏发布的第一
篇文章。

20世纪80年代初，中国律师制度重启，一家家律师事务所从此时开始建立，这几乎与杰克·韦尔奇（Jack Welch）创造"无边界"管理模式的时间同步。可以说，中国的律师行业与"无边界"的概念相生相伴，同处于一个变革与创新的时代，注定要发生联系。

无边界——一个有生命力的概念

要知道，尽管其横向的、纵向的或外部的边界并未定死，但无边界组织（Boundaryless Organization）绝非一盘散乱无章、不分你我、死气沉沉的散沙。

无边界组织就像一个生命体，在生命体的内部，食物、血液、氧气、化学物质可以畅通无阻地穿过。那么，在无边界组织的内部，各种信息、资源、构想、能量也能够快捷顺利地穿越企业各部门、各层级的边界，使整个企业真正融为一体。无边界，代表了一种生命力。

从另一个角度来看，"无边界"的理念确实促成了一个臃肿而僵化的大型企业重新焕发活力。被誉为全球第一 CEO 的美国人杰克·韦尔奇，从 1981 年入主美国通用电气（GE）开始，在短短 20 年的时间里，通用电气的市值达到了 4500 亿美元，增长了 30 多倍，排名从世界第 10 位上升到第 2 位。韦尔奇获得巨大成功的关键就在于他突破了科学管理的模式，创造了扁平的、"无边界"的管理模式。可以说是无边界的管理模式再造了通用电气，无边界的管理思想渗透到通用电气管理的各个方面。

由内至外，法律行业的边界也需打破

工业时代，传统企业按照需要把员工和业务流程进行划分，企业有着严格的组织和等级界限。而这往往造成组织规模庞大、等级过多、职权过于集中、组织效率低下、应变迟缓乏力、内部沟通阻隔，阻碍了创新，抑制了员工的主动性。当信息网络技术开始迅猛发展，企业需要保持高度的适应性和应变力，充分调动并重新分配企业各项资源，在第一时间对环境变革做出快速反应。律师事务所也是企业组织的一种，当面临互联网时代新的规则与挑战，其内部界墙有害无益。

此外，工业时代的传统企业利用信息不对称在市场上获取商业利益，但是到了互联网时代，渠道的多样性与复杂性使得信息全是透明的、对称的，在这种条件下，不如主动放下短视与狭隘，打破律所的外部边界，消除隔阂，保持各律所间的信息畅通，从不对称竞争走向对称竞争，从一个均衡而良性发展的行业中汲取力量，实现共赢。通过搭建统一的交流合作平台，见贤思齐，学习其他律所的经验和长处，以自身的进步带动合作平台进步，这便是合作促进发展的逻辑与路径。

以"法律服务质量的最优化"为目标，在这一命题之下的所有信息壁垒的破除、所有专业能力的互补与联合、所有共同的进步成长，都是符合社会的前进大潮的。法律行业边界的破除，提升的不仅仅是本行业价值，更是整个社会、整个时代的进步程度。无边界律所希望通过打造法律行业的无边界平台，围绕一个共同的提升法律行业服务质量、促进法律领域发展进步的目标，展开全面的交流合作。这既是各律所作为利益共同体的一部分，促成各自利益最大化的现实需要，也是法律人作为理想主义者，促进社会进步的愿景期望。

无边界之路，我们刚刚踏上

尽管"无边界"的概念已经诞生了 30 多年，中国法律服务行业内的无边界化却仍处于起步阶段。2012 年 10 月 10 日，在首届中国律所信息化大会上，天同率先提出了"Law Firm 2.0"的构想，倡导建设一个信息化主导下的"无边界律所"。总的来说，要实现法律行业宏观与微观层面上的无边界化，我们需要做到以下几点：

第一，革新内部管理机制。

人力资源分工合作管理、诉讼案件流程管理、诉讼技术研发管理，这些都是内部管理的各个方面、各个层次。而管理创新的目的，是促成内部组织架构的扁平化，突破层级界限，使得律所内部横向和纵向的交流与合作没有障碍。

第二，将信息技术全面应用于法律服务。

可视化技术、案件难度和风险评估技术等直接作用于诉讼手段革新的信息技术，无不来自于不断创新进步的互联网领域，而其中大有潜力可挖的要数大数据。大数据是大样本、全样本，在非精确中提供了确定的事实，实现了标准化和个性的统一，基于大数据预测法律行业发展趋势，打破了已知与未知之间的界限。

第三，充分挖掘社会化网络的潜力。

信息化时代，社交渗透到社会生活的各个方面。信息传递的网络化与迅捷性，使得社交网络上的每个人既是信息传递的节点，也是信息传递的中心。传播方式的革命带来了人际交往上的"无边界"，社会化网络技术使得无边界律所的理想得以更好更快地实现。天同诉讼圈就是一个在这样的时代背景下法律人之间无边界连接的工具。

第四，建立一个开放与分享的平台。

在这个公共平台上，资源共享、经验共享、品牌共建、业务精诚合作，共同发展，共同进步。各律所围绕提升法律服务价值去获取各自恰如其分的利益，律所最大的财富不仅仅是内部的人才，还是其通过分享交流获得的数据与知识，以及知识在各法律服务相关方之间进行应用转换与创新时所提升的价值。

除了这些，无边界律所要做的还有很多，网络技术在不断进步，社会信息化程度在不断提高，未来无边界律所有更多的提升空间，更大的可创价值，前景充满无限可能。

互联网改变法律行业的四个关键词 [*]

原文发布于2014年
12月12日，是蒋勇
律师在"法律互联网
的未来——第三届中
国律师行业信息化大
会"上的演讲。

我在无讼阅读APP产品发布会上说，"连接是互联网的基本逻辑"，"法律人的大连接时代来了"。但在连接之后，能做什么？这些天一直有同行在问我。我只能说，我们也不知道，因为我们也还处在摸索之中。

虽然我一直不同意"互联网颠覆律师行业"这个提法，但互联网深刻影响并终将改变所有传统行业是必然的趋势。法律互联网的道路到底该怎么走，互联网化的法律服务是什么形态，见仁见智。

在天同参与主办的"法律互联网的未来——第三届中国律师行业信息化大会"上，我见到了很多出色的法律互联网创业者，他们研发了很不错的法律产品。我判断，未来几年法律互联网服务市场将呈现爆发式增长。

这个行业的互联网道路，一定是法律人自身植入互联网基因，由内而外推动行业变革。成功的法律互联网产品，一定要吃透互联网的本质特征，一定要熨平律师服务的高门槛。我想结合天同的思考和实践，谈谈在法律服务行业，互联网能改变哪些方面？我用四个关键词来概括，这就是"传播""互动""协同""配置"。

一、传播

毫无疑问，互联网已经彻底改变了传播分享的方式。

过去充斥我们闲暇时间的电视、报纸、杂志等传统媒体几乎全线败退，新的社交工具、新的技术革命、新的组织模式颠覆了整个社会的话语权格局。自媒体大量涌现，人与人之间的对话变得简易，社交化媒体又把每个人都编进了一张具有自我传播力的大网络中。在这张大网络中，互联网带来的病毒式传播爆发着惊人的力量。

"再小的个体都有自己的品牌"，天同诉讼圈也正是这其中的一个个体品牌。但正因为移动互联这个大的时代背景，它才得以乘上一股强劲的风，短短11个月，受到超过10万法律人的关注。这在垂直领域，已经是一个惊人的数据。

互联网模式下的传播成本也大大降低了，同一个内容，发行一份和十万份的成本是一样的。当物质传播向虚拟传播转化，只要核心成本被覆盖，边际效应就是零成本，传播范围就是无限大。

多媒体手段也使内容从纯文字向多媒介转化。纸质刊物做得再好，到达你手上都是冷冰冰的，但相同的内容用图片、声音或视频表达，就具有了温度。我的专栏"每周蒋讲"就是这样的例子，从文章到语音到视频，就是在逐渐向多媒体转化。

二、互动

移动互联网让我们从线下社交转向线上社群。在专业门槛同样非常高的医疗行业，诞生了像丁香客这样的社群平台，这里聚集了三百多万名医疗界人士，以及一百多万条专业消息。"丁香客，汇聚医者的力量。"法律人的力量同样可以汇聚，也应当汇聚起来，我们才能一起为法律行业的发展做更多事情。通过天同开放日、天同诉讼圈，我们已经感受到了法律人连接的力量。"汇聚法律人的力量"，这也是我们做无讼这个平台的最主要动力。

有些人跟我说，天同很会做互联网上的品牌宣传啊。每次听到这个说法，我都哑然。真的，我想问问各位，你们觉得天同是在做品牌宣传吗？不是。因为天同做的每一件事情，都有同行朋友们积极参与其中。这就是品牌和社群的区别。品牌是"羊羊羊"，是"今年过节不收礼，收礼只收脑白金"。社群是我们一起参与，一起努力，一起贡献力量。后者凝聚了参与者的真实情感。带有情感的社群互动和被动的品牌灌输，完全是两个概念。

社群是"去中心化"的，组织结构扁平，信息交流直接。互联网时代，社群的力量也促使我们在坚持把天同诉讼圈做好的同时，推出了全新的阅读产品无讼。天同诉讼圈做得很成功，但它还带有浓重的天同色彩；无讼完全是一个"去中心化"的法律人共享互利的交流平台，在这里，我们分享精挑细选的内容，看到彼此碰撞的观点，我们希望它能连接百万法律人，共同搭建法律理想国。

三、协同

很多律师一听到业务互联网化就很抵触，认为会额外增加工作量。是的，如果这只是把律师的工作生硬地往互联网上搬的话，"两张皮"的状态当然是负担，何况，律师本就是这个世界上"最难管"的一群人。如果业务互联网化只是为了管理，当然是错误的发展方向。互联网化应当是为了优化律师工作，这可以从以下三个方面来理解：

第一，是协助，不是管理。所谓协助，是创建的工作模式能够为用户提供切实有效的帮助，用户自然才愿意接受。就像微信一样，从来没有人给我们发个强制安装通知，但是人人都在用，因为它确实使我们的联系变得方便了。将互联网细化分工引入法律行业，不能抱着颠覆传统的思想，而应想方设法帮我们的律师从繁重、重复又低端的那部分工作中解脱出来。如果我们将文件归档、印制等事务性工作或简单重复性、标准化程度高的法律文件的制作等交由互联网工具协助完成，个性化的部分才能够由律师更好地集中精力去处理。

第二，是协作，不是管理。协作的前提是分工。美国有一家特立独行的房地产经纪公司叫 Trulia。和一个经纪人从头到尾包干的房产经纪不同，Trulia 将一个完整的房地产交易分成若干工作模块：有人专门负责收集房源信息，有人专门负责带着客户看房，有人专门协助客户过户，有人负责审核合同以及对合同履行的监督。当简单的交易被细化到这种程度，工作效率成几何倍数增长，Trulia 将房产做到全美第一也就是水到渠成的事情。

我们把以前由一个律师从头做到尾的工作拆分，交由不同类型分工的人去完成。比如我们将律师分为"业务秘书""辅庭律师""出庭律师"三大类，业务秘书承担基础信息收集、事务性工作协调、资料收集、会议记录、整理案卷等；辅庭律师承担阅卷、证据调查、检索法律法规案例、制作案情摘要、制作图表、起草法律文件、准备模拟法庭等；出庭律师承担确定代理思路、完善法律文件、准备开庭、参加庭审等。

建立在分工基础上的高效协作，在以前是"听起来美妙做起来极难"的一件事，但这恰恰是互联网在协同方面的作用的体现，也是天同在业内能取得极高的PPP[1]的核心竞争力。

第三，是协同，不是管理。所谓协同，是指参与各方信息的同步与互易。天同目前一套完整的诉讼流程有41步，我们希望每一步工作都让客户参与进来，让客户随时了解我们所做的工作。这样，客户对于案件进展到哪一步会非常清楚，就能有更好的客户体验。那么问题来了，我们不能事无巨细地向客户频繁发送邮件或信息，又怎么把他拉进来呢？所以我们希望借助互联网，将我们的流程和客户的移动终端连接起来。这样，客户可以像查快递一样随时查询案件的进展。

---

1 合伙人人均营收，是衡量律所能力最重要的指标之一。

四、配置

有句笑话说："不以结婚为目的的谈恋爱，都是耍流氓。"在互联网世界也一样，不以改变资源配置为目的的互联网创新，也是耍流氓。我今天谈的第四个关键词，就是配置。这个世界，资源并不缺乏，但在一个"失控"的社会中，如何将需求对象同最佳的资源进行配置，才是我们要解决的难题。换言之，如何能让生产和需求直接对接？

生产与需求对接方式的变更最早发生在商品交易中。以前我们去商场，现在我们逛天猫；以前我们要去找机票代理商，现在我们找去哪儿和携程；以前我们裹着棉大衣去排队买火车票，现在我的同事们正在办公室严阵以待地等着放票秒刷。这样的变化正在各行各业悄然发生：医疗界有了春雨医生，金融界有了支付宝，交通上有了滴滴打车和快的打车。法律界的大变革就在眼前。

"法律电商"是最容易想到的法律服务互联网化创新，目前也已有了不少尝试者。淘宝已经将最简单的一手交钱一手交货的服务做到了极致，法律行业也可能以电商模式在资源的配置方面寻求突破和改变，只不过法律电商没那么简单，势必会更复杂，研发运用耗时也更漫长。在淘宝上，商品选择的横向比对，阿里旺旺交易联系，货款的平台担保，物流的多种选择，用户评价与反馈，客户各个方面的需求都可以得到满足。

在法律服务行业，也应该形成"服务资源提供——数据信息反馈——评价机制建立"的闭环。如此一来，每一项服务都可以被定义和评价，而这些数据的刷新又在不断促进法律服务的优质化，让法律服务更透明，让客户选择更有底。这样，才可能形成真正的法律电商。

　　在 2012 年 10 月天同参与主办的首届法律行业信息化大会上，应该说当时我还是一个互联网门外汉（当然，现在也还是），我就提出来，法律互联网未来的图景是九个字：无边界，移动化，大数据。在今天看来，所有的这一切已经在开始。

　　上个月，我有幸和邹碧华院长最后一次同台演讲。他说，希望建设一个未来可以让法律职业共同体一起来管理的法院。我相信，他勾勒的精密分工、无缝协作的法律职业共同体的大同世界，这个尚未实现的梦想，在建设法治国家与移动互联网这样两个大的时代背景叠加下，其实并不遥远。

　　因为，过去已去，未来已来。

中国法律服务市场
的规模被远远低估了 *

原文发布于 2015 年 6
月 19 日。

在律师制度恢复以来的三十多年里，中国法律服
务市场的规模发展到了近 500 亿，可谓成绩斐然。但
不得不承认的是，这个市场的规模还是太小。

众所周知，中国整体经济发展水平不高，人们普
遍法治意识不强，都是制约中国法律服务市场发展的
大环境因素。

**然而，那些制约中国法律服务市场发展的内在因
素更值得重视。**

首先，法律服务市场信息不对称，需求信息和供
给信息难以匹配。对客户而言，当他有了法律服务需
求，却很难找到律师。而对律师来说，他很难知道哪
些人需要法律服务，需要什么样的服务，案源成了许
多律师的头号难题。

其次，律师行业分工不够精细，效率不高。虽然
专业化已经成了行业共识，但在大多数地方，囿于当
地法律服务市场的规模，律师很难在细分市场上找到

足够生存空间，不得不成为什么案子都接的"万金油"律师。这样的律师精力分散，业务水平难以提高，又将进一步制约法律服务市场发展的空间，成为一个难解的恶性循环。

再次，法律服务评价体系不健全。客户很难判断律师业务能力的优劣，聘请律师有时成了一种碰运气的冒险。法律服务毕竟事关人们的重大利益，没有人会放心地把它交到好坏难辨的陌生律师手中。另一方面，在不健全的评价体系下，业务能力出众的律师难以获得应有的市场肯定，鼓励律师提高业务能力的正向激励无法形成。

最后，服务过程本身缺乏保障。律师与客户之间缺乏有效的沟通机制，客户很难了解律师究竟提供了怎样的法律服务。同时，律师总担心客户不付律师费，客户则担心律师不能提供与律师费相称的有价值的服务，两者之间的信任机制难以建立。

种种因素，让众多消费者在法律服务面前"望而却步"，即使有需求，也不能或不愿向律师寻求服务。

从这个意义上说，中国人"厌讼"，并不完全是由于受传统观念影响，碍于人情、面子，也不是因为人们不在乎自己的利益，而是因为在很多情况下，向律师寻求法律服务太困难，成本太高，风险太大。

也正因如此，我们才会看到，很多人采取了自助式的方式解决法律问题。需要签订合同时，跟着感觉随便约定，或者在互联网上找个模板照着写；遇到法律纠纷的时候，自己出庭打官司，或者觉得太麻烦，放弃对自身利益的争取。

可以说，真正向律师寻求帮助的法律服务需求，不过是社会上实有需求的"冰山一角"。

虽然那些可以自助解决或者当事人愿意放弃利益换取方便的纠纷往往标的额不大，但千千万万个这样的小需求，其实构成了法律服务市场的巨大"长尾"。所谓"长尾"，是指正态分布曲线的尾部。拿市场来说，这部分"长尾"利润不高，不受重视。但是，这些需求数量巨大，一旦被累积起来，就能爆发巨大的能量。

这些细小、不受重视但规模巨大的"长尾"法律服务需求，是即使社会大环境不变，法律服务市场仍可自我发掘的潜力所在。在这个意义上可以说，一直以来，中国法律服务市场的实际规模被大大低估了。

那么，如何克服种种痛点，激活长尾市场，为法律服务市场的新增长提供动力呢？答案或许正在于互联网。

针对法律服务市场的信息不对称，一旦律师被互联网连接，哪里有执业律师，他们的执业领域是什么，都会呈现在互联网上。通过搜索引擎，客户需求与律师能力甚至能在瞬间实现匹配。

针对律师分工的不精细，在互联网上，将形成无边界的法律服务市场。某一个地域的法律服务需求的不足将不再成为律师专业化发展的障碍，律师事务所的边界也不再为律师的合作划下界限，律师之间的专业化分工和大规模协作都将成为可能，而这将从根本上提高法律服务的水平与效率。

针对律师评价体系的不健全，互联网上积累的大数据将提供最为客观、全面的依据。互联网不仅可以连接静态的个人，还能实现

对个人行为数据的动态更新。代理案件情况、过往客户评价、律师
同行评价、研究成果情况等在律师工作中不断产生的数据都可以被
互联网记录。通过对这些大数据的整合和分析，一幅客观全面的律
师"画像"就能清晰形成。

针对服务过程的缺乏保障，依托于互联网化的办公工具，律师
的每一个工作步骤和产生的每一个工作成果都可以被互联网记录，
实时分享给客户。而通过一个类似于"支付宝"的支付保障体系，
关于律师费支付和律师服务水准的担忧都有可能被很好地破除。

一旦这些问题得以解决，中国法律服务市场的规模将大大
扩大。

借助于互联网，法律服务将有可能变得更加便捷、高效和可以
信赖，曾经人们自己解决甚至根本不解决的法律服务需求将更容易
被引导到法律服务市场上来。

在另一方面，随着法律服务效率的提高，法律服务成本也将大
大降低，从而使法律服务价格的大幅度下降成为可能。而在价格杠
杆的调节下，这又将促使整个市场的需求量明显上升。

在互联网的作用下，困扰整个法律服务市场已久的恶性循环
有可能被打破，曾经被抑制的"冰山下"的法律服务需求将越来越
多地浮出水面，法律服务市场的规模将呈连环式扩大。十年之后，
中国法律服务市场的规模扩大十倍，达到5000亿元，也并非痴人
说梦。

谁有资格为律师评级？ *

原文发布于 2015 年 4
月 10 日。

　　最近这几个月，我的微信朋友圈常常被各大法律
评级机构的年度评级报告或者各种评奖刷屏。虽然大
家对这些评级和评奖褒贬不一，但无疑，它们的每一
次发布都会成为律师们关注和讨论的焦点。

　　为什么大家如此关注律师评级？

**　　我想，这其实是因为我们的法律服务行业太需要
好的评级了。**

　　从实质上说，法律服务是律师依据当事人的委
托，以当事人的名义实施的民事法律行为，律师和当
事人之间的关系其实是典型的委托代理法律关系。要
建立这样的法律关系，受托人和委托人之间的互相信
任是最重要的前提。

　　对任何一个有法律服务需求的当事人而言，他都
希望找到一个值得信赖，匹配需求的律师；对任何一
个能够提供法律服务的律师而言，他都希望自身的专
业水准能获得当事人的信任。

　　然而，当一个不懂法律的当事人，面对一个完全

陌生的律师，信任如何可能实现？

熟人的介绍可以在一定程度上解决这个信任难题。然而，熟人关系链条能覆盖的范围毕竟有限。无论律师还是当事人，其实都极度需要一个拥有社会公信力的平台，对律师做出公允的评价。

那么，谁有资格来给律师做评级？这样的评级是如何做出的？

有人主张，应当由律师主管机构或者律协为律师评级。事实上，在早些年，我国的律师评级也的确是如此实践的。无论是"全国十佳律师""司法部部级文明律师事务所"的评选，还是诸如"一级律师""二级律师""三级律师"这样的行政式律师分级办法，都的确在一定程度上为行业树立了标杆。但是，由于官方机构的评估很难真正体现市场状况，这类评级的积极作用有限，反而有行政不当干预市场，导致不正当竞争的嫌疑。

有人主张，应当引入市场评价机构为律师评级。和行政主管机构不同，市场评价机构没有公权力护航，它的生存必须依赖于评级本身的受认可度。也正因如此，市场评价机构往往有更大的动力对法律服务市场展开客观公正的深入调研。它们广泛搜集律师个人业绩、客户评价、同行评价等数据并进行整合和评估，不仅为法律服务的潜在客户提供指引，也为自身争取在法律评级市场中的生存空间。钱伯斯、*ALB*（《亚洲法律事务》）、Legalband 等法律评级机构之所以广受关注，也正是由于它们贴近市场。

但是，市场评级机构发布的榜单也并非不受诟病。为什么一些真正顶级的律师未能上榜而上榜者名不副实？对客户评价和同行评价的选择是否刻意而为？评级的标准是否恰当？评级程序是否公正透明？一些问题甚至直指评级者本身：你是否存在偏见？你是否出卖排名换取金钱？

这类质疑的出现，可能是因为质疑者的主观偏见，可能是因为评级者的工作纰漏，但由于"系统误差"的存在，由市场评级机构主导的律师评级其实注定难以完美。

就评价标准而言，目前的市场评级机构主要从客户评价、同行评价、个人业绩这几方面给律师评级。但要判断一名律师是否真正优秀，这样的评价维度仍然显得单薄。而由于工作量的限制，这样的评级其实也很难从更多的维度展开。

就调研方式而言，面对如此庞大的法律服务市场，调研只能通过抽样展开，将部分客户、同行对律师的评价视作所有客户、同行的评价，同时，被评价的律师的数量也极为有限。这无疑存在样本偏小，误差较大的问题。

就评级程序而言，评级的过程在很大程度上是不透明的。人们能接触的只是最终的评级报告，而评级报告如何产生，每一个律师到底做出了哪些业绩，收获了哪些评价，评级者是如何权衡优劣的，却都是未知的。

这样的不可避免的"系统误差"给我带来了两方面的启示：

一方面，我想我们不应该苛求这些市场评级机构。尤其在国内目前的法律评级市场里，真正植根于中国本土法律服务市场的评级机构仍然缺失，每个朝这一方向努力的市场创新，只要它尽可能地做到程序合理、调研全面，都应该得到包容和鼓励。

另一方面，"系统误差"的出现，其实意味着这种评价机制本身存在缺陷。要从根本上解决目前法律评级机构存在的问题，就必须颠覆现有的评级模式。

"互联网 +"时代的到来，恰好为新的律师评级模式的崛起提供了契机。

互联网的实质就是"互联"，就是连接。基于连接，人的所有活动得以被重新定义。人和人之间、碎片与碎片之间、元素与元素之间的互联互通，使得任何一个人所具有的各类有价值的资源，包括时间、知识、行动能力、社会关系等等这些过去无法被整合的资源，都具备了被测评、被检索、被匹配、被整合的可能。

可以预言，未来的律师评级将可以不再依赖任何第三方机构。在互联网平台上，律师的所有碎片信息——律师发表过的文章、代理过的案件、客户的评价、同行的评价、法官等其他法律服务参与方的评价等等都可以被整合，从而实现对律师的更为全面和客观的评估。

在这样的评级机制里，律师们需要做的，只是尽可能地在互联网平台上分享自己的见解和执业经验，邀请客户、同行和法官对自己做出评价，让这些碎片信息能够被尽可能地采集、整合和评估。

不同于现有法律评级，这样的评估不需要事后的人工调研，而是在律师工作中实时产生。如果说传统的评级机构是法律服务市场的调研者，基于互联网的律师评级，其实是法律服务市场自身在"发话"：这个市场中不断开始和结束的无数次法律服务，27 万律师在每一次法律服务中的每一个动作，收获的每一个评价，都可以作为数据被互联网搜集和整合，转换为所有人都能轻易读懂的评价。

在传统的观念里，基于"不能既当运动员又当裁判员"的常识，评价被认为必须由市场之外的第三方做出，然而"谁来监督评价者"却又是恒常的困境。互联网时代的到来，其实颠覆了我们对第三方的依赖。在餐饮行业，大众点评模式的出现已经让这样的颠覆成为可能。

这样的评价能从根本上避免人工调研的主观性和片面性问题，奠定良好的社会公信基础。这样的公信力，可以从根本上化解当事人与律师之间的信任危机，促成交易。而对律师们而言，这样的业绩和口碑导向的评价机制可以引导他们提供让客户和同行称赞的专业服务，从而促进整个行业的良性发展。

那么，回到最开始的问题：究竟谁才有资格为律师评级？我想答案已经很明显了。

在互联网时代，市场选择才是硬道理，客户和同行的口碑才是王道。这样的口碑被采集和呈现，才能构成法律服务市场中的最佳评价机制。最有资格为律师评级的，不是政府，不是律协，不是任何市场机构，而是律师在执业过程中创造的业绩和收获的评价。

可以预见，互联网真正改变法律服务行业那一天，也必定是传统法律评级机构被取代的那一天。

法院信息化升级，律师如何应对？ *

原文发布于 2015 年 7
月 31 日。

"人民法院信息化 3.0" 的概念，近日在全国高级
法院院长座谈会上被进一步强调。此次备受瞩目的法
院信息化升级，意味着与诉讼有关的工作方式即将发
生根本性的变化。

作为诉讼的重要参与方，律师无疑应做好应对
这波信息化浪潮的准备，与法院的信息化对接。但遗
憾的是，我国律师行业的信息化程度还远远落后于
法院。

原因在于，信息化建设是典型的基础设施建设，
受益的范围虽然广泛，但建设成本巨大。律师行业和
法院的不同角色或者说性质决定了它们对行业基础设
施建设的不同态度。

履行审判职能的法院有做这样的基础设施建设的
动力和能力。

一方面，法院既有公开和审判相关的信息和流程
节点的义务，也有提升司法能力，完善司法体系的需
求，这是它推动信息化建设的最大动力。另一方面，
除了国家财政的物质保障之外，四级法院的体系也从
组织上保障了信息化建设的推进：只要最高人民法院

倡导，各级法院都会立即行动起来。

相反，律师行业的状况却差强人意。

众所周知，在我国律师行业的现状下，一些律所很难有统一的公共经费支出。同时，律所与律所互不隶属，各自为政，难以在全行业内进行有效动员。无论是财政上的支持还是组织上的保障，律师行业都完全无法和法院相比。

但是，这种区别不应该成为律师行业在信息化建设上停滞不前的理由。法院的信息化正快速迭代，律师必须清楚这将导向一个怎样的未来，并且做足准备，迎接这样的未来。

未来的信息化条件下的法院究竟是什么样的呢？邹碧华法官曾经形象地将它描述为一个"由法律人共治的法院"。

在这个新型法院里，所有和诉讼有关的工作都将被设置成为一套标准化的流程，由互联网平台提供各节点的规范指引，所有的诉讼信息与资料的传递都将借助云计算、大数据、移动互联网等技术来实现。

对法官而言，从开庭提醒到结案归档，所有流程将在平台上全流转，并实时可视、行为留痕；对律师而言，立案、阅卷、确定庭审时间、申请诉讼保全、查询案件进度等诸多曾经繁琐不堪、麻烦重重的环节，足不出户，就可以借由互联网轻松实现。

在这样的法院里，和诉讼相关的工作流程都可以被信息化平台标准化、固定化，线上与线下只是不同的诉讼环境和诉讼手段而已。法官、律师和其他诉讼参与人从不同的节点中参与进来，通过各自的工作共同推动流程的顺利运转，互相支持，互相监督。

为了更好地在信息化流程中扮演好角色，律师行业应该打造自身的互联网基因，更好地与法院的信息化系统对接。

对律师个人而言，提供诉讼服务的方式应该更加专业化和标准化。在法院的统一信息化系统中，无论工作流程还是诉讼文书的格式，都有标准化的指引。只有按这样的指引规范自己的工作，律师才能更好地参与到信息化的诉讼过程中。

对律所而言，应该建立起所内律师间的科学分工和在此基础上的充分协同。法院的信息化系统涵盖了整个诉讼流程，但不同的诉讼阶段对律师的要求是截然不同的。律师没有必要独自完成所有诉讼流程，而应形成业务类型上的分工，彼此协同。

对律师行业而言，全国统一的律师身份认证库应该早日建成。目前，各省律师执业身份的信息仍只限于由各省市的司法行政系统或律协掌握，法院最多只能了解本省律师的执业身份信息。虽然已经有北京、上海等省市的法院开通了律师在线服务平台，但由于执业身份信息库未曾打通，外省律师往往被排除在服务范围之外。为了适应全国法院信息化的需要，同时便利律师的跨省执业，这样的隔阂亟待打破。

但是，这样的被动应对显然还是远远不够的。律师行业本身的信息化建设更应该被着力推进。

法院在信息公开方面的信息化建设，是司法公开的必然要求，旨在满足民众的知情权，以"透明的阳光司法"促进依法裁判。法院提供的在线律师服务平台，是以整个诉讼流程为中心设计，旨在提高诉讼效率，促进审判能力的现代化。

这就意味着，由法院主导的信息化建设是以法院的审判工作为核心的，并不以律师业务为导向，也无法涵盖律师工作的全过程。

甚至，即使法院的信息化建设将律师工作的全过程涵盖其中，由于法院只是审判机构，而不是法律服务机构，它也很难透彻地了解法律服务市场的状况和律师、客户双方的实质需求。

律师行业的信息化建设，必须由律师行业内部的力量来推动。事实上，法律服务市场本身的信息化正是一座亟待挖掘的富矿。

在法院信息公开的基础上，律师行业应该将法院公开的裁判文书充分利用起来。一旦这些裁判文书被充分收集和整理，将形成能体现律师执业经历和法官裁判经历的大数据。这不仅可以为判断律师的执业水准提供更客观的依据，甚至还能为了解法官裁判观点，预测案件胜诉可能性提供参考。

在法院开放内部办公流程的基础上，一个涵盖律师工作全流程的信息化平台呼之欲出。律师与法院的对接只是律师工作中的一小部分，除此之外，与客户的最初洽谈、拟定代理方案、起草各类法律文件、庭前准备、开庭，这一系列的过程都需要律师与客户进行沟通，形成大量书面材料。

以前，这样的工作繁琐而无序。借由律师端的信息化平台，律师的工作将更为规范，客户也能实时了解律师的工作内容和工作进度。因信息不对称而造成的客户对律师工作价值的不理解将有可能被大大消除。

可以期待，在未来，从事诉讼业务的律师事务所就将成为一个个信息化平台，完成这样的基础设施建设。又甚或，这样的信息化平台就是一个或多个互联网的法律服务平台来承担的，每个律师都能在这类平台的支持下完成自身工作与客户、与法院信息化平台的更好对接。

当然，这样的平台建设仍然需要巨大的成本，而律师行业仍然受困于自身资源的分散。

但这一切不得不被改变了。一个"落伍"的律师行业既不能与法院很好地对接，也无法提高自身服务水平。

我们也很高兴地看到，已经有越来越多认识到律师行业互联网化的重要意义，对提供更优质的法律服务心怀理想的法律人，开始投入到律师端信息化平台的建设中来。

当大家的力量被集合起来，共同参与到这些平台的搭建、使用和完善中去，一个提供更加优质服务的律师行业将值得期待。

给律师代表大会提建议：呼吁国家加大对律师行业基础设施建设的投入 *

原文发表于 2016 年 3
月 31 日。

这几天，律师行业的大事，就是正在北京召开的第九届全国律师代表大会。五年才召开一次的大会，可以说是行业精英汇聚。这是难得的讨论行业发展的时机，与会代表不应当错过。

事关我国律师事业顺利健康发展的议题固然千头万绪，但我认为，重视行业的基础设施建设应当被提上议事日程。连日来，参会的广东、江西、云南、广西、甘肃等好多个省市的律师代表团利用大会间隙，到天同和无讼来考察，我们交流的话题就集中在律师行业的基础设施建设方面，可见，这也确实是律师代表们关注的一个重点。

应当说，这次的会议正值我国律师行业发展非常关键的时期。在宏观政策层面，依法治国的重要性被提升到了前所未有的高度，作为司法实践的重要参与者，律师也受到高层越来越多的关注。在经济新常态的大背景下，"供给侧结构性改革"正在许多行业展开。而为了实现法律服务行业更高效的资源配置，一场彻底的供给侧改革也势在必行。而法律服务的供给侧就是律师，只有推进对律师行业的基础设施建设，才具备条件完成对此的"结构性改革"。

那么，究竟什么是律师行业的"基础设施"？律师行业的"基础设施"又应该如何建设？

趁着律师代表大会正在召开之际，我连夜写下这篇文章，想把对此的一些理解讲出来。虽然我不是参会代表，但我希望文章能被大家转起来，让会上的代表们能看到，能关注到这个方面。

一、什么是律师行业的基础设施建设

之所以选择"基础设施建设"这个词，是因为除了它，很难有其他词语可以描绘出一些基本的设备、信息、规则对于我们这个行业的重要意义。

在一个社会中，基础设施是那些使人们的生产、生活得以开展的交通、电力、通讯、水利等方面的固定资产。它们让现代化的生活方式成为可能，也让信息和物质可以更快地被传输，从而实现更加高效的资源配置。

在我国律师行业，虽然律师制度已经恢复了30年，律师人数已经超过30万，但令人沮丧的是，律师们的作业方式和30年前其实并没有什么本质的区别。我们亟须一些基础设施，改变"小农经济"式的律师作业方式，将整个行业带入更加高效的"工业时代"甚至是"信息时代"。

我理解，律师行业的基础设施建设最主要应包括以下两个方面：

一是评价体系建设。由于法律知识的专业性，法律服务的受众对律师能力没有足够的判断力，其对律师的选择必须依赖于外界提供的评价。可以说，评价体系是法律服务市场供需对接的基础，从根本上决定了资源配置的走向。

二是专业分工建设。只有深入的专业分工，才能带来律师在技能、熟练度和判断力上的提升，从而促进律师事务所乃至整个法律服务行业在生产力上的进步。在此前的一篇"每周蒋讲"文章中，我已经详细谈过分工的重要意义，这里就不再赘述。[1]

目前，律师行业这两类重要的基础设施都尚未真正建设起来，严重制约了法律服务市场的整体发展。

就评价体系而言，我们曾探索过律师评级制度。但是，由于没有全面的评价数据，评价过程也往往带有很强的主观因素，对绝大多数法律服务的受众来说，这些评价机制并未能提供有效的参考。[2]

因此，在实践中，当事人只能依赖于熟人关系，或者根据律所规模、办公场所这类因素判断律师是否值得信任，律师的专业能力是否与当事人的需求相匹配难以得到保障。这样的资源配置，无疑是效率低下的。

而在专业分工方面，虽然专业化对于提高律师竞争力的重要意义几乎已经成为行业共识，但由于法律服务的低频性，选择一个细分领域作为执业方向就意味着选择了低频需求中更为低频的方向，律师很可能会"吃不饱"，我称这是"律师专业化的窘境"。这也就

1　参见"每周蒋讲"专栏文章《四个版本更迭：更高效的律所模式是什么样的？》，发布于2015年10月30日，收录于"每周蒋讲"系列图书《律所的管理》一书。

2　参见"每周蒋讲"专栏文章《谁有资格为律师评级？》，发布于2015年4月10日，同样收录于本章。

导致，时至今日，许多律师仍然停留在"万金油"的状态。即使确定了执业领域，专业化的程度也往往不高。所以我们看到，这些年来，虽然执业律师的人数大幅度增加了，但行业的生产力却并未能得到实质性的提高。

二、律师行业的基础设施如何建设

那么，律师行业的基础设施如何建设？如何才能搭建可信赖的评价体系，促进全行业律师专业分工的深度发展？

在评价体系建设方面，律师评价数据的采集和分析是最为根本的工作。此前的评价机制之所以难以服众，正是因为评价载体和机制的缺失。

好的评价体系应该是客观和全面的：它以数据说话，尽量减少甚至排除评价人的主观倾向；它既要涵盖全面评价律师能力的多个维度，也要能做到对行业里每一位律师的全覆盖。可以说，全面客观的数据是评价体系建设的基础。

目前，法律行业里已经沉淀着一部分有关律师执业状况的数据：在律师行业里，司法行政机关和律协掌握着所有律师的注册信息、执业登记信息等基本数据；在法院系统里，也留存着律师的案件代理状况、提交的代理意见等数据，而每一份裁判文书，从大数据的角度看，其实就是一份有关律师代理案件过程和结果的数据。只要整个法律行业的信息公开越来越彻底和深入，就可以采集到这一部分数据。(所以我一直呼吁，律师行业的评价体系建设，首先是律师行业管理机构应当开放公共信息，就像法院这些年做的信息公开事项一样。而这方面，恰恰律师行业远远落后于法院了。）

当然，这样的数据更多的是准入性质或者结果性质的，还不能反映律师工作的全貌。另外一种数据的采集就显得尤为重要了：每一位律师日常工作、学习和专业社交中产生的数据。

我常说，律师每一次的敲击键盘，其实都是在产生数据。在互联网时代，只要律师们愿意使用数字化办公，并且开放办公所产生的数据被互联网采集，律师在现实中的每一点工作进展都可以被转换为可被挖掘和分析的数据。

除此之外，律师在互联网上发表的专业文章、律师在线上法律人社区中和同行的交往，获得的同行评价，都可以成为全面评价律师的重要数据。

当然这有赖于两个重要的前提：一个是律师行业信息化的进程，也就是云端工作平台的搭建；另外一个则是律师基于互联网的工作习惯的养成。

在专业分工方面，全国范围内律师专业化的深入则有赖于一个能够突破低频市场的法律服务需求对接平台的建立。

虽然法律服务的低频需求对律师专业化的限制是客观存在的，但它被每一位律师面临的有限市场夸大了。正如前文提到的，当大多数当事人和律师都依赖于人脉网络实现法律服务供需的对接，每一位当事人的选择范围，每一位律师可以把握的业务机会都是极其有限的。

但是，在互联网时代，人际关系乃至地域的限制都可以被突破。而一旦行业的评价体系得以建立，律师与当事人之间的信任不再依赖于熟人关系，跨人际网络的法律服务关系也就更容易达成。

此时，每一位律师面对的市场，都不仅仅是自己苦心开拓，但仍然十分局限的小型人脉圈或者口碑圈，而是一个由互联网搭建起来的无边界市场。

因此，要从根本上实现律师之间的专业分工，打破地域和人际关系对市场的限制，就需要建立一个在整个法律服务市场内重新配置资源的平台。这样的平台的建立需要以云端大数据系统作为基础，同样需要行业信息化的支撑。

所以，无论是律师评价体系的建设，还是专业分工的建设，都建立在律师行业信息化的基础之上。律师行业的基础设施建设，破题之处就是信息化。

三、律师行业信息化的难点与突破

严格说来，律师行业的信息化其实算不上一个新课题。许多年前，行业里就开始谈律所的信息化建设，也有部分律所引入了 OA 或者 ERP 这样的办公管理系统。但是，到今天为止，引入这类系统的律所数量仍然有限，即使引入了，也往往由于不符合律师们的办公习惯而被弃之不用，整个律师行业的信息化这么些年来并没有什么进展。究其原因，主要有这么几个难点：

律所与律所之间是彼此独立分散的，即使是在一家律所内部，律师们也往往各自独立，没有人愿意为律所和行业共同的信息化建设投入资源；部署一套软件价格不菲，很多律所会因为费用问题而打退堂鼓；不同律所的需求各不相同，很难开发出一套办公软件，使其符合每一家律所的流程；传统的部署软件式的信息化过程，需要一家律所一家律所地安装软件，逐个部署，很难在全行业推广开来；OA 或者 ERP 系统是以管理为目的的，而律师天生是一群不服管的人；系统并不是按照律师的使用习惯和场景来设计的，不能根据律师的反馈不断调整，用户体验不佳，即使强制安装了，律师们也不爱用……

但是，互联网时代的 SaaS 技术却有可能为律师行业的信息化建设破局。

所谓 SaaS，是 Software as a Service 的简称，它是一种基于互联网的信息化建设，用户不再需要购买软件本身，而是直接在线使用软件提供的服务。举一个简单的例子，我们过去会在电脑上安装 Microsoft 的 Office 系列软件，但是基于 SaaS 技术，Microsoft 也提供了线上的 Office 的网站。我们无须在本地安装，只要打开浏览器，注册账号，就可以随时随地通过网络来使用这些软件。

对于律所来说，这样的技术是低成本的。律所不需要再在信息化上投入高额资金，而可以以更低的成本，获得便捷的线上信息化服务。同时，SaaS 技术也能根据用户的需求不断在云端升级软件，从而带来更好的用户体验。

对行业来说，这样的技术能够真正实现律师工作和协作的在线化。律师工作的每一步都可以成为被采集的数据，从而为律师评价体系的建立提供数据基础。

这样一个路径，需要让更多律师的工作过程迁移到云端。而基于云端工作所采集的大量数据，以及对这些数据的解构、挖掘和分析，就可以对律师进行更全面客观的评价，从而引导法律服务资源的重新配置，行业的专业分工才能真正大规模实现。

四、律师行业信息化建设需要加大投入

今年年初，我在一次演讲中提出了对 2016 年法律互联网创新领域的三大预测。其中第一大预测就是，律师行业的基础设施建设会受到前所未有的重视，行业会有扶持资金投入，大所、传统强所、行业重量级大佬会成批地加入到律师行业基础设施建设的创业创新中来。

我相信，就像高速公路这样的基础设施带来的社会资源配置效率的极大提升一样，律师行业的基础设施建设也将极大地推动整个行业的生产力向更高层次发展。

"预测未来最好的方式就是把它创造出来。"在行业基础设施建设这个方面，除了律所和律师自身的投入之外，很重要的一点，就是国家层面应当投入专项资金，扶持行业发展。我国法院的信息化，这些年来做得风生水起，国家为此投入好几百亿资金；律师行业的信息化，国家的投入少得可怜。而法院信息化建设如果没有律师行业信息化的配合，只能是个"跛脚鸭"。

就在昨天的全国律师代表大会开幕式上，中央政法委孟建柱书记在讲话中强调，希望律师"热情拥抱现代科技，善于运用信息技术，创新法律服务形式，为当事人提供更加高效、便捷的法律服务"。运用信息技术，需要对律师行业基础设施建设做大量的投入，如果借着孟书记的鼓励，司法行政机关和全国律协争取国家政策能朝这方面有所倾斜，其对律师行业健康发展的作用是可想而知的。我们一直希望，国家层面对律师行业，应当"高看一眼""厚爱一层"。

前不久，孟建柱书记在中央政法委大院会见 12 名律师时，我也曾抓住难得的机会，当面建言，呼吁重视并加大对律师行业基础设施建设的投入。这次的大会，我也恳请代表们能就此提出议案，为推进律师行业基础设施建设做出努力！

作为专业人士的律师，未来并不乐观 *

原文发布于 2016 年 4
月 15 日。

新兴科技可能为法律行业带来的变革之所以在国内律师圈子里引起这么大的关注，理查德·萨斯金的《法律人的明天会怎样？》(*Tomorrow's Lawyers: An Introduction to Your Future*) 一书功不可没。去年十月，作者又推出了新书《专业人士的未来》(*The Future of the Professions*)。

这本书目前还没有中译本，据我们所知，也还没有国内人士对它做过研究和介绍。因此，我从亚马逊网站上购买了它的英文版，和我的研究助理一娇共同研读。我们发现，相较于萨斯金此前的著作，这本书的视野更广阔，也更深刻。

虽然关注的仍然是新兴科技带来的影响，这本书的视野却不再局限于律师，而是扩展到了包括医生、律师、教师、会计师、税务师、管理咨询、建筑师、记者、牧师等在内的专业人士。

它并不把专业人士目前提供服务的方式作为思考的起点，而试图分析，专业人士究竟为社会提供了什么？这类职业存在的原因是什么？目前提供服务的方式是否是这个时代唯一的、最好的满足这类需求的方式？当互联网信息技术改变了知识生产、传播的方式，这些旨在分享和传递实践知识（practical knowledge）的职业又将会迎向怎样的未来？

我们相信，对律师来说，这样的思考也十分必要，在 AlphaGo 战胜李世石，人工智能已经在法律界初露锋芒的今天则更是如此：固守于一对一、面对面的法律服务提供方式，偏执地强调法律服务的特殊性、律师的不可替代性，会局限我们的视野。只有跳出现有模式和思维框架，反思法律服务究竟是什么，我们才能知道像人工智能这样的新兴科技究竟会带来怎样的改变。

一、作为知识中介的专业人士

首先，律师无疑是典型的专业人士：他们拥有平常人没有的专业知识、通过较高门槛获得的从业资质，以及清晰的行为准则和道德规范。虽然前文所列职业的知识体系和实践方式迥然不同，却也都拥有这些属于专业人士的核心特征。

"无论任何时候，当人们向专业人士寻求帮助，一定是因为专业人士知道他们自己并不知道的东西。"

虽然总有一些人比另外一些人更了解某些事情，但在专业服务领域，这样的知识不对称似乎被制度化了：无论是病人和医生之间，客户和律师之间，还是业务人士和咨询顾问之间，所有专业服务的接受者都希望从服务提供者的知识中获益。虽然他们自己也可以在这个过程中获取一些知识，但总的来说，"专业人士承担着根据服务接受者的需求引用、解释和应用知识的责任"。

从根本上说，这样的知识不对称源于每个人天性中的"有限认知"(limited understanding)。没有人无所不知，在日常生活中，我们总需要借助于外界才能舒适地工作和生活。传统专业服务行业之所以出现，也正是为了帮助人们克服有限认知的问题。

可以说，专业人士扮演着作为门外汉的普通人和巨量专业知识之间的中介："他们帮助人们解决一些需要特定专业知识才能解决的问题，而这些知识是普通人所不具备的。"当然，这样的知识并不是书本上的抽象知识，而是有关问题解决的，在长久实践中才得以形成，需要必要的技巧、技术和方法来有效应用的实践知识。

然而，对于知识中介的任务，专业人士其实完成得并不出色。在萨斯金看来，目前由专业人士提供的服务至少存在以下四类重大缺陷：

首先，专业人士提供的是社会中最重要的功能和服务，但大多数人和组织都无法支付一流专业人士的高昂费用，无论是学校、法律服务还是医疗服务，都是如此。即使只是一般水平的专业服务，对普通人来说也仍然是一笔不菲的费用。

其次，专业人士仍然把知识储存在脑海里、书籍中和机构的标准、系统里，这其实与互联网时代大多数知识储存和传播的方式远远脱节。从根本上说，专业人士获得的特殊待遇建立在客户难以自主获得相关知识的基础之上，而这是与互联网时代人们习惯的信息获取方式相悖的。

再次，用自己的知识和分析能力解决问题往往可以让人们有更多自主的感觉。即使问题的难度超出了人们的能力，更好地被告知自己的问题，理解问题的本质并对此负起部分责任，也会为人们带来心理上的积极作用。目前的专业服务却很难让人们理解自己的问题，充分参与对问题的处理。

最后，对于客户来说，专业服务总显得过于神秘。他们既无法判断服务的质量，也无从知晓某位专业人士是否是从事这项工作的最佳人选。一些专业人士甚至故意将专业服务神秘化，将其作为提高收费的方式。只要这种不透明和神秘感存在，自然就会有不信任存在。

更重要的在于，萨斯金指出，专业服务其实也并非传递知识的唯一方式。

他提出了这样的假设并且对此深信不疑："实践知识被创造和分享的方式在很大程度上受到知识存储和交流的系统的影响。""这样的信息基础设施（information substructure）决定了实践知识的数量、复杂程度、来源、可得性和变化的频繁程度，也决定了什么样的人或者系统可以可靠地将它运用于人类事务。"（在我们此前的"每周蒋讲"专栏文章《2016年法律互联网创新领域三大预测》《给律师代表大会提建议：呼吁国家加大对律师行业基础设施建设的投入》[1]中，也有过对法律行业基础设施的论述和期待，与萨斯金的想法不谋而合，这让我们十分惊喜！）

信息基础设施的演进决定了专业知识生产和分发方式的变化。我们所熟知的专业服务模式不是自古就有的，当然也并非永远不可替代。

1　分别发布于2016年1月15日、2016年3月31日，分别收录于本书"法律服务互联网化路线图"一章和本章。

二、信息基础设施演进的四个时代

在萨斯金看来，人类社会信息基础设施的发展经历了这样四个时代：

1. 口语时代

在口语时代，人们完全没有"查找信息"的概念，所有信息都以口口相传的方式传递，传播范围也因此十分有限。尽管一些人可能拥有更好的记忆力，但是仍然不可能把大量的细节知识都存储在头脑里。这也就意味着，专业知识的数量和复杂程度都远远无法和今天的相比。

掌握专业知识的往往是社群里的年长者。他们积累了丰富的经验，并且拥有祖祖辈辈传下来的见解。他们并未形成正式的职业，也不会有任何力量把他们组织起来。这个时代的知识就这样存留在少数人的头脑里，代代相传。

2. 文字时代

文字和手稿出现的意义是革命性的，它们让人类的记忆能力得到了极大的提高。同时，由于可以明确地表达和记录知识，更精确和复杂的知识开始在全社会范围内传递。行话开始出现，专家们选择用它们来更便捷地沟通和记录思想，而不再使用行外人的语言。

但是，由于手写这一知识生产方式容易出现错误，并且需要花费大量的时间，知识传播的范围仍然很受限制。专家们虽然懂得概念和行话，但并没有接受专门的职业教育，相关职业也并未形成。

3. 印刷时代

15 世纪中叶的古登堡革命促成了打印机和活字印刷系统的发明，从而革命性地改变了知识被生产、储存和分享的方式。从这以后，研究者们可以分享他们的发现和洞见，突然浮现的灵感也可以被捕捉和固定下来，以供后续查阅；印刷的纸张和书本可以很容易地被分发，这又反过来造成了被记录的信息在数量和复杂程度上的爆炸。

在这样的时代，虽然每个人都可以更容易地获取到信息，但是由于信息过于庞大和复杂，反而创造出了更多对专业人士的需求。专业人士的队伍变得庞大起来，可供识别的专家队伍渐渐在这样的环境下产生。

4. 科技基础上的互联网时代

信息技术和互联网共同改变了人们创造、查找和分发信息的习惯。在文字编辑器、打印机、互联网文件传输等设备的帮助下，大多数人都可以很便捷地生产高质量的文件。

但是，日益增加的创造、分享文件的能力并没有带来一个知识和经验更容易被所有人获取和理解的世界。互联网上的海量信息远远超出了非专家的理解能力，信息体系的复杂程度也大大加深。

不过，萨斯金强调，这样的时代并非真正的互联网时代，而只是从印刷时代向互联网时代的一个过渡时期。

所谓的"信息过载"，只是因为我们的信息接收能力和信息处理能力之间出现了巨大的鸿沟。而随着搜索引擎、大数据技术、人工智能等的发展，相对滞后的信息处理能力正慢慢追赶上来。在真正的科技基础上的互联网时代，这样的差距将被拉平，每个人既能获取信息，也能在技术的帮助下理解和运用这些知识。

在这个时候，专业人士的中介价值将大大减弱，许多曾经由专业人士承担的工作将交由经过基础培训的普通人甚至智能系统完成。

三、技术力量显现，转型正在发生

在专业服务领域，技术的力量已经开始显现。仅就法律服务领域而言，法律文件的生产方式已经开始被系统化。

借助于 Contract Express 和 Exari 这样的工具，"文件生产系统"可以在与用户直接提问互动后生产高质量的文件；Allen&Overy 等机构开发出了更加复杂的专家诊断系统，可以处理高度复杂的、需要多维判断的法律问题，表现不输于最好的专家；Neota Logic 这样的新兴法律服务提供者甚至开发出了可以模仿复杂推理过程的系统。

在检阅大量文件并选出最相关项这一诉讼准备事项上，智能搜索系统已经比初级律师表现得更出色。同时，大数据技术发展出了比诉讼专家更擅长预测庭审结果的系统。类似的技术也正被公司律师们用于尽职调查。

这些技术的出现并非偶然。结合专业服务领域此前的发展，其实可以总结出一条清晰的专业服务进化之路：

1. 手工定制

首先是手工定制阶段，专业人士被视作手艺人，他们拥有知识、耐心和专注，精心雕琢定制化的解决方案，就像在空白画布上作画的画家，像制作定制西装的裁缝。

2. 标准化

第二个阶段是标准化，通过模板、先例的应用省去一定程度的重复工作。

这又包括两种方式：一种是程序上的标准化，即通过核对清单、程序手册等标准指南提供程序上的标准指引；另一种则是实质上的标准化，即通过可重复使用的标准形式文件规范内容。

专业服务从手工定制到标准化的发展不仅是由减少成本的倾向推动的，这也可以帮助专业人士减少不必要的错误，保证工作的连续性，并且防止重复做工。更重要的是，它可以帮助提升工作质量："当资深的专业人士联合起来确定标准的程序和材料，他们的知识精华就可以作为工具，帮助一般水平的专业人士做出达到顶级专家水平的工作成果。"

3. 系统化

随着新技术的发展，专业人士会希望采取更加复杂的标准化方法，慢慢地也就会来到第三阶段——系统化。

标准化已经通过可重复利用的纸质资料减少了任务量，系统化则将更复杂的技术应用了进来，帮助人类专家工作，甚至在一定程度上替代他们。当然，在这一阶段，工具和系统仍然只是在专业人士和他们的组织内部使用，而不会直接提供给服务的接受者。

4. 外部化

而在第四个阶段，实践知识将被外部化，人类专家的实践知识将可以被非专业人士在线上获取，专业人士自身作为中介的意义将越来越弱。

一方面，目前的专业人士在内部使用的系统将向一般性的互联网用户开放。事实上，一些律师事务所、会计师事务所、咨询公司已经将他们的一部分内部知识资源放在网上，客户甚至可以通过更复杂的系统，自助地创造文件。

另一方面，这也包括一些专为网上用户设计的系统，比如说网上学习系统、网上法律文件生产系统、健康建议系统、商业诊断系统。它们并非已经存在的系统的外部化，而是对迄今为止一直存在于专家头脑里的实践知识的外部化。

这样的进化不仅仅是由科技所推动的。互联网时代信息基础的发展只是为系统化、外部化的发展提供了条件，市场对更高效率、更低成本的服务的需求才是推动专业服务沿着这个轨迹一直向前发展的主要动力，知识本身的非竞争性、非排他性、可积累性和可被电子化的特性恰恰也让这样的发展成为可能。

四、专业人士的未来

专业人士的未来会怎样？答案似乎并不乐观。

"总的来说，专业服务领域会经历两个并行的变化：一个由自动化所主导，传统的工作方式会被科技流水线化和升级优化；另一个则由变革所主导，越来越多的智能系统会改变专业人士的工作方式，带来分享实践知识的新方式。"

从长期来看，后者将是主导性的，专业人士会被逐渐替代。当然，在特定的情境下，仍然会存在对传统专业服务方式的需求，但即使是这类需求，也很可能会在一段时间后消逝。

专业人士将会扮演一些新的角色，尽管今天的专业人士可能会争议这些新角色是否仍然可以被称作"专业人士"。同时，这些新角色本身仍然有可能在未来被新的系统和新的人士替代。

"对专业人士来说，没有任何办法可以让这种趋势减弱。在未来的几十年，专业人士在社会中扮演的角色将远不如今天重要。"

对律师来说，这样的未来听起来并不是什么好事，曾经在工业革命时代发生在手工业者身上的技术性失业（technological unemployment）似乎就要在法律行业重演。但是，只要不将一对一、面对面地提供法律服务的工作方式视作唯一，就会发现，技术进步其实也带来了许多新的就业机会。

事实上，更开阔的视野和心胸正是身处这个变革时代的法律人最应该拥有的品质。

正如萨斯金所言："专业人士是手段，把实践知识带给那些需要它的人才是目的。"作为法律服务的提供者，我们其实没有资格将自身目前的工作方式奉为圭臬，对它的任何变化耿耿于怀。在更高效地服务客户，提供法律实践知识这个目的面前，任何工作方式都只是手段。

或许，真正的专业服务精神，并不是执迷于传统的工作方式，将它进行到底，而是像向日葵追逐太阳那样朝着服务客户的方向进发，尝试所有可能的方法，探索最佳的服务方式，哪怕旧有的工作方式，甚至原有的职业被完全替代也在所不惜。

网约车合法化：互联网语境下的执业泛化时代或将到来 *

原文发布于 2016 年 7
月 29 日。

昨天，《网络预约出租汽车经营服务管理暂行办法》正式公布，网约车终于合法化了！

不同于征求意见稿的严苛，这一新规为网约车设置了一个新的运营登记种类——"预约出租客运"；它不再要求网约车的车辆性质必须为营运车辆，从而正式承认了非运营车辆提供运营服务的合法性；它不再要求网约车平台公司自有车辆，从而更加符合共享经济的精神。

我要为这个新规大大地点赞！作为一位资深律师，我首先看到的是法律法规对经济生活的影响和重大意义；同时作为一个"互联网＋法律服务"的创业者，我看到更多的是由它传递出来的国家层面对中国互联网创新的大力支持！

如果说此前的征求意见稿更多地站在"鼓励出租车服务创新"的角度思考网约车领域规则的制定，新规则旗帜鲜明地提出了"促进出租汽车行业和互联网融合发展"。

我们可以这么来理解，征求意见稿的思路仍然停留在"传统行业＋互联网"的层面上，新规则是真正的"互联网＋传统行业"。

它不再试图从传统出租车的管理思路看待网约车这一新兴事物，将不符合传统规则的部分通通扼杀，而是为它开辟新的天地，真正承认和理解它独到的运作规律，提出与之匹配的监管思路。

这样的思路是极为务实的。

当网约车大大提高了车辆资源与人们出行需求的匹配效率，甚至在很大程度上改变了人们的出行习惯，试图退回那种出租车盲目乱转寻找乘客，乘客盲目在路边等待出租车的时代，是逆潮流而动的。共享经济的浪潮已经来临，没有运营资格的车辆也能够保障运营安全，甚至提供更好的运营服务，即使试图从规则上扼杀这样的创新，也难以阻挡市场的选择。

这样的思路是极具创新精神的。

法律规则固有其滞后性，突破原有的规则体系并非易事。新规十分敏锐地把握住了时代的变化，开创性地突破对出租车行业的旧有认识，提出"网络预约出租汽车""网约车平台公司""网络预约出租汽车运输证"等新概念。

这样的思路也是极具包容精神的。

李克强总理5月底在贵阳论坛上表态："一个新事物诞生的时候，我们确实不能上来就管死了，而要先看一看。"监管部门对待网约车的态度也的确体现了对新事物的包容精神。滴滴等打车 APP 刚刚兴起之时，监管部门并未直接扼杀，而是通过《关于促进手机软件召车等出租汽车电召服务有序发展的通知（征求意见稿）》对其加以引导。虽然各地也曾出现过对约车平台的严厉整治，此次新规的征求意见稿也曾为网约车设置极为严苛的条件，但新规的正式出台仍然体现了对网约车这一新兴事物的理解和包容。

可以说，新规的出台是我国共享经济发展的重大利好消息。它的价值并不止于出行领域，而是对未来"互联网＋传统行业"监管政策的变革都有极为重要的示范意义。

网约车这一新事物的出现，背景是移动互联网、云计算和大数据技术在近些年的迅猛发展，以及全社会车辆资源的极大丰富。

正是因为车辆不再是社会的稀缺资源，才有了车辆资源共享的可能，而不必依赖于出租车公司提供的车辆服务；正是借助于成熟的 GPS 导航系统和 LBS（基于位置服务）技术，任何一个拥有驾驶技术的人，都可以准确地将乘客从甲地运到乙地，而不逊于经验丰富的出租车司机；正是借助于移动互联网带来的大连接时代和对乘客出行需求、最佳路线的深度计算和匹配，以及由滴滴、Uber 等平台搭建起来的车辆质量、司机能力、乘客付费能力等方面的信任体系，车辆资源和出行需求才能够更好地配置，不具有传统运营资质的车辆也有了提供运营服务的能力。

出行领域发生的变革，未来必将在其他传统行业发生。随着互联网对信息成本的降低，大数据对专业门槛的降低和对信任体系的搭建，旧有的资质体系对于保障服务质量、维持市场秩序已经不再必要。

比如说，在教育行业，此前，只有拥有教师资格证的人才可以成为老师。但是，在互联网和大数据的帮助下，不拥有教师资格的人也可以达到良好的教学水平。甚至，在类似"在行"这样的知识分享平台上，"行家"其实可以被认为是广泛意义上的教师。

比如说，在医疗行业，此前，只有拥有医师资格的人才可以成为医生。但是，在智能医疗器械和数据工具的帮助下，受过基本医学训练的护士也可以完成一些此前只能由医生进行的诊疗工作。

在我们法律行业也同样如此。

法律服务市场一直存在着供给严重不足的问题。从 2011 年到 2016 年，每年的律师人数增长不过 7% 左右，绝对数量现在还不到 30 万，与 13 亿的人口规模以及法院每年处理的将近 2000 万案件相比微乎其微。随着法院受理案件数量的节节攀升和诉讼之外的其他法律服务需求的激增，单靠目前的律师资源或许更加难以实现有效供给。

大数据和人工智能技术却可以让曾经神秘莫测的法律专业服务变得简单。在智能工具的帮助下，只具备基础法律知识，甚至是没有经过法律训练的普通人，也可以完成此前只能由律师这样的专业服务人士才能完成的工作。全球首位人工智能律师 Ross Intelligence 入职美国律所，负责协助处理企业破产相关事务就是很典型的例子。只需用自然语言提出需求，它就可以完成协助案例筛选等数据量很大的基础性工作。

法律行业科技进步最著名的观察者理查德·萨斯金就曾在去年十月推出的《专业人士的未来》一书中指出，随着搜索引擎、大数据技术、人工智能等的发展，全社会的信息处理能力将大大提高。普通人与专业人士之间的知识差距将被拉平，专业人士的中介价值将大大减弱。许多曾经由专业人士承担的工作将交由经过基础培训的普通人甚至智能系统完成。[1]

当市场本身不足以自动调节和健康运作，行业壁垒和对服务的垄断就是必要的。但是，当技术发展足以支撑专业技能，互联网的资源配置作用让更多的资源可以以更低的成本和更高的效率提供服务，原有的壁垒和垄断就会遭受质疑和冲击。毕竟，服务的效率和用户体验才是真正的指挥棒，也是优胜劣汰的关键所在。

可以预见，网约车领域的新规出台只是"互联网+传统行业"的新规则制定的第一步。未来，包括教育、医疗、法律等在内的诸多领域都会出现创新与旧规则的冲突，对传统规则的重新思考必不可少。而在这个过程中，网约车新规的制定思路提供了很好的方法论。

时代正在不可阻挡地变化着。可以说，互联网与大数据掀起的生产革命无异于这个时代的"工业革命"。

在两百多年前的工业革命中，机器化大生产替代了人的部分体力劳动，即使是不具备高端生产技能的工人也可以在机器的帮助下生产出精密的器械和产品。在这个时代的信息化革命中，互联网、大数据和人工智能大大降低了信息沟通、信任建立和知识工作的门槛，越来越多不具备丰富知识和经验的人也可以很好地承担起原来带有一定专业性的工作，建立在工业时代的专业分工格局面临调整。

用农业时代的生产规则去引导工业时代的机器化大生产必然是

---

1 参见"每周蒋讲"专栏文章《作为专业人士的律师，未来并不乐观》，原文发布于2016年4月15日，同样收录于本章。

无效的，同样，工业时代的生产规则当然也无法适应信息化时代的需要。其中一个重要的趋势就是，政府在市场经济中扮演的角色将不同于以往。

在过去，我们依赖于政府设立的资质和行业门槛来保证生产者提供的商品和服务的质量。当全社会的生产水平发生变化，资质和门槛必然面临调整。当网约车平台公司这样具备信息匹配、信任背书、资质审查等功能的平台出现，政府的监管功能可以收缩为监管平台规则，而不再"事必躬亲"地监管市场中的每一个个体。

从此次出台的网约车监管新规中，我十分欣喜地看到了这样的趋势，也期待这样的趋势在全社会的互联网化进程中得以延续。

我相信，只要为创新留出足够的空间，顺应互联网、大数据和人工智能带来的执业泛化趋势，全社会的生产力水平和资源配置效率将得到极大的提升。那时，包括法律行业在内的每一个传统行业也都将焕发新的活力与生机。

哈佛演讲：从交易成本理论
看互联网背景下律所的组织结构变革 *

原文发布于2016年
11月4日，是蒋勇律
师在哈佛大学与华东
政法大学联合举办的
"中国律所领导力"培
训班上的演讲。

　　大家好！非常荣幸站上哈佛的讲台。互联网对律
师行业的影响是一个大家都非常关注的重要课题，今
天，我想结合罗纳德·科斯（Ronald H. Coase）的交易
成本理论，对律所组织结构未来的变革方向做一些阐
释和分析。

一

　　交易成本理论，是科斯在《企业的性质》一文中
提出的经典经济学理论。这篇文章写于1937年，不过
短短万余字，科斯却因此获得了诺贝尔经济学奖，同
时开创了一个经济学的新分支——交易成本经济学。
这成为后来的新制度经济学的起点，深刻地影响了二
战后世界经济学领域的发展。

　　要理解这个理论的意义，我们首先需要从亚
当·斯密（Adam Smith）发表于1776年的《国富论》说

起。在这本书中，亚当·斯密提出了一个重要的结论：劳动分工和市场交换会带来经济繁荣。但是问题在于，既然市场是繁荣的原因，为什么还会有企业呢？为什么不是每一个个体依靠市场的价格机制推动经济的发展呢？

在《国富论》发表之后，直到科斯提出交易成本理论之前，这个问题在学界其实没有人研究。而这个时期，恰恰是公司起源和繁荣的过程。1837年，美国康涅狄格州第一次允许私人以股份有限公司的形式投资铁路。自此之后，公司这种经济组织形式得到了长足的发展，在不到一百年的时间里，就出现了第一家市值超过10亿美元的公司，也就是1901年的美国钢铁公司。可以说，公司是工业革命之后，人类在组织领域最大的创新，也越来越成为一种不可忽视的经济现象。

在《企业的性质》一文中，科斯终于对前面的问题给出了答案："市场的运行是有成本的，通过形成一个组织，并允许某个权威（一个'企业家'）来支配资源，就能节约某些市场运行成本。"

在科斯看来，企业和市场其实都是经济组织的组织方式。企业的运作依赖于看得见的科层制，会付出内部管理成本。市场的运作则依赖于看不见的价格机制，会付出外部交易成本。当外部的交易成本大于内部管理成本，企业就是有必要存在的；当外部的交易成本小于内部管理成本，企业就没必要存在了。

所以，科斯不仅指出了企业的性质是什么，更指出了企业的边界是什么，其核心正是在于内部管理成本和外部交易成本之间的比较。这也正是科斯这篇文章最主要的观点。

在过去，在公司化成为主要的商业运动的过程当中，外部的交易成本都是大于公司内部管理成本的。所以，自公司诞生以来的近

200 年里，我们都认为它是最好的经济组织形式。

二
——————————————————————————————————

　　但是，公司并非没有缺陷。尤其是，随着公司规模的增大，两难困境愈加凸显：科层制强于纵向控制，但难以做到横向协同；能够强化集权控制，却容易压制分权创新。

　　而在今天的时代，互联网已经开始实现跨公司的大规模协作：外包越来越普遍，许多原本在公司内部完成的流程已经开始向外部转移；开源的技术贡献也逐渐成为主流，公司内部的技术正在无边界地向外扩张；更重要的是，互联网让社会化协作成为可能，无组织的组织力量开始显现，"维基百科"就是最典型的例子。

　　通过"后端云平台"加"前端灵活创新"的方式，互联网可以打破公司的边界，形成一种平台式的新架构。

　　在这样的平台上，由平台提供用户体系、支付体系、信用体系、交易流程、服务标准控制等多方面的基础服务，并且以数据为导向，更高效地匹配资源。每一个个人或者团队，都可以基于平台提供的技术模块和商业流程模块，提供灵活多样的产品和服务，在平台上的协作也变得更加简单。

　　Uber（优步）是最典型的例子。它并不拥有一辆出租车，但通过互联网，它让愿意提供出行服务的车主与有出行需求的人进行交易的成本降低了。这样的成本甚至远远低于由出租车公司组织出行服务时的交易成本，传统的出租车公司因此变得不再必要，Uber 成为全球最大的"出租车公司"。同时，由于平台的技术支持，大量的普通车主也拥有了提供出行服务的能力，闲置的社会资源因此被激活。

这实际上正是我们常说的互联网条件下平台对个人的赋能。一方面，平台提供的模块化支持可以帮助个人补足能力短板；另一方面，开放式的平台帮助商业主体突破了生产能力、市场能力、销售渠道等方面的限制，从而拥有更大的市场空间和发展潜力。

从根本上说，这是因为互联网的基础设施使得全社会的协同成本下降了。它打破了信息的不对称，去除了不必要的中间渠道，搭建了线上的协作平台，从而使得平台组织交易的成本有可能低于，甚至远远低于公司内部管理成本。这时，公司就变得没有必要了。

所以说，去公司化是互联网带来的一次新的商业运动。在许多领域，过去的"公司＋雇员"模式，都正逐渐被"平台＋个人"模式取代。

三

既然公司呈现出了这样的发展趋势，那么律所呢？

尽管律所与公司的法定组织结构及具体组织形式不同，但是，站在新制度经济学的角度来看，它们都属于替代市场组织生产的"企业"。就像公司在其他行业组织生产一样，在法律服务市场中，律所替代了价格机制，组织律师提供法律服务。

因此，我们也需要思考，律所在何种程度上降低了法律服务的交易成本？这些成本在互联网平台上又会发生什么样的变化？

当然，必须说明的是，这里的讨论并不涉及当下法律法规对律所组织形式和管理体制的具体规定，而只是借助于交易成本理论，从经济学意义上探讨律所这一组织形式在未来可能发生的变化。

其实，在科斯之后，许多学者对交易成本理论做了进一步的延展，并且归纳出了各种各样的交易成本类型。在我看来，下面六种交易成本是和法律服务相关的，可以为我们的思考提供框架：

第一，搜寻成本，即搜寻合适交易对象的成本。对法律服务而言，也就是所谓的品牌建设、市场拓展的成本，即我们通常所言的marketing 的成本。

第二，信息成本，即潜在交易对象之间交流信息的成本。对法律服务而言，最典型的信息成本就是找到潜在客户，并且销售给他的成本，即我们通常所言的 Sales 的成本。

第三，议价成本，即针对双方之间要达成的契约、价格、品质进行讨价还价的成本，也就是交易双方价格发现的成本。

第四，针对交易的决策成本，即进行相关决策和签订契约所需要的在内部形成一致意见的成本，比如内部管理流程所消耗的成本。

第五，监督交易进行的成本。在法律服务中，这其实就是律师与客户反复沟通的成本。

第六，违约成本。我们可以把它认定为法律服务中的客户违约的风险成本。

四

那么，律所究竟在哪些方面、在何种程度上降低了法律服务的交易成本？

首先，我们需要注意的是，不同法律服务的标准化程度不同，组织法律服务的方式也就不同。我们不妨用这样一个象限图来区分不同的法律服务类型：

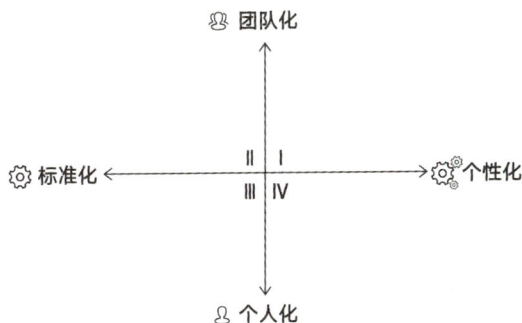

在这幅象限图中，横轴代表律师业务的个性化／标准化程度，纵轴代表完成业务所需的律师个人化／团队化程度。

纵轴的上半部分代表着对律师团队化的要求，它意味着，客户需要找到若干提供服务的律师，由他们协作提供服务。如果由市场组织服务，搜寻成本、信息成本、议价成本、决策成本、监督交易、违约成本都会成倍地增加。但是，如果由律所来组织律师提供服务，就让客户免去了寻找律师，与每一位律师单独谈判的麻烦，律所内部的工作流程和监督机制也会使监督交易进行的成本大大降低。

纵轴的下半部分代表着对律师个人化的要求，它意味着，客户只需要与单个律师磋商，并且监督单个律师的服务状况。律师与客户直接可以通过人脉网络完成交易对象搜寻的工作，并且一对一地进行信息交流、议价、决策和进一步沟通。由于有人脉网络的背书，违约成本也并不高。律所内部的组织机制反而显得流程繁琐，律所品牌的可信度也不一定强于建立在人际关系基础上的信任。所以我们经常可以见到，在现实业务中，客户往往首先知道的是办理这类业务的律师个人，而不是律所。

横轴的右半部分代表着法律服务的个性化程度，这样的知识难以通过知识管理的方式被沉淀下来，而更依赖于律师个人的智慧。对于这类业务，律所的组织结构能够起到的降低交易成本的作用有限，律师根据特定业务情况的自主发挥更加重要。

横轴的左半部分代表着法律服务的标准化程度，对于这类业务，律所可以通过知识管理体系将法律知识沉淀下来，辅助律师提供更加高效和有质量保证的服务，从而降低法律服务的决策成本和监督成本。

因此，我们会看到，位于四个不同象限的法律服务往往由不同类型的律所组织完成。

对于位于第Ⅰ象限的个性化、团队化业务来说，它对应的律所往往倾向于采取一种相对紧密的组织形式，由律所统一拓展市场，组织服务，分配利润。

对于位于第Ⅱ象限的标准化、团队化业务来说，它对应的律所同样倾向于采取相对紧密的组织形式，集全所之力完成知识管理的工作并将成果应用于所有律师的工作。

对于位于第Ⅲ象限的标准化、个人化业务来说，律所的知识管理对于降低法律服务交易成本的作用同样重要，但由于律师之间的协作需求较低，律所组织结构往往不如第Ⅱ象限业务对应的律所紧密。

对于位于第Ⅳ象限的个性化、个人化业务来说，律所在降低法律服务交易成本上的作用有限，律师们大多单独执业，律所结构更加松散。

当然，以上的分析只是基于单一法律服务的业务组织模型。在现实中，客户的需求是多元的，律师接触到的法律服务类型是多种多样的。但是，没有律师或者律师团队能够精通所有法律服务领域，律师协作的需求广泛存在，与更多不同领域的律师协作，也成为推动律所走向规模化的重要因素。

律所通过提供统一品牌、案源转介机制甚至更紧密的案源分发机制和律师协作平台，起到了资源重新配置的作用，从而降低了多元法律服务需求的搜寻成本、信息成本、议价成本和决策成本。当然，随着规模的扩大，监督成本和违约成本也随之增加。它们与前述成本的相对高低决定了律所最终的规模大小。

五

在互联网的背景下，我们会发现，通过互联网平台组织法律服务会使法律服务的交易成本大大降低。

第一，对于搜寻成本而言，原来的律所品牌工作往往面临高昂的信息传播成本。除了信息到达范围的局限，许多接收信息的人并没有相应的法律服务需求，大量的品牌工作有效性不高，从而进一步推高了搜寻成本。互联网则会把这样的成本转化为流量，以更低的成本实现信息的精准传播。

第二，对于信息成本而言，互联网平台能够通过大数据实现对律师能力和客户需求的精准分析，原有的地域、行业、认知限制将被突破，从而在更广范围内实现法律服务供给侧与需求端的精准匹配和跨地域律师合作的临时搭建，成本也将大大降低。(或许大家会对这类匹配方式的公正性和有效性有所疑虑，但是，市场是最终的判定者。市场所能发挥的资源配置作用会让互联网平台的匹配效率愈加精准，否则，用户会用脚投票，它不会被市场接受。)

第三，对议价成本而言，当所有交易都在互联网上完成，系统就可以解构出其中的价格信息，用算法形成一套定价机制。这样的价格是经过市场价格发现以后得来的相对公允的价格，双方可以在此基础上更快地形成价格共识，从而降低价格发现的成本。

第四，对决策成本而言，律师团队的内部管理和协同可以通过SaaS的方式大幅度降低。它能以更低的成本实现律师行业的信息化建设，帮助律师实现跨地域的数据共享，甚至可以通过提供线上化的律师协作平台和办案工具，进一步降低决策成本。

第五，对监督成本而言，当律师与律师，律师与客户能够拥有共享的互联网协作平台，沟通与协作可以更便捷地在互联网上进行，监督交易进行的成本也随之下降。

第六，对违约成本而言，当类似于支付宝的第三方支付工具得以引入，当律师信用机制和律师合作平台上的互评机制得以建立，违约成本也会大大降低。

这也就意味着，互联网能够以比传统律所更低的成本实现客户与律师的供需对接，并且帮助律师找到合适的合作律师。律所不再需要为了整合更多业务领域和地域资源而扩大规模，律师个体、律师团队和小型律所都可以从互联网平台上获得客户资源和协作律师资源，跨律所的无边界协作将越来越普遍。(我在两年前的"每周蒋讲"专栏开栏第一篇文章《无界律所的无限可能》[1]中曾经畅想过这样的未来。)

相应的，以上四个象限的业务所对应的律所组织形式也将发生变化。

第Ⅲ象限，标准化、个体化业务将最先由互联网来组织。原本以此为主要业务类型的松散律所主要通过律所品牌和内部案源转介网络起到降低信息成本的作用，但是，由于这类成本能够被互联网更大程度地降低，律所边界将被迅速打破，律师的执业活动将主要在互联网平台上开展，律所将仅仅承担法定的执业资格管理的职能，其存在仅因为法律法规要求律师在律所机构执业。

第Ⅱ象限，这类业务对团队化有一定要求，但是由于业务的标准化，这样的团队对律师个体的要求相对较低，业务也更容易被拆分，互联网可以通过律师个体临时组合和跨地域的协同作业的方式降低交易成本，原本以这类业务为主要类型的松散律所的边界也将逐渐被打破，跨律所的律师个体通过互联网协作完成这类业务将愈加常见。

第Ⅳ象限，个性化、个体化业务的互联网化速度将稍慢。因为，对个性化业务的分析和在此基础上的资源调配依赖于相关领域的数据积累和技术发展，需要一定的过程。但是，由于律所在降低这类

---

1 发布于 2014 年 5 月 23 日，同样收录于本章。

法律服务成本上发挥的作用本来就有限，随着技术的进步，互联网在资源配置上的优势也会很快显现。

第 I 象限，个性化、团队化业务难以被拆分，需要固定律师团队的长期协作。虽然这类律所的规模化倾向会因为互联网更低成本的资源配置而减弱，互联网组织这类交易的成本仍然难以低于紧密协作的线下律师组织，这类律所最终很可能会成为平台上紧密协作的团队。它们将保有在降低监督成本、律师协同成本上的优势，同时又将受惠于平台在降低搜寻成本、信息成本等方面的作用。

在未来的互联网平台上，所有律师个体和团队都能获得客户资源对接、律师办案协同工具等方面的支持。而通过这样的"大平台＋小前端"的方式，为客户提供的法律服务也将变得更加高效、灵活和低成本。

六

随着互联网和法律科技的进步，这样的格局实际上会呈现出一个动态的过程。

随着技术的进步，很多过去需要个性化才能完成的工作会变成标准化的事项，今天你所拥有的独门秘籍，若干年之后，或许计算机就能完成了。因此，纵轴会逐渐向个性化一端移动。

而由于互联网平台对个人的赋能，过去必须要好几个人协作才能完成的工作，现在一名律师借助互联网工具或许就能搞定了。这也就意味着，需要团队协作的事项越来越少，横轴也会因此向上移动。

所以，这个"十字架"会逐渐地向右上方移动。这意味着，一些原本只能由紧密协作的律师团队完成的业务将可以由单独的个体通过互联网平台上的协作完成。紧密协作的律师团队则会主动顺应社会发展中法律服务需求的变化和律师行业的进步方向，沿着象限图的斜上方去开发更多依赖于律师的智慧和创造力、需要律师紧密协作才能完成的新型业务，创造出新的蓝海。

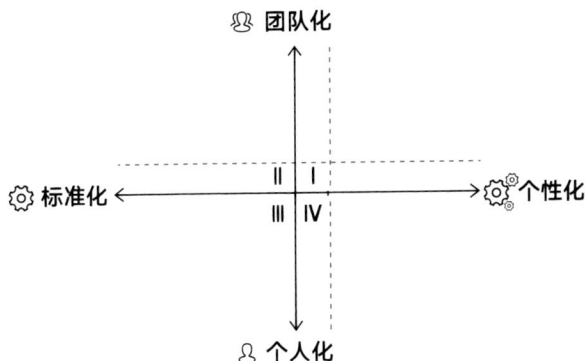

借助互联网提供的法律服务的类别将从左下角起步，逐渐往右上角迁移。甚至，原本需要单个律师完成的标准化的业务（位于第Ⅲ象限最下角），会逐渐由人工智能替代完成，从而大大降低法律服务中的人力成本。也就是说，人工智能会逐渐沿着斜线向右上方推动律师行业的进步，而随着人工智能技术的进步，它们之间的距离或许会逐渐缩短。

尤其是，根据雷·库兹韦尔提出的"奇点理论"，由于计算能力剧增而成本骤减，创造的人工智能的数量将是当今存在的所有人类智能数量的大约 10 亿倍。到 2045 年，奇点将会来临，人工智能将完全超越人类智能。自然，到那个时候，律师智能也会被人工智能超越。

当然，这一理论还仅仅只是科学假设，人工智能对人类的意义究竟是替代还是辅助也仍然没有定论。在此前的文章中，我也做过专门的论述。[1]

七

我记得，律师行业去年曾经爆发过一场激烈的讨论：十年以后，大所还存不存在？当时，行业里存在两种截然相反的意见。但是，在我的印象中，它们都更多的是基于情感元素的感性判断，而欠缺理论基础的支持。我想，科斯的交易成本理论会对我们思考这个问题有所帮助。

我希望，十年以后，如果有人再翻出这篇文章，会发现我在今天讲到的一些设想已经变成了现实，就像今天我们看硅谷著名预言家凯文·凯利（Kevin Kelly）的文章，会惊叹于他在 20 年前对科技发展的预测与当下现实的高度吻合。

我想，在科技和社会发展的浪潮中，的确存在着许多必然的趋势。它不会以人们的主观意志为转移，也不会因为一时的阻力而停滞。我们应该从客观立场出发，结合科技发展趋势和经济学理论来

---

1 参见"每周蒋讲"专栏文章《人工智能对律师行业意味着什么？》，发布于 2016 年 8 月 19 日，收录于本书"理解技术逻辑"一章。

分析和预判，借此指导我们的行动。

　　"你所熟知的那个时代已经终结，你已经回不到从前，但是，这绝不是世界末日。"（作家科特·安德森）相信基于准确的预判和积极的行动，我们可以真正把握未来。

Part 3

法律服务互联网化路线图

法律服务市场的互联网创业难在哪里？

原文发布于 2015 年 5 月 29 日，是蒋勇律师和一位想做法律互联网创业的年轻法律人的对话。

青年律师：蒋律师，我这次过来主要是想和您交流一些法律互联网创业方面的想法。我自己有一个初步的打算，想做一个网上仲裁的项目，让争议各方到这个平台上来解决争议。不知道您有没有什么好的建议？

蒋勇律师：如果要做法律互联网的创业，我们必须首先思考两大问题：

其一，这个模式跟在线下的交易有什么区别。换句话说，大家在线下能解决的事情，为什么要搬到线上来做？

其二，如何克服必定会面临的技术难题？如果答案是外包给一个技术开发公司，那是肯定做不下去的。原因在于，在这样的"软件开发"式思维下做出来的产品，并不是真正的互联网产品。

在软件开发的流程中，当一个软件被推向市场，它的产品开发的工作就基本结束了。如果需要对它做一些升级，你可以在一年甚至更长的时间后，要求技术团队做一些调整。类似这样的工作，的确是可以外包给技术开发团队去做的。

但是，在互联网时代，产品开发的逻辑已经发生了根本性的变化。产品的发布和上线并非产品开发的终点，而更像是一个开始。互联网人总是从最基本、最简单的设计入手，不断试错，快速迭代。

要实现这样的迭代，相应的产品开发流程也与传统的软件开发完全不同。在推出一款互联网产品后，你需要不断搜集和整理用户反馈，由专业的产品经理据此提出产品升级的设计思路，与开发团队沟通，再由开发团队进行升级，发布新的版本，并且再次进入搜集反馈和升级产品的流程。

这样循环往复的过程只有在法律人和互联网技术人员的密切配合下才可能完成，而绝不是我们向外包团队提出技术要求，他们把产品交给我们那么简单。

两种模式相较，传统软件的设计和各方面的功能或许都不逊于互联网产品的雏形。但它的问题在于：一方面，开发过程过于求精，周期太长，等软件终于被开发出来，可能早就过时了；而另一方面，它将发布作为产品开发的终点，难以及时根据运营状况和用户需求进行调整，甚至都不能意识到自身的问题在哪里，就很容易被"小步快跑"、不断迭代的互联网产品超越。

青年律师： 如果我组建起了一个属于自己的互联网技术团队，还会面临其他的困难吗？

蒋勇律师： 以我自己这两年的切身体会而言，组建这样一个做法律互联网创业的团队本身就是一件很困难的事情。为什么这么说呢？我们来看法律人和互联网人一般会怎么看这件事。

在法律人中，可能资深律师会说，我每天活儿都忙不完，为什么还要参与创业项目？年轻律师又会觉得，如果做律师，我可以按从实习律师到律师到合伙人这样的发展路径往前走，但如果加入法律互联网的创业项目，我未来的职业发展路径在哪里？尤其是，一旦我退出创业团队，职业的出路"接口"在哪里？

对互联网人而言，他们又会觉得，互联网时代的"风口"那么多，我为什么一定要做法律行业的事情？

另一方面，即使我们把这两类人都吸引到了团队里，要让事事谨慎、精益求精的法律人适应不断试错、快速迭代的互联网思维，让天天写代码的程序员们理解律师的工作是怎么一回事，也都非常困难。

我自己其实也非常庆幸，目前我们的创业项目"无讼"的团队已经基本搭建完成，并且配合很默契。回想起来，当初邀请一个个优秀的法律人和互联网人加入，以及我们在工作中的不断磨合，真的都是非常艰难的过程。当然也正因如此，这个团队的每一个人就显得尤其珍贵。

第二个难点在于，即使你搭建起了这样的团队，做出了一款还不错的法律互联网产品，也很难让你的主要用户——律师们信服。

律师其实是一个很特别的群体。一方面，法律服务是市场化运作的，律师们习惯自由竞争，靠业务能力说话。另一方面，他们还是一群"很挑剔"的人。在法庭上，律师们总是擅长找出对方的逻辑漏洞，而如果一款法律互联网产品做得不够好，也很难真正让律师们愿意尝试使用。

如果一个人说想做法律互联网的创业，去颠覆这个行业，可能律师立马就会说：你想颠覆我这个行业？你自己做得怎么样啊？如果你自己的业务都没有做得特别好，还能教我怎么做？

只有我们自己做得足够好，并且真心地帮助他，他才有可能心悦诚服地支持。

第三个难点是更为根本性的：法律服务需求的低频次性。

和购物、金融这些方面的需求不一样，可能很多人这辈子都不会有法律服务的需求。就拿你想做的网上仲裁项目来说，有这样仲裁需求的人，相较于有着超高频次购物需求的淘宝网用户，一定是特别少而且特别分散的。如果按照淘宝网的模式去设计项目，恐怕很难吸引到足够多的用户。

从根本上说，这样的低频次是由整个法律服务市场的发展状况所决定的。

第一，普遍的互联网使用习惯尚未建立。我之前到一些地方讲课，发现很多律师都不会下载 APP，平常也很少使用网络。对这样的人群，我们很难让他到互联网平台上提供法律服务。

第二，互联网技术与法律的融合尚且需进一步探索。近年来，互联网技术的发展已经是突飞猛进了。在十年前，我们根本无法想象能通过手机收发邮件、视频通话、货币支付，乃至提供一些基于位置的服务。但是，技术与法律的真正融合，尚未被任何成熟的法律互联网项目验证。

第三，中国法治环境和人们的法治意识尚待优化、强化。比如说在美国，网上签合同已经很普遍了，可能两个生意人谈着谈着就会说，我俩在手机上签一个合同，把这件事给敲定了。但中国人可能说，咱哥们儿说好了就行了，还签什么合同？

这或许也能解释，为什么在美国，每300人就拥有1名律师，而在中国，13亿人口，到今年律师也只有27万，而且其中还有很多律师觉得自己没活儿干。

不过，值得期待的是，十八届三中全会以来对建设法治国家的重视，或许将引起法律服务需求的新一轮爆发。

同时，在这三点得到根本性改善之前，并不是说法律服务的互联网化就是不可能的。但其前提在于，必须深入地思考法律服务互联网化的本质，去做一些商业模式上的创新。这是一个很大的值得研究的课题。

青年律师： 蒋律师，听您这么一讲，我可能真的把法律服务的互联网化想得太简单了。但是，我觉得，互联网对法律服务市场的改变是迟早的事情，我特别想做点什么，参与到这个时代里来，而不是被动地等待变化。

蒋勇律师： 这样的意识是很好的。有了这种意识，再去仔细研究我刚刚提到的那些互联网创业的难点，用你的创业热情和深入思考把这些难点各个击破，做出好的法律互联网服务创业项目来也并非痴人说梦。

不过，有一点我们也必须认识到，参与到这个时代里来的途径不只有自己创业一种。就像是在电子商务领域，淘宝网对传统商品交易模式带来的改变的确是根本性的，但要跟上这种互联网化的发展，并不是说人人都要去做一个淘宝网。那些最早在淘宝网上开店的店家，同样抓住了机遇，发展得非常好。

另一点则在于，互联网的核心是开放，是打开边界。如果你做了一个法律互联网的创业项目，你会提供给全国律师来用；如果他做了一个法律互联网的创业项目，也是要提供给全国律师来用。如果创业项目之间在提供的服务上没有实质性的区别，过多的类似开发其实是一种资源的浪费。尤其考虑到做法律互联网创业的种种困难，做这样重复性的创业项目就更不值得了。

所以说，如果你真的想参与到互联网时代里来，去迎接甚至创造法律服务市场的变革，如果你有足够的决心、智慧和勇气，欢迎你加入到法律互联网创业的队伍里来，和我们一起探索。

但如果你对此没有特别的想法，也没有信心解决上述创业路上必定会面临的问题，那就让别人去做好了，你只需要积极参与到他们创建的互联网项目中，去注册使用，去发表评论，去展示你的业务能力。通过互联网的传播，更多人都会知道你，即使不拥有这个平台，你也仍然可以像淘宝最早的那批商家一样，从这个大的平台中受益。

更为重要的是，法律服务的真正互联网化离不开所有法律人的支持和参与。要实现这样的未来，不仅需要有人去克服在团队构建和商业模式上的困难做创业项目，也需要更多有互联网意识的法律人积极地在这个平台上交流、学习和工作，共同营造更好的互联网化的法律服务生态。

只有在大家的积极参与和努力下，"互联网+"才有可能真正为我们传统的法律服务行业注入更多生机。

Uber 模式适用于中国法律服务市场吗？ *

原文发布于 2015 年 6
月 26 日。

几天前，无讼阅读推出了一篇叫作《Uber 宣布进军法律服务市场 | 地球已经无法阻止 Uber 了》的调侃文章，我本人也被小编们恶搞了一把，成了"和 Uber 签约的首批律师之一"。文章讲得活灵活现，居然让一些律师同行信以为真，甚至还有人打电话给我，特意核实这件事情。

玩笑归玩笑。如今大热的 Uber 模式真的适用于法律服务行业吗？这的确是一个值得思考的严肃问题。

Uber，可以说是最近几年兴起的"按需经济"的典型代表。所谓"按需经济"，是指由科技公司创造、通过即时提供商品和服务满足消费者需求的经济活动。它以需求为中心，结合所有可供利用的闲置资源，提供与用户个性化需求相匹配的商品或服务。通过互联网技术，需求与供给之间更精确高效的匹配成为可能。

在过去的打车市场，想要打车的人常常需要苦等在路边，碰运气式地打车。有时等了很久，却等不来一辆空闲的出租车。而现在，通过 Uber，只要点击手机屏幕上的一个按钮，系统就会根据你所在的地点和你对车的要求自动匹配最近的空车司机，让你的打车需求在最短时间内得到精确满足。

在法律服务市场，客户需求与律师能力的匹配也困难重重：年轻律师苦于无力寻找案源，许多当事人却不知道可以帮助他的律师在哪里。试想，如果当客户急需一份买卖方面的格式合同，只要拿出 Uber 一键呼叫律师，系统就会自动匹配有相应能力的空闲的律师，在几分钟内就有律师与客户沟通，拟出合适的合同，客户的需求也将得到最及时的满足。

律师们有了更多接触案源的机会，客户们寻求法律服务的成本也会大大减少。如此看来，这样的"法律 Uber"的确非常不错。

不过，需要注意的是，Uber 提供的更多的是标准化的产品——提供司机载客人到目的地。虽然在法律服务市场上，也有诸如草拟合同这样的简单、标准化的法律服务需求，但大量更复杂、更加个性化的需求同样不容忽视。

越是个性化的法律服务，就越难通过"一键找律师"的方式加以满足。

首先，客户寻找法律服务的标准和寻找出租车的标准有着根本性的不同。

寻找出租车时，如果车型、司机驾驶技术大体相当，人们就会倾向于选择更低价的服务。这也是 Uber 通过低价、优惠券等多种方式成功吸引到了大量客户的原因。

但就法律服务，尤其是标准化程度低、个性化程度高的法律服务而言，提供服务的律师们能力差异巨大，但法律服务本身却牵涉着客户在人身、财产等方面的重大利益。如诉讼，可能败诉就意味着公司的破产；如并购，稍有差池就可能影响公司的生死存亡。在这种情况下，客户必然优先选择能力更优的律师，价格就会成为一个次要的因素。

为客户匹配合适的律师，需要建立一个更加复杂的律师能力标定体系。仅仅依靠区位、价格这样的简单指标是无法实现需求与能力供给的恰当匹配的。

其次，对律师能力的客观评定本身也是一个难点。

法律的专业性决定了客户不会拥有和评价出租车服务一样的评价律师的能力。一次打车服务到底好不好，司机的驾驶技术怎么样，服务态度怎么样，每一个乘客都可以很容易地做出评价。但是一个律师的能力怎样，提供的法律服务质量如何，客户是没有判断能力的。

客户能做出的判断，往往只能是对律师服务态度的感性评价，或者在案子输赢与律师能力之间的直接对应，而这往往是片面和有失公允的。相较于 Uber 的客户评价模式，"Uber 法律"的评价体系无疑应该更加复杂。

再次，个性化程度高的法律服务往往程序复杂、周期较长。

相较而言，出租车服务是一项十分简单的服务，司机只需要开车把客户带到某个地方，服务就算完成，耗时一般只是几十分钟，最多也就几个小时。但诉讼这样的高度个性化的法律服务却涉及立案、提交证据和各种材料、出庭等一系列复杂过程，需要的时间少则几个月，多则数年。

即使实现了"一键呼叫律师"，也不过只是实现了客户需求与律师能力的初步匹配，后续的服务提供过程却没有丝毫保障。这很容易造成服务质量不高，甚至律师逃避提供服务的问题，从而严重降低客户对互联网平台上的法律服务的信赖程度。

最后，人们产生法律服务需求的频次远远低于打车的需求。

对所有人来说，出行是每天生活中的"刚需"。出于节省时间、追求舒适等方面的考虑，一周多次打车，甚至在一天内多次打车都十分常见。法律服务却可能是很多人一辈子都不会有的需求，而且有这样需求的人分布很散，难以汇集到一个互联网交易平台上来。

以上几点，正是 Uber 模式难以直接复制到法律服务行业的原因所在。

事实上，Uber 在出租车行业的巨大影响力，完全建立在它对出租车行业的深刻理解之上。有人说，"数据和算法才是 Uber 的司机"。Uber 之所以能实现乘客和司机之间的高效精准的匹配，完全依赖于它为此精心设计的数据和算法。

只有真正抓住了传统行业的痛点，提出切实可行的有针对性的解决方案，对传统服务模式的颠覆才会成为可能。

法律服务行业也是如此。在惊叹 Uber 模式可能为法律服务市场带来的冲击之外，回归对法律服务市场本身的深刻理解和思考，深入探索，击破痛点，一款法律界的"Uber"才有可能横空出世。

我想，这一天应该不会太远。

哈佛商学院课堂：
如何观察法律服务互联网化路线图？ *

原文发布于2015年
11月20日，是蒋勇
律师在哈佛商学院和
华东政法大学联合打
造的"律所领导力与
发展战略——中国课
程"上的分享。

非常感谢哈佛商学院 Das 教授和 Ashish 教授给我这个机会，让我站在这个世界顶级商学院的教室里过一把当教授的瘾。我想好好模仿模仿哈佛教授的范儿，不用 PPT，而是用粉笔板书；用手指使劲的敲桌子；还有，讲得兴起了，就坐到讲台上去……（听众大笑）

不过，玩笑归玩笑，我还是有自知之明的，我学得再像，也不是真的哈佛教授。我今天的角色其实更多地应该是一个讨论课的主持人。

我一直笃信一个理念，这个理念会影响我以及我以后的创新实践，那就是，我无限崇尚所有去中心化的安排。哈佛的课堂其实就是去中心化的，你看，它采取的是这样环形的安排，讲课的人可以像主持人一样走来走去。我非常能够理解为什么哈佛在建校三四百年之后还能如此有生命力，其实它在三四百年前的理念与我们今天所崇尚的去中心化是暗合的。

我在去年年底举办的第三届中国律师行业信息化大会上曾经预言，2015年将是法律互联网的元年，这一年会有大量创业项目问世，同时，资本市场也会开始关注这个领域。果然，从已经过去的大半年看，这个预言是正确的，我对 2015 年法律互联网创新发展的整体态势也还是持非常积极的态度。

但是，我有一个小小的论断：这一批的法律互联网创业项目，绝大多数处在模仿阶段，真正与法律服务本质特征相关的成分含量还是太低太少。我们会发现，当每一种新兴事物刚开始出现的时候，人们最容易想到的是去模仿别人。

那么，在传统产业与互联网的结合道路上，最先成功的是什么呢？毫无疑问，淘宝、京东，也就是商品零售行业。因为商品零售是最容易被连接改变的，当供应方和需求方被简单连接，就可以大幅提升资源配置的效率。

接下来，就出现了大众点评、美团、饿了么这样一些开始涉及服务领域的互联网项目。在大众点评网上，他要做的就不仅是卖东西了，他还要对服务做评价，然后让你来选择。这就进入到互联网化的第二个阶段了。

但是，互联网对专业服务领域的改造，我们认为其实才刚开始，甚至还没有真正开始。现在的法律互联网创业，动不动就说要做"法律界的淘宝"，或者"法律界的 Uber"，其实都是在学前两种模式。

比如说，一些人会想，我建一个网站，上面有很多律师，另一端就会有很多需要法律服务的人到这里来找律师。律师和客户两方通过这个网站连接起来，这就是所谓的淘宝模式。

那么，这样的模式是否正确？正确或者不正确的原因是什么？法律服务的互联网创新到底将走向何方？

我想，当我们思考互联网对于传统行业的变革作用时，最重要的是要知道，人类社会从农业时代进入工业时代，由工业时代进入信息化时代，再由信息化时代进入互联网时代，每一个时代的变迁一定意味着资源的重新配置，以及它带来的生产效率的大幅度提升。

因此，当我们思考互联网将为法律领域带来的本质变化，不要一味地想其他行业是怎么做的，而要首先思考互联网发挥作用的根本原理是什么，并由此推导它会对法律行业的资源配置产生什么影响。

在这样的思路下，我们首先要问的就是：互联网最本质的特征是什么？

答案一定是"连接"。互联网是把人与人、人与物、物与物互相连接，从而与传统资源配置方式不同、更高效的生产方式。

从这个思路看那些真正的互联网创新，你会发现，淘宝是把商家和买家连接了起来；Airbnb 是把有闲置房间资源的人和有住房需求的人连接了起来；Uber 是把有空车的人和有坐车需求的人连接了起来。所以我们说，当今世界最大的卖场没有一件商品；当今世界最大的酒店没有一间客房；当今世界最大的出租车公司没有一辆出租车。

在这样的逻辑下就有一句著名的话："连接比拥有更重要"。这是一句非常重要的话，几乎是你在思考所有互联网创新时骨子里一定要有的意识。

我们法律人的思维，和我们日常所有观念，一定会强调"拥有"。今天下午讨论的案例中，摩根士丹利的合伙人，正是因为摩根士丹利拥有不了他，他才会离开。你要把人纳进体制里面，其实就是你想拥有他。但实际上我们来看，他对社会做的贡献，难道一定要由你拥有吗？拥有的思维就是有边界的思维，但在互联网上，由于连接在本质上意味着无边界，只要是连接可以去到的范围，就不可能被限定。

所以，当我们去思考所有的法律互联网创新时，只要你想着，这个产品只能给我这家律师事务所用，它就一定不是互联网的。因为如果你这家律所能用，它就能跨越律所边界，让全中国的律师都能用。

回到"连接比拥有更重要"这句话，就是我刚才说的，通过连接，可以对资源进行重新配置，而资源重新配置直接带来的最大效果就是生产力的提升。虽然我们人类社会从原始时代就开始对权利的边界做界定，一定要说"这是你的，那是我的"，但互联网偏偏要打破这样的观念桎梏，它的逻辑是：是谁的不重要，重要的是谁用它。

以上是我们要思考的互联网的第一个特点。第二个特点就是，法律互联网毕竟连接的是人与人，而人与物质最大的区别就是：他是有情感的动物。因此，当互联网的发展从只是连接商品与商品转为连接人与人时，我们会发现，关系更重要，这就是社交。互联网会使人的社交关系产生颠覆性的变化。

我举个例子：在微信上有一个叫"有饭"的公众号，你可以在上面约一个饭局。和去传统的餐厅就餐不一样的是，在这里，你看重的不仅仅是吃饭本身，而是希望借由吃饭认识新朋友。在这里，你看重的是社交关系。

所以另外还有一句话说："关系比物质更重要"。

而"关系"这个词加上"连接"这个词，就会发展出来"社群"。

人其实是群居的动物。都说"物以类聚，人以群分"，这是亘古不变的道理。但是，过去人们在寻找同类时比较困难，他不知道什么样的人是与他同类型的、对他有价值的。

所以，过去做广告的做法就是，我不管你是什么样的人，反正我就是"羊羊羊"，或者"今年过节不收礼，收礼只收脑白金"。三岁小孩听见了也会把它当作童谣一样念，但是这对他有意义吗？没有任何意义。

但是，如果你能建立社群，律师爱看的东西你推给律师，骑行的设备你就专门在一群喜欢骑自行车的人中卖，你的传播到达效率就会大幅提升。这实际上就是社群的力量。

所以你会发现，通过连接，互联网能够快速地把同类型的人找出来。而在这个过程中，你需要一个中心吗？不需要，因为这个传播的过程是由每个人完成的，人人都是自媒体。

当然，传播仅仅是其中一方面，在因连接而形成的社群的基础上，还可以做很多事情。比如说，中国的律师有27万之多，很难统一行动，但基于互联网搭建起来的社群，基于由社群重新塑造律师行业的基础设施建设，可以对律师重新进行"排列组合"。

所谓社群对律师行业基础设施的"重新塑造"，最容易理解的就是阅读。阅读其实也就是学习，对吗？然后是在阅读和学习基础之上的互联网教育，因为教育是建好行业基础设施的必要手段，需要对律师进行培养和培训；接下来就是我们行业最缺的基础设施——律师评价。在专业服务领域，资源配置效率低下的原因，恰恰就是难找到律师和难找到对的律师。互联网能够解决前者，却不能解决第二个问题。

因此，在法律领域，仅仅有连接是不够的，还要有评价，才能帮助人们找到合适的律师。

在法律互联网的 1.0 时代，它只解决了连接的问题，评价是通过律师的自我描述来做的。一个律师宣称他是刑辩律师，但他其实有可能一个刑事案子都没做过；一个律师说自己是资深律师，但他其实有可能才刚刚毕业。

所以在评价问题上，就需要提到另一个重要的词："数据"。

我们会发现，这个行业的基础设施建设的核心问题需要归结到评价上来。只有评价问题解决了，才能让当事人找到对的律师，才能真正解决资源配置效率低下的问题。而要找到对的律师，就要靠数据。数据从哪里来？数据在我们生活中其实无时无刻不存在。

首先是公开的数据，这包括裁判文书公开、发改委的审批文件、IPO 的法律意见书等等。而现在，随着政府大数据战略的提出，可以想见，越来越多的信息将被公开。

其次是自我产生的数据，比如说律师与当事人联系的数据、律师在代理过程中的重要节点提供的材料和文书、律师写作的专业文章等等。

最后是他人产生的数据，也就是别人的评价。尤其是，同行的评价将是律师专业能力的重要体现。而要采集这样的评价数据，就需要社交工具，需要社群。无讼一直以来其实也就做了两件事：一件是社群，一件是数据。

不过，说到底，这些数据的产生，都依赖于每个个体对互联网的开放，来源于律师"数字化生存习惯"的养成。如果这一点做不到，那么任何互联网的改造都没有用！如果你连网络都不用，互联网又怎么可能采集到你的数据呢?

从组织结构上看,这样的开放甚至会改变行业里人与人的关系、人与机构的关系。

在开放和连接的思维下,你会发现,在未来真正伟大的组织结构里,每个个人都会被赋能。个人将在特定规则下通力合作,但并不隶属于任何一家公司。当然,这里的个体不仅仅是个人,也可以是团队或者是律所。而这个互联网化的组织或者说平台需要做的,就是设定恰当的规则,让人与人之间最大程度的合作成为可能。

因此,只有像阅读、教育、评价、规则这样的基础设施得以建成,法律服务的互联网化才将成为可能。相反地,任何专业服务领域的互联网创新,如果不能把基础设施建设放在第一位,那一定是舍本逐末的。

基础设施建设当然要依赖全体律师的积极参与。到什么时候才可以说基础设施建设已经完全完成了呢? 那应该是人工智能的时代了。

只有当我们的法律行业里积累了足够多的数据,计算机领域也发展出了足够强大的处理计算的能力,它可以从数据中学习规则,完成自我成长,法律行业的基础设施建设才不再必要。因为在那个时候,计算机直接就把律师替代了。

只有这样的时代才能颠覆律师行业,而在这个时代到来之前,法律领域的互联网创新做的都是帮助律师行业完成基础设施建设。

我们经常听到一种声音:法律服务十分特殊,不可能被互联网化。

完全不是这样，法律服务的特殊其实是被我们自己渲染了。你说国际象棋不特殊吗？它的规则比诉讼案件简单吗？但是"深蓝"已经多少次战胜国际象棋大师了？你说租房子简单吗？它的报价照样复杂，但 Airbnb 有一套完美算法，使得交易可以最大程度上被促成。

实际上，之所以法律服务市场到现在还没有发生太大变化，有两个原因：第一个重要的原因是这个市场太小了，目前中国律师业的整体收入也才 500 亿而已，资本进来转不了身。而没有资本的情况下，谁来干这件事啊？第二个重要的原因是，很难抽象出计算机可以读懂的法律规则，这是由法律的特殊性所决定的。但是，这还是可以归结于第一条原因：只要有足够的资本投入，就没有攻克不了的技术难关。

所以，技术改造法律，我认为最大的难题就是资本本身。如果没有资本，而你又想改变它，就只能靠情怀，靠这帮律师自己想干。当然，当你能真的依靠互联网充分挖掘长尾市场，把 500 亿做到 1000 亿，这样的 100% 成长率同样可以吸引资本的进入。

那么，回到我们最开始的问题：法律服务互联网化的路线图究竟是什么样的？

我想我没法给出清晰的答案，但正确的路线一定离不开这样的方向：从互联网和服务的本质来思考，从细微的细节谋求改善，从技术的发展累积进步。

我相信，十年之后，法律服务互联网化的趋势会被更明显地看出来，但是要实现这一点，需要法律互联网创业者和整个法律行业的持续努力。

2016 年法律互联网创新领域三大预测 *

原文发布于 2016 年 1
月 15 日，是蒋勇律师
在"桂客留言" 2016
年年会上的演讲。

大家好，非常感谢刘桂明总编的邀请，让我在
"年度创新"这个主题下和大家做分享。这一年，我们
的确在无讼这个平台下做了一些法律行业互联网创新
的探索。主办方给这个环节每位分享者 8 分钟时间，
我想借这个时间，跟大家非常简要地做一个汇报。

无讼这个品牌从诞生到今天，其实才不过短短一
年时间。这一年时间里我们主要做了两件事，一个叫
"连接"，一个叫"数据"。

连接其实是互联网最基本的逻辑，只有连接才能
带来资源的重新配置。而对于法律服务来说，实现资
源重新配置的前提是我们法律服务的"基础设施建设"
要能够跟进。

这样的"基础设施建设"只能由连接产生数据，
再通过对数据的采集、归纳、分析，反哺到我们整个
法律服务的过程中来，去改变或优化资源的配置。这
就是法律服务互联网化最重要的一个闭环——连接产
生数据，数据改变配置。

为此，这一年我们做了这样几款产品：

第一个是无讼阅读。无讼阅读承担的职能是这样

三个词："内容"，为法律人提供他们喜欢阅读的有用的内容；"连接"，把法律人互相连接起来；"协同"，连接以后在法律人之间产生协同的效应。

在它的基础之上，我们还做了无讼沙龙、无讼喊话、无讼Club，去构建一个法律人的垂直社群。

第二个是无讼案例，也就是我们的数据平台。在数据平台上我们下功夫的是这么三个词："工具"，无讼案例是个检索工具；"数据"，它是个海量的数据库，是一个非常有用的大数据平台；另外就是在它的基础上产生的"评价"。

第三个是无讼名片，它是我们在去年9月底推出的基于案例大数据的律师名片，也是我们这一年最重要的产品。

我的无讼名片就是一张或许看起来有些不起眼的页面，我敢说这张照片肯定比我本人要帅，因为这是我们的专业摄影师修过的。我们专业摄影师一直在全国各地帮律师免费拍专业的职业照。在所有的培训和论坛的场合，如果大家有需要，我们的专业摄影师也都可以来帮大家拍，帮大家免费认证这样一张无讼名片。

我们对无讼名片的定位，是未来律师在移动互联网时代的一个新身份，它并不需要我们每一个律师去改变自身目前在现实生活中已经有的律师执业身份，不管你是在大所还是小所。但是，它可以帮助你在移动互联网的虚拟空间里获得一个新的身份。

这个新身份能够帮助你把线下的无法被采集的数据和无法被读取的行为转移到线上，让你的数据可以被采集，你的行为可以被读取，从而在线上完成资源的重新配置。在此基础上，提供更多效率更高、体验更好的服务。

总结起来说，我想跟大家分享的就是：移动互联网带来的连接和由连接带来的信息数据共享，将会从技术层面真正地助力中国律师行业的"基础设施建设"。

我记得在这个酒店，这已经是第三次或第四次开类似的法律互联网或者法律信息化的大会了，我每次都特别愿意跟大家分享我对于下一个年度，在我们这个行业，在互联网或者信息化方面可能会发生什么事情的一些预测。

比如，2014年底，我就曾预言，2015年是中国"法律互联网元年"，这一年会有大量的法律互联网创业项目诞生，而且会有项目受到资本市场青睐。现在看来，这个预言完全准确。

所以，不怕大家见笑，我也想在这儿跟大家说说我对2016年法律互联网创新领域的三个预测。

第一个预测，律师行业的"基础设施建设"会受到前所未有的重视。行业会有扶持资金投入，大所、传统强所、行业重量级大佬会成批地加入到"基础设施建设"的创业创新中来。

大家都知道，上周12位律师去见了孟建柱书记。在跟孟建柱书记汇报的过程中，我尤其提到了，法律行业的信息化建设，法院好做，因为它既有那么大的投资，又有组织保障，但是我们律师行业太难做了。律师行业没有国家政策在这个方面的投入扶植，整个行业的业态又是各所独立，没有人愿意为了行业的公共建设投入更多的资金和精力。

如果我们想要形成全社会的法律大数据的话，光有法院开放信息是不够的。但是，我们见过律师的大数据吗？

所以我说，希望中央政法委能呼吁对律师行业的信息化和数据开放的有倾向性的国家层面的投资和扶植政策。当然，大所、传统强所也一定会加入到这个队伍当中来。

事实上我们看到，去年年底的最后几天时间，中国最优秀的大所之一——金杜——也已经在法律大数据方面做出了自己的举动。我想这是非常好的事情。我相信，接下来君合也好，中伦也好，大成也好，还是我们今天讨论的其他大所，大家都会投入到这件事情中来。

后续，也会有一些行业重量级的大佬愿意投身进来。因为已经有人在前面做了实验，而互联网的发展也进入到今天这个阶段了。

第二个预测，交易类的创业项目面临模式的突破，工具类项目则会进入到第二个阶段，新模式有可能诞生。

交易类就是我们平常俗称的"法律电商"。我一直认为，"法律电商"是一个不准确的表述。说"交易类的创业项目面临模式的突破"，实际上是一种比较委婉的说法。实际上，如果模式不能突破，在律师行业的"基础设施建设"打牢之前，所有的交易类创业项目都会面临巨大的困难。它的模式能不能突破，我们要看 2016 年的情况。

而对于很多工具类项目来说，它们现在停留在 Web1.0 时代，还远远没有进入移动互联网的阶段。如果工具类项目进入第二个阶段，所有律师都会受益。因为我们每个人只需要付很少的钱，甚至是免费，就可以得到能够切实帮助我们提高工作效率的工具。

除此之外，新模式会诞生。但它到底是什么，我们可能还需要拭目以待，看法律互联网的进一步发展。

第三个预测，资本寒冬下法律互联网创业项目"冰火两重天"。有一些日子还能过下去，有一些会就此关门。

从今年年初的表现来看，金融危机迹象明显，资本寒冬还会持续，有一些项目因为不会再有资金注入，市场模式也没有走通，可能会过得很艰难，甚至关闭。

同时，互联网创业项目的团队重组和项目并购会改变竞争格局。2016 年到 2017 年期间，一定会产生真正在行业内有影响力的法律互联网的领军式团队。

在座的各位今天之所以会对"未来十年是否需要大所"的话题这么关心，其实也是对互联网到底会对我们这个行业、对律所管理产生什么样的影响的思考。

凯文·凯利有句话，说我们在预测未来的时候，往往会对未来一两年的变化预测得高，但是对未来十年，甚至更长时间的变化，我们会预测得低，因为科技的发展会出现一些本质性的变化。

当然，正如我们一直所说的那样，预测未来最好的方式，其实是我们自己把它创造出来。

谢谢大家。

在"中国律师发展论坛"上的演讲：
法律服务互联网化需要真正的创新 *

*
原文发布于2016年5月20日，是蒋勇律师在"中国律师发展论坛"上的演讲。

上周举行的"2016中国律师发展论坛"上，在"法律服务如何互联网化"的主题讨论单元，我做了即兴演讲，谈了三点感想：

第一点感想：互联网，尤其是移动互联网，其实已经深刻影响到我们律师的工作和生活了。

互联网对人们的影响过程是一个进程，就像温水煮青蛙一样，或许你并未觉察，但其实它已经发生了。举个最简单的例子，大家想一想，你参加这次的会议是怎么报名的？都是在微信上看到 H5 页面报名的吧！还有，现场在座的朋友中是我的微信好友的，请举下手。对，超过一半的人！我们的认识和日常联络，都是在移动互联网上完成的吧？大家看，这就是互联网实际上已经并且正在、以后还将更深刻地改变我们的工作和生活。

第二点感想：法律服务互联网化是个非常艰难的过程，远不像我们有些同行想得那么简单。

　　虽然互联网已经深刻影响到我们的工作和生活，但它目前影响得最为成功的其实还只是在传播领域。因为互联网的本质就是连接，基于网络连接，就形成了最好的渠道，循着已有的网络，实现内容病毒式传播并不难做到。

　　但是，这对于法律服务的影响还是太浅层了。比如某些法律培训或法律传媒机构，它解决的充其量还只是内容传播这个层面，并不是真正的法律服务互联网化，离所谓"创新""颠覆"十万八千里。这一点，我们要有清醒的认知。

　　只有当互联网真正重新整合了法律服务资源，构建了更高效率的法律服务产业链，大幅提升了法律服务的用户体验，我们才能说它真正改变了法律服务行业。目前已经在尝试运行的这些法律服务互联网创业项目，都还没能证明自己已经走通了这条路，原因就是有那么几个巨大的难题挡在前进的道路上。

　　比如说，法律服务的无形化难以被标准化定义，法律服务是低频的，并不是个流量生意，法律服务的复购率和线上留存率都很低，从而使得评价数据很难获取，等等。(我一年前在"每周蒋讲"专栏文章《法律服务市场的互联网创业难在哪里？》[1]中，对此专门有过论述，在此不再赘述。)

　　这几个难题，都是在以前互联网颠覆的那些行业里并不存在的，比如零售、出行、旅游等。正因如此，我们不能照搬淘宝的模式。什么让所有的律师到法律淘宝上去开个店，客户就会到店里来找律师，所有类似这样的模式都忽略了法律服务的无形化、难以标准化定义以及需求低频化这些难点。我们也不能模仿 Uber (优步)

1　发布于 2015 年 5 月 29 日，同样收录于本章。

的模式，因为出行客户的核心需求与距离有关，而法律服务的客户需求匹配过程并不是由距离来决定的。我们更不能采用去哪儿的模式。简单地说，去哪儿模式就是比价模式，在标准化的服务中，价低者得。但法律服务的客户最核心关注点还不在价格，因此，"价低者得"这个模式是不能照搬的。

所以，目前来看，哪个模式能真正跑通，各家其实都还处在苦苦探索之中。至于说有些项目融到资了，这固然是好事，因为律师这个行业需要有更多社会资源包括资本注入来助推发展；但是另一方面，这也确实不值得沾沾自喜，因为资本在法律服务互联网化方面能起到的作用绝对不像对其他行业的作用那么大，不论融资到了哪一轮，更关键的还要看跑出来的数据能否呈现指数级增长的态势。

第三点感想：法律服务互联网化的道路，需要我们所有法律人有智慧的创新以及有勇气的尝试。

我之所以说法律服务互联网化一定要有真正的创新，是因为当前存在某些动不动就声称自己是"革命性"的，其实只是"伪创新"的所谓产品。比如对传统内容包装上一些花哨的所谓互联网体验，依赖微信朋友圈或微博的类传销式传播，再冠以自封的"创新"名头。这样的做法严重误导了年轻律师，让他们误以为这就是法律服务互联网化的形态，或者对"互联网创新"产生错误的认知，认为互联网就是喧嚣、华而不实的，甚至与律师追求的工匠精神对立起来看，从而将更多的创新引向泥沼。当然，这样的毕竟只是少数，但不良影响应当辨识警惕。

此外，法律人普遍有一个很严重的"职业病"，那就是我们在思考问题的时候更常使用的是一种"类比思维"，我们在设想一个新事物时，总是倾向于比较：别人已经做过了或者正在做这件事情，我们就也去做。这个对于法律职业来说很正常，因为我们总是要去类比前例案件嘛！但运用到互联网创新当中来就有问题了，比如所谓的"法律淘宝""Uber律师"等模式，就是这种"类比思维"的结果。显而易见，照搬其他行业的经验并不是真正的创新。我们运用第一原理思维而不是类比思维去思考问题是非常重要的。

在科技领域，特斯拉、SpaceX的创始人伊隆·马斯克(Elon Musk)提出了第一原理的思考方式，就是用物理学的角度看待世界的方法，也就是说一层层剥开事物的表象，看到里面的本质，然后再从本质一层层往上走。这当然是极为"烧脑"的。人们面对未知的领域，如何去探索，其实需要有真正的创新：在这个信息大爆炸的时代，我们的耳边充斥着过量的信息，透过现象去认识本质其实是变得越来越困难了，人们往往会摒弃那些最本质的东西，而是从覆盖在本质之上的表面的东西入手，比如其他行业的经验，比如已经验证的成功方法。

关于这方面，我想给大家举一个创新的例子：

前不久，无讼推出了"食悟饭局"。先是拿我本人做实验：我的一个饭局对律所管理者卖5999元，对青年律师卖125.3元。我拿出两个小时时间来，与订购饭局者聊律所管理经验或者是青年律师成长之道。此事在律师界引起很大的关注，短短一天时间，5999元的饭局有50多人预约，125.3元的饭局有300多人排队。有人戏称，蒋律师是在做律师界的"巴菲特饭局"。

今天我想借这个机会，给大家讲讲无讼做这个饭局的初衷——

我们想彻底改变"免费法律咨询"这样一个行业多年难以根治的顽疾。

法律人以无形的知识和技能为生，这导致我们的专业能力常常得不到应有的价值认可。比如客户总觉得你收的律师费太贵，就连身边的亲友也觉得咨询你一个法律问题应该是免费的；又因为大家都想免费咨询，律师也不重视咨询解答的质量，最后陷入恶性循环。

很多人都以各种方式呼吁过，要改变免费咨询的现状，但是就算"呼吁"一万遍，"然并卵"！我们不想停留在"呼吁"上了，这既然是法律行业的一大痛点，我们就想真刀真枪地去试一试。

怎么试呢？"食悟饭局"就是一个路径：我们把这个行业里有影响的"行家"请来，将自己身上特有的专业能力和知识经验定义成一个饭局，明码标价，变成一个可以被消费的标准化咨询产品。这样，无形的专业能力、经验知识就变成一个相对标准的产品了。

大家已经看到，继我的"食悟饭局"预热之后，今天在座的肖微老师、刘桂明老师等十位作为首批"行家"已经参与进来了。肖微老师是我亲自邀请的，我想请在律界德高望重而又富有创新精神的他老人家出面领衔。肖微老师的饭局是5555元，你认为肖微老师真的看重这5555块钱吗？他之所以愿意参与进来，是因为以他为代表的这些大佬们有真正的创新并勇于尝试的精神。

当然，面向法律同行推出食悟饭局只是一个开始。要消除"免费咨询"这个痛点，一定要在面向普通客户的法律服务模式上有所突破。

我们知道，所有的法律服务源头其实都来自于咨询，大多数人遇到法律问题的时候都会先想到"我要咨询一个律师"。按照传统法律问题的解决路径，大多数法律服务都是由需求端发起的，即客户拿着自己的问题找到律所或者身边熟悉的律师；一些互联网法律服务平台也是这么做的，搞一个咨询入口，让法律服务的需求者从这个入口进来提出问题，再由愿意接单的律师给出咨询意见，这就是一种很正常的法律人的正向思维，就是刚才提到的"类比思维"。

这样的模式有一个很大的问题，就是法律服务其实是一种供需双方信息、认知、经验极度不对称的服务，需求端在接受律师服务的时候，并不知道自己找到的律师是否是合适的。事实上，由需求端发起的法律服务，的确在匹配度上常常都并不让人满意，很多律师看到业务来了，即便并不是自己最擅长的，也会接下来。

于是，我们想，能不能采用一种逆向思维模式——把律师话语体系中的专业领域内化，从客户视角出发，将我们能够解决的他们的问题变成一个个标准化的产品，每一个产品都有明确的目标客户、服务内容、预期效果以及过往客户对这个产品的评价。这样，需要咨询的人可以根据自己遇到的问题去寻找匹配的产品，提高匹配度的同时，大大增加了信任。

这是我们真实的意图和想法。这个想法即将在我们要推出的一个新产品"无讼办法"中来实现。"食悟饭局"，也就是肖微老师、刘桂明老师，包括我自己的饭局，都是在为这样的一个"逆向模式"预热。

我在这里给大家讲这个例子，似乎有给"无讼办法"做广告的嫌疑，但事实上，我是希望通过讲我们的这个实践，来展现给大家一个创新的思路。

　　"路漫漫其修远兮，吾将上下而求索"，在法律服务互联网化的道路上求索，一定是一个艰苦而漫长的过程，我们大家要有坚韧不拔的精神，更要有真正创新的勇气。这或许就是这个时代赋予我们这一代律师的使命之一，既然已经上路，无关成败，业已光荣！

从 0 到 1，创业维艰：
和法律互联网创业者聊创业 *

原文发布于 2016 年 9
月 23 日，是蒋勇律师
在 2016 年中国新兴法
律服务行业高峰论坛
上的演讲。

今天的分享，我想从《从 0 到 1》和《创业维艰》这两本书聊起，相信在座的很多创业者也都读过。我想，没有什么能比这两本书的标题更能概括创业者的心路历程了吧。

这一两年，常常有人问我这样的问题："蒋律师，天同律师事务所这些年发展得也算不错，你为什么还要再一次创业？"《从 0 到 1》中的一段话是我能够给出的最好的答案："照搬已取得成就的经验，从 1 跨越到 N，这很容易想象，并没有什么了不起。而探索新的道路，尝试人们从未做过的事情，实现从 0 到 1 的突破，才是真正值得赞赏的进步。"相信这也是驱动在座各位走上创业之路的最大动力吧！

而在《创业维艰》这本书中，作者霍洛维茨（Ben Horowitz）说："真正的难题不是拥有伟大的梦想，而是你在半夜一身冷汗地惊醒时发现，梦想变成了一场噩梦。"书中讲到的那些压力、困难和痛苦，相信所有创业者都深有体会。尤其是，在法律服务领域，实现"从 0 到 1"的突破远不是一件容易的事情，我们的进展也还十分缓慢。

可以说，当前的法律互联网创业还处在早期阶段，这主要表现在以下五个方面：

第一，对行业的影响还很弱。律师行业整体的信息化程度不高，律师线上工作的习惯还没有完全养成。

第二，资本关注度不高。无论是互联网金融还是互联网医疗、互联网教育，这些领域的融资动辄几亿甚至十几亿，而在法律服务行业，投资寥寥无几，每一单的金额也很少。

第三，总体投入资源不足。一个明显表现就是，团队规模普遍不大，法律互联网复合型人才稀缺。而缺乏人力资源的支持，创业项目的进展自然也就相对缓慢。

第四，技术上的突破不多。一些创业团队甚至将技术方面的工作外包，他们没有意识到，技术能力才是互联网公司最核心的能力。

第五，项目模式单一。我们看到，目前绝大部分创业项目都集中在法律电商领域。但实际上，不管是互联网医疗、互联网教育还是互联网金融，它们的创业形态都是多种多样的。

那么，我们接下来应该怎么办？作为法律行业在创业方面的先行者，我们需要注意哪些问题？我结合无讼这两年来的发展和探索，总结了团队、资本、模式这样三个关键点，来跟大家做一个简单的交流。

第一个关键点是团队，而团队中最重要的人就是它的创始人。可以说，创始人的基本素质决定了整个创业公司未来发展的格局和走向。

对创始人来说，这样五个方面的基本素质不可或缺：

第一，格局。这首先要求创始人有很好的战略思维，能够看到别人三年以后才能看到的东西，敢在所有人动手之前先动手。除此之外，我还特别推崇特斯拉创始人伊隆·马斯克的第一原理理论。也就是说，当我们思考所有问题时，都从事物的本质去思考，而不只是停留在类比思维上。只有这样，我们才能首先在思维上实现突破。

第二，学习能力。在创业领域，无知才是常态。你做的是没有人做过的事情，自然就不会有太多现成的知识可以参考。所以，你需要有高超的学习能力，对所有事情保持好奇，不断学习，从一无所知迅速成长为这个领域的行家。

第三，个人影响力。这既包括对团队内部的影响力，也包括对整个行业甚至整个社会的影响力。在互联网时代，你能不能有足够强的势能去影响互联网传播中的每一个节点，对于你的理念、你的产品能否被快速推广至关重要。

第四，管理团队的能力，也就是人才的选育用留。雷军说，CEO 应该把 80% 的时间花在找人上面。的确如此，因为在很大程度上，人找对了，事就成了。但是，找到人才之后，如果你不能好好地用他、激励他，他是会走的。马云有句话我一直在用："人之所以离开你，要么是钱给少了，要么是人憋屈了。"创业公司钱不多，那就尽量不要让人憋屈了。你可以设置很好的期权制度来激励团队的重要成员，并且为他们提供广阔的成长空间。事实上，相比"空降"过来的人才，从公司内部培养的人才对公司的情感更深，价值观更加一致，也更能跟你走向未来。

第五，个人意志力。创业公司的创始人常常要面临常人难以承受的压力，我们不能在碰到这类压力的时候才想着去克服，而要在平时就有意识地锻炼自己的意志力。就像最近大家常说的，走出个人舒适区，让自己做一些困难又正确的事情。

第二个关键点是资本。这个词似乎法律人都有些羞于谈起，但其实，自从 20 世纪 70 年代在硅谷兴起 VC 模式之后，资本与创业的结合就已经形成了固定的套路。

比如说，当你有了好的创意和创始人，可以找天使轮投资；当你有了初创团队，做出了最小可行性产品，可以考虑融 A 轮；当你的商业模式得到验证，可以考虑融 B 轮；当你的模式需要快速复制，可以考虑融 C 轮；当你在中国甚至全球布局了，需要强化竞争力，确立你的地位，可以考虑融 D 轮，直至最后上市或者并购。

我们千万不要觉得法律人的创业就是和其他领域的创业不一样。相反，我们要自觉地尊重资本的规律，并且由此安排自己的创业节奏、融资节奏和股权分配方案。如果找对了投资人，它能提供的不仅是资金，还有其他非常关键的资源。

比如说经验，投资人投了很多公司，也看过很多公司的创业历程，对于创业和公司治理都十分有经验，而这恰恰是法律人的软肋所在；比如说人力资源，在 VC 投过的公司中，有的公司退出了，也就会有一些闲置的技术人才；比如说交易资源，你和 VC 投过的其他互联网创业项目可以有很多互相合作和交易的机会；再比如说战略资源，BAT 这三家分别拥有流量搜索、电商和社交方面的宝贵战略资源，如果运用得当，将对互联网创业项目有非常大的帮助。

这方面，我在以前的"每周蒋讲"文章[1]中曾经谈到过。

当然，说到资本，不得不提的就是当前大家在热议的"资本寒冬"。对于法律服务行业来说，"资本寒冬"似乎来得早了点，毕竟我们还处在刚刚开始的阶段。但是，我也非常高兴地看到，所谓的"资本寒冬"并不是真正的"寒冬"。它"寒"掉的是一些泡沫性质的本来就不应该获得更多资源的项目，好的项目仍然能够获得不错的投资。目前资本市场的环境与其说是"寒冬"，不如说是对此前非理性投资的调整。

所以，创业者不必为"资本寒冬"过于担忧。只要我们创造了价值，又善于合理安排资金资源，就能成为这个"寒冬"中的幸存者。而一旦幸存下来，我们就有可能迎来新的春天。

第三个关键点是模式。传统商业模式和互联网模式有不同的估值逻辑，前者看重收入和净利润、现金流，后者则看重用户数、日活、月活、页面浏览量、用户浏览量这些指标。除此之外，还有这样三点尤其值得重视。

第一，要重视价值回馈。虽然足量的用户数是发挥互联网的网络效应的基础条件，是互联网公司首先要考虑的指标，但价值回馈也十分重要。如果在你的商业模式下，用户回馈的价值低于获客成本，你就是亏本的。如果未来也看不到赚钱的可能，这样的商业模式就是完全不健康的。

第二，不要把模式仅仅理解为平台。在体量大得多的社会零售

---

1 《风险资本进入法律互联网创业意味着什么？》，发布于2015年7月24日，同样收录于本章。

业里，平台也就只有阿里巴巴、京东这样几家，而在法律服务市场里，又容得下几家平台呢？与其一窝蜂地做平台，还不如挖掘各种各样的工具和垂直领域，把法律服务的互联网化往更深的方向做，或许能够获得更大的发展空间。

第三，选择切入口的时候要慎重。比如说，以法律咨询为切入口听起来简单，但是，如果不能在切入之后做到更大市场份额的价值转换，这样的切入就是无效的。

所以，我今年 5 月份在北京的一个论坛上发表演讲，法律服务互联网化需要真正的创新。[1] 我们不能一味模仿其他行业的互联网化路径，而要从本质上思考法律服务和互联网的本质所在。我们可以从各个服务环节切入，去做提升体验、提高效率、降低成本的创新，再从中寻找变现的途径。

以上是我对我们如何突破法律服务互联网化的早期阶段的一些粗浅看法。我们面临的困难很多，需要做的事情很多，但是我仍然对未来充满信心。因为，移动互联网发展到今天，法律服务互联网化的机会已经真正来了。

我认同当前行业观察者对互联网上下半场划分的论断。互联网从 PC 端发展到移动端用了二十年，现在，移动智能终端手机出货量的增长已经大大放缓了，这说明互联网的上半场互联的机会、连接的机会已经过去了。如果创业者错过了这个机会，那就是永久错过了。下一次这种连接的机会将出现在新一代智能终端勃兴的时

1　参见"每周蒋讲"专栏文章《在"中国律师发展论坛"上的演讲：法律服务互联网化需要真正的创新》，发布于 2016 年 5 月 20 日，同样收录于本章。

代，具体是什么时候，现在谁也没法预测。所以说，只有在上半场结束前抓住了连接机会的创业项目，才获得了开启下半场的门票。

而在下半场，互联网的关键在于人工智能。信息革命的本质是机器替代人的脑力，把人从未来会越来越复杂的脑力劳动中解放出来。所以我预言，像法律服务这样的在上半场并无太大作为的专业服务领域，其中的一些取得门票的创业项目，将有机会在下半场大放异彩。[1]

虽然现在还很难说清楚律师的工作将在多大程度上被人工智能替代，但可以确定的是，在法律领域，有互联网的连接产生的海量数据沉淀，再加上大规模的云计算能力和更先进的算法，我们就有机会参与到法律互联网真正蓬勃发展的互联网下半场来。可以预见，未来，具备大数据技术以及在此基础上发展出来的人工智能的法律互联网创业公司将领先。

而随着技术的越来越成熟和社会生活线上化程度的进一步深入，相信我们也会有更多的机会去提升法律服务的体验，提高法律服务的效率，降低它的成本，也就更有可能实现法律服务互联网化"从0到1"的突破。

"预测未来的最好方式是把它创造出来。"让我们共同努力，去创造未来。即使"创业维艰"，也要勇往直前。

谢谢大家！

---

1 参见"每周蒋讲"专栏文章《人工智能对律师行业意味着什么？》，发布于2016年8月19日，收录于本书"理解技术逻辑"一章。

风险资本进入
法律互联网创业意味着什么？ *

原文发布于 2015 年 7 月 24 日。

在去年 12 月 14 日举办的第三届中国律师行业信息化大会上，我曾经大胆预言，2015 年，法律服务行业的互联网化将迎来一个加速爆发的时期，资本也将越来越关注这个行业。

毕竟，教育、医疗、法律同属专业服务领域，互联网教育、互联网医疗都已经很火了，就剩下法律行业的"动静"还不大。说得难听一点，到了这个阶段，资本把能投的都投遍了，也该轮到法律服务行业了，呵呵。

转眼半年多时间过去了，我们的确见到了越来越多法律互联网创业项目的兴起，它们中有一些已经获得了少则数百万，多则数千万的天使轮或 A 轮风险投资。

风险资本进入法律服务领域，究竟是好事还是坏事？它对法律领域的互联网创业的影响有哪些呢？

我个人认为，风险资本的进入无论对创业公司还是法律服务行业整体来说，无疑都是好事。

一方面，获得投资本身就说明了投资人对法律互联网创业目前成绩的认可。

投资人的眼光是很挑剔的，一般的创业项目很难入他们的"法眼"。事实上，正是由于法律互联网创业困难重重（我曾经在《法律服务市场的互联网创业难在哪里？》[1] 一文中详细阐述过这一点），资本才迟迟不愿投入这个领域。

虽然目前仍然没有任何一家法律互联网创业公司找到了成熟的商业模式，但越来越多的资本进入意味着，法律服务市场互联网化已经逐渐得到了专业投资人的认可。我相信，实现法律互联网创业的"从 0 到 1"只是时间上的问题。

另一方面，资本的进入将为法律互联网创业提供资金、经验和资源上的宝贵支持。

首先，在资金方面，资本的支持自不待言。

风险投资自从 20 世纪六七十年代在美国兴起后，在孵化硅谷互联网创业企业的过程中不断成熟。随着阿里巴巴、腾讯、百度这些互联网巨头的成功，这一投资模式也在中国落地生根。

从创业者有基本想法时的种子轮投资，到有好想法和初创团队时的天使轮投资，到有更好团队、做出产品 Demo、前景更加明朗时的 A 轮投资，到商业模式在小范围内跑通后的 B 轮投资，到商业模式可在全国乃至全球快速复制时的 C 轮投资，再到打击竞争对手、强化竞争力的 D 轮投资，直至最后的上市，互联网公司的每一步成长和扩张，都离不开一轮轮资本的哺育。即使是一个身无分文的"穷小子"，也有可能凭借自己与众不同的创意和持续不断的努

---

1 发布于 2015 年 5 月 29 日，同样收录于本章。

力，缔造一个创业的传奇。

对于法律领域的互联网创业，由于基础建设薄弱且尚未找到成熟盈利模式，很可能需要长时间的不断投入和探索才能走向成功。资本的支持就更是至关重要。

其次，在经验方面，投资人可以提供的创业经验和公司治理经验正是法律互联网创业者所急需的。

法律互联网创业者一定是懂这个行业的，这也就意味着，大多法律互联网的创业者是法律人，尤其是律师出身。这些律师可能自身业务水平突出，甚至曾经带领着或大或小的律师团队做出过不错的业绩，但却是创业和互联网领域的门外汉。

而法律互联网创业项目的风险投资人在 TMT 行业投资过许多互联网项目，深知它们的成功经验和失败教训。在互联网创业的商业模式上，投资人往往也更有观察力。

在创业公司的治理问题上，虽然律师经常为客户公司的治理结构"出谋划策"，但毕竟从未亲身操盘过。在自己创业后，往往也需要经验丰富的投资人的指点。

最后，在资源方面，资本的支持是全方位的，不仅有人力资源、交易资源上的支持，更能带来战略资源。

人力资源是法律互联网创业的一大难题。除了一帮怀有创业热情的法律人，法律互联网的创业还需要对法律行业拥有兴趣的互联网人的加入，这恰恰是法律人的人脉圈子里缺少的。投资人却不同，他们投资过许多互联网创业项目，也会与这些创业项目里的互联网人才保持联系。当这些人才从上一个项目退出，寻找新的项目加入，投资人便可以介绍他们到法律互联网的创业项目中来。

交易资源来自投资人同时投资的其他项目。除了法律领域的互联网创业，投资人可能还投了教育、金融、传媒等多个行业的创业项目，项目之间就可以因此形成跨行业的内部资源互补。当法律领域的互联网创业项目需要教育、金融、传媒等方面的服务，可以与这些兄弟项目展开合作；当其他领域的创业项目需要法律服务方面的支持，法律互联网创业项目也能由此获得更多交易机会。

战略资源是由具有战略目的的投资带来的。在这样的投资中，投资人向创业项目投资并不一定是为了在最终退出时获取高额利润，而是将新投资的项目作为在该行业的战略布局，服务于自身更大平台的发展。目前，BAT 的投资都说得上是典型的战略投资。那么，对创业者来说，百度提供的搜索和流量资源，阿里巴巴提供的电商资源，腾讯提供的社交网络资源，都将是法律互联网创业难得的战略资源。

凡事有利必有弊，资本的进入也并非一定是好事。在挑选投资人和对待资本运作的方式上，创业者都需要时刻保持清醒。

投资人总是需要对自己所投入的资金负责的。他们的投资担负着很高的风险，自然希望早日从中获取高额利润，而这常常与创业企业真正需要的发展节奏不合拍。尤其在法律服务领域，由于其自身的专业性、复杂性、低频性，它的互联网化困难重重，许多传统的互联网创业经验并不能简单适用于法律服务领域。

以被热炒的"法律电商"为例，我个人认为，这个概念本身是不正确的，至少是不科学的，是对法律服务互联网化的误读。法律服务互联网化的重心，应该不在于搭建一个平台，把线下法律服务交易的过程"简单粗暴"地搬到线上。如何用互联网为律师工作的全过程提供服务，便利律师与客户之间的沟通和律师之间的协同，是法律服务互联网化更应该深入思考并着力解决的问题。这必定需要长时间的技术积累和用户习惯的培养。

如果投资人不能很好地理解法律服务互联网化的特殊性，简单追求高额利润的快速变现，不恰当地介入公司经营，甚至与创业者争夺公司控制权，那么资本的进入反而有可能给创业项目带来很大的麻烦。

法律领域的互联网创业者都会清醒地认识到，早期风险资本的进入并不意味着创业的成功。这不是用以炫耀的资本，更不是用来挥霍的资源。相反，资本给创业者带来的更多是压力。"战战兢兢，如履薄冰"，这种为发展而殚精竭虑的感觉，估计创业者一定会有深刻体会。

创业者还要警惕被资本的逻辑带离创业的初心，在资本运作的驱动下，一味迎合资本的需求。在一轮又一轮的融资中，这样的做法或许提升了投资方的价格，但如果并未形成对应的实际价值，将可能陷入一种只停留在估值上的发展泡沫。

创业者需要把握好节奏，专注于提供更好的法律互联网产品，资本对法律服务互联网化的促进作用才能真正实现。我从来就不支持"用资本和互联网技术颠覆律师行业"，正确的做法应该是：利用资本和互联网为法律人提供更好的服务。

总之，在涌动的资本大潮面前，法律互联网的创业者们应该张开双臂欢迎，拥抱资本的进入，但同时内心必须坚定。

不忘初心，方得始终。

从风险资本的发展历程
看其对法律服务变革的影响 *

原文发布于2016年
11月25日。

一直以来，虽然律师行业的许多业务都围绕着资本市场展开，但就律师行业自身而言，资本发挥的作用却十分有限。这一方面是因为律师事务所的性质属于人合而非资合，另一方面，"只有专职律师才能成为律所设立者"的法律规定则直接将资本拦在了律师行业的门外。

但是，近年来，法律服务互联网创业项目接连兴起。和其他行业的创业项目一样，它们获得投资的消息也时有传来，活跃在创投圈的风险资本通过这样的方式被引入了法律服务行业。

对于法律服务行业来说，这些资本的进入意味着什么？我们应该用什么样的态度看待资本？在回答这些问题之前，我想我们首先应该对风险投资本身有更多了解。

一、风险投资的由来

风险资本的雏形可以追溯到 16 世纪的航海时代。那时，航海技术的成熟和航海家们的勇敢探索造就了地理大发现，许多新的航路得以开辟，地球上各大洲之间终于可以通过航运互通有无。对当时的船队来说，只要能够把别国市场上缺少的东西运过去，再把本国缺少的东西运回来，就能获得相当可观的利润。但是，动辄数万公里的海上航行意味着极大的风险，除了出没无常的狂风巨浪，随时可能出现的海难、疾病等都可能让船队一无所获，甚至性命不保。

这样的巨大风险是单个个人乃至企业难以承受的。于是，船主们开始采取分散股权的方式，邀请更多人为远航提供资金，并且在返航后分享利润。荷兰东印度公司甚至发行了价值 650 万荷兰盾的股票，成为世界上第一家公开发行股票的公司。它也由此获得了大量资金支持，进入了繁荣时代。

类似的机制在英国 19 世纪的"铁路狂热"中也发挥了巨大作用。和航海类似，铁路修建也是一项成本极高且收益极慢的事业。为了修建世界上最早的公共铁路线——史达克顿到达灵顿的铁路线，铁路公司通过发行股票的方式快速募集到了 10 万英镑，后续的铁路集资也都以这样的方式展开。

现代意义上的风险投资起源于二战后的美国。当时，科学技术的重要作用已经被战争充分证明，把科学技术应用于实践成为战后新的发展趋势。但是，这类科技公司往往是初创不久的小企业，自有资本十分有限。开发难度大、商业前景不明等问题也让它们面临着极大的风险。即使这类企业的成功能够带来巨大的经济效益和社会效益，它们也难以通过内部集资、银行贷款乃至发行债券、股票这样的传统融资方式获得足够的资金支持。

为了解决这个问题，美国哈佛大学的乔治·多威特教授（George Doriot）和一批企业家在 1946 年创建了美国研究开发公司（ARD），并且开创了一种组织化的新型融资方式：先给私人性质的风险投资公司注资，再由该公司投资于初创公司。这也是风险投资专业化和制度化的开始。

二、风险投资与 20 世纪的三大科学发明

在推动实验室里的科研成果尽快转化为消费者能接受的市场产品上，ARD 和它开创的风险投资模式功不可没。回顾历史，我们会发现，微型计算机、晶体管、DNA 这三项 20 世纪最重大的科学发现的最终商业化都离不开风险资本的支持。

让 ARD 一举成名的案例正是对微型计算机产业的开创者——美国数字设备公司（DEC）的投资。当时，ARD 的风险基金经理经常出没于大学和研究所的实验室，寻找有商业价值的项目和人才。他们选中了麻省理工学院的两位年轻工程师，鼓励他们将研究成果商业化，并且向他们后来创立的 DEC 投资了 7 万美元，换取 77%的股份。在 ARD 的悉心照料和精心培育下，DEC 度过了蹒跚学步的童年时期，取得了突飞猛进的发展。1959 年，DEC 正式推出了能够通过键盘实现人机对话的 PDP-1 型计算机。除了体积较小以外，它的售价也只是大型机的零头，小型计算机时代由此开启。14

年后，ARD 也凭借当年 7 万美元的投资获得了 3.55 亿美元的超高额回报。

晶体管商业化的背后则是著名风险投资家阿瑟·洛克（Arthur Rock）的推动。当时，八位天才科学家酝酿着离开肖克利实验室，却又找不到能够同时接纳他们八人的科技公司。当他们请求帮忙求职的信件传到时为投资银行分析师的洛克手中时，他敏锐地觉察到，把这"八人帮"聚在一起、引导他们创业，是比帮他们找工作更有价值的选择。在与"八人帮"面谈后，洛克当即决定帮助这几个年轻人募集资金。凭借着洛克从菲尔柴尔德家族募集到的 138 万美元，"八人帮"成立了仙童公司，开创了半导体行业，取得了巨大的商业成功。也正是由于半导体的材料是硅，20 世纪 70 年代，这个地区才得到了一个新名称——硅谷。

基因工程技术公司（Genentech）是世界上第一家利用 DNA 重组技术制造人体激素的生物制药公司。在其创办和发展初期，风险资本也起到了关键作用。1976 年，凭借着一纸商业计划，创始人斯万森（Robert Swanson）与玻伊尔（Herbert Boyer）从风险资本公司拿到了 10 万美元的研究开发启动经费，正式成立了 Genentech。9 个月以后，他们又从另一家风险资本公司拿到了 85 万美元，尽管那时产品还在实验室中，没有人知道他们什么时候会成功。7 个月以后，Genentech 成功地合成了人体蛋白，让学术界和企业界刮目相看。

难以想象，如果没有风险资本的支持，这些科技创新将会在什么时候实现。战后的美国之所以在技术上迅速取得诸多突破性进展，实现经济的腾飞，风险资本功不可没。连英国前首相撒切尔夫人也感叹："欧洲在高新技术方面落后于美国并非由于欧洲科技水平低下，而是由于欧洲在风险投资方面落后于美国 10 年。"

三、风险投资的成熟与硅谷的崛起

20世纪后期到21世纪，风险投资的运作方式也在与技术的互动中愈加成熟，硅谷是其中最为典型的代表。

前面提到的阿瑟·洛克与仙童公司的故事只是硅谷风投传奇的开始。在那之后，一些仙童公司的创业者开启了第二次创业，另一些则转型成为硅谷新一代的风险投资人。曾经担任过仙童公司副总裁的瓦伦丁（Don Valentine）和仙童"八人帮"之一的克莱纳（Eugene Kleiner）都是典型的例子，他们分别创办了红杉资本和凯鹏华盈这两家著名的风险投资公司。

高科技企业创始人和高管的背景让他们能够准确判断技术是否符合未来的发展趋势以及技术水平是否足够领先，并且在资金、人才上拥有广泛资源。这也就意味着，他们不仅在项目的挑选上眼光独到，更能为项目的成长提供辅导。

苹果公司就正是在瓦伦丁的支持下发展起来的。他不仅为苹果提供了资金，还向乔布斯和沃兹尼克推荐了一位市场营销方面的专家，补足他们在这方面的能力短板。这位市场营销专家是迈克·马库拉（Mike Markkula）。他不但加入了苹果，还向苹果投入了9.2万美元，并且筹集到总额100万美元的资金，为苹果的发展奠定了重要基础。

乔布斯曾经回忆说："那个时候的风投，他们就像你的导师一样，对创业公司的帮助非常多。"而当乔布斯、沃兹尼克这一代创业者取得成功，他们中的许多人又转型为活跃的风险投资人，把有关创业的才能和经验一代代地在硅谷传递下去。

更重要的是，在这个过程中，一套让风险投资盈利常态化并且不断孕育伟大公司的方法也在硅谷不断成熟。他们的辅导大大提高了创业者成功的概率，资本在什么阶段进入、以什么样的方式进入、如何与创业者合作共赢都渐渐有迹可循。在从事 VC 投资领域法律服务的律师们的参与下，一系列的交易结构也得以设计和完善。

渐渐地，硅谷的风险投资从个人带有随意性的投资行为转变为规范化的产业。这让硅谷自然而然地完成了从半导体向软件，然后再向互联网的转型，硅谷风投的传奇也得以不断续写。

四、风险投资进入中国

1993 年，熊晓鸽先生协助美国国际数据集团（IDG）创始人兼董事长麦戈文在中国创立"太平洋风险技术基金"（后更名为 IDG 资本），西方风险投资的实践由此被引入中国，熊晓鸽本人也因此被誉为"风险投资教父"。（很荣幸，我们邀请到了熊晓鸽先生出席今年12 月 4 日的"无讼有声"大会并发表演讲。）

但在那时，无论是创业者还是政府监管层，都对风险投资知之甚少，向他们解释风险投资是什么就颇费力气。除此之外，当时的法律禁止自然人与外资股东合资成立公司，资本退出机制也尚未建立，更是让风险投资在中国早期的发展步履缓慢。

改变是在世纪之交发生的。1998 年，有关尽快发展我国风险投资事业的"一号提案"引发了高科技产业的新高潮，风险投资的相关政策也由此放开。在这个时期，中国的互联网公司也开始崛起，风险投资终于找到了合适的对象，合写中国互联网与风险投资的传奇。

1999年，腾讯刚刚推出了第一个"中国风味的 ICQ"，也就是QQ。它很快拥有了几百万用户，却由于没有收费模式，没有足够的资金来购买服务器，公司濒临倒闭。马化腾拿着改了6个版本的商业计划书踏上了寻找风投之路，但对于未来如何盈利，他仍然没有答案。基于 QQ 的受欢迎程度和 ICQ 已经取得的成功，IDG 和香港电讯盈科冒险向腾讯投了 220 万美元，帮助它成功度过危机，最终成长为中国最大的互联网企业之一。

同样是 1999 年，马云和十八"罗汉"凑够 50 万元创办了阿里巴巴。他们期望网站能够坚持 10 个月，并且在 10 个月之后得到投资。这当然有些铤而走险，在第七八个月的时候，50 万元就已经花得一干二净了，已经见到的投资者也并不令人满意。终于，1999 年8 月，阿里巴巴得到了高盛的关注。1999 年 10 月，由高盛牵头，美国、亚洲、欧洲多家一流基金公司参与，阿里巴巴引入了第一笔高达 500 万美元的风险投资，也由此获得了资本市场的更大关注，才有了后来的不断巨额融资，成为中国电子商务巨头的传奇。

除此之外，当年第一笔"天使"融资消耗殆尽，靠着10万美元过桥贷款度日的张朝阳，在互联网泡沫破灭后的"寒冬"中进行 A轮融资的李彦宏，也都是在资本的帮助下，获得了企业发展的关键动力。

当年为腾讯、阿里巴巴、百度、搜狐这些互联网公司提供资金的风险资本，也都因此获得了巨额的回报。就这样，包括 IDG 在内的一批风险投资机构与互联网领域的高科技公司一起在中国成长起来，积累了傲人的业绩，并且在愈加成熟的风险投资规则下，为后来更多领域的高科技创业公司提供支持，中国的互联网化进程也因此加速。滴滴这样的企业在资本的推动下迅速成长起来，实现出行领域的互联网化，就是典型的例子。

五、法律服务行业与风险资本

风险资本的进入究竟对法律服务行业意味着什么，我想答案已经很清楚了。

如果这个行业仍然按照传统的方式运作，自然对资本的依赖性不强，仅凭律师的专业知识和经验就足以提供法律服务。但是，市场和社会的不断发展意味着，法律服务无法一成不变。萨斯金（Richard Susskind）所言的"事多钱少、执业泛化、信息技术"这三大挑战正推动着法律服务行业的变革，而当互联网化已经成为社会生活的重要趋势，法律服务的互联网化自然也就成了必然。

我们需要积极地拥抱技术，利用它提升法律服务的质量、效率和用户体验，适应新时代里的客户需求。而这个时候，风险资本的进入就十分必要了。

法律服务的互联网化必定是困难重重的。法律服务的非标准化，决定了简单的信息对接对法律服务的互联网化意义有限，而更多地依赖于律师线上工作习惯的养成。而要做到这一点，无论是相关技术的研发还是用户习惯的养成，都需要十亿乃至百亿量级以上的资本长时间的投入。在律师行业，律师个体力量的分散本来就让基础的信息化建设难以推进，技术创新所需的巨额资本更是行业内部的资金汇集难以实现的，而有赖于更大层面的资本投入。

法律服务的互联网化也必定是风险重重的。由于法律服务作为专业服务的特殊性，它的互联网化并非照搬其他行业的互联网化路径就可以成功的，而需要法律人和互联网人才的不断探索。这样的高风险是任何个人乃至机构都难以独立承受的，但风险投资的机制恰恰可以分散这种风险，为法律服务行业的创新带来发展的动力。

更重要的是，法律服务的互联网化也必定需要遵循所有互联网创新的共同规律。法律人是法律领域的专家，却少有创业，尤其是高科技领域创业的经验。风险资本在其他行业中积累的资源和经验能对法律服务的互联网化起到很好的引导作用，从而在一定程度上降低技术创新的风险。

所以，正如我在此前的"每周蒋讲"文章中谈到的，对于法律互联网创业来说，风险资本的进入是一件大好事。它既是投资人对法律互联网创业目前成绩的认可，也能为法律互联网创业提供资金、经验和资源上的宝贵支持。[1]

而对法律服务行业整体的进步而言，风险资本让技术创新的成本大大降低了。这个行业里的任何人，只要有创新性的想法和持续不断的努力，就可以在资本的支持下大胆探索，法律服务的互联网化也会因此加速。

可以说，当法律服务行业意识到应该利用技术创新提升法律服务的效率和质量的那一刻，资本和法律服务行业的关系就被改写了。它不是法律服务行业门外的"陌生人"，更不是必然侵蚀法律人的专业精神的"洪水猛兽"。如果善加利用，它将像曾经推动20世纪科技进步、硅谷传奇和中国的互联网化进程一样，为法律服务的技术创新增添动力。

---

1 参见"每周蒋讲"专栏文章《风险资本进入法律互联网创业意味着什么？》，发布于 2015 年 7 月 24 日，同样收录于本章。

　　我们不要将资本拒之门外，而应该与之结盟，借助风险资本已经在硅谷和中国的互联网创业中孕育成熟的机制，书写中国法律服务互联网化未来的传奇。

Part 4

新技术与司法实践

从无讼案例大数据实践看裁判文书公开 *

原文发布于 2015 年 8
月 21 日。

一直以来，谈及裁判文书公开，我们更多地从"阳光司法"的角度理解它的价值。但我在上一篇"每周蒋讲"文章 [1] 中谈到，裁判文书公开是司法自信的体现，是法院应对舆情的最佳方式。在"互联网 +"时代，裁判文书公开其实还有另外一层重要意义，那就是形成案例的大数据。

经由上网公开，曾经只存在于纸面，在每次案件结束之后成为历史的裁判文书，可以形成能被搜集、储存、计算和分析的案例大数据。它不再是存在于法院档案馆里少有人问津的"内部资产"，经由在互联网上的公布和分享，它成为可以被全社会利用的"共有财富"。

首先，案例大数据能够为参与到诉讼中的每一个人"画像"。每一位法官审理过什么样的案件，有怎样的裁判倾向；每一位律师代理过什么样的案件，胜诉

---

1 《有一种自信叫"晒出裁判文书"》，发布于 2015 年 8 月 14 日，收录于"每周蒋讲"系列图书《律师的成长》一书。

率如何；每一位自然人和法人涉诉状况如何，诚信度如何……诸如此类的问题都能通过案例大数据找到答案，从而为客观评价法官的裁判风格、律师的业务能力和当事人的诚信程度提供参考。

其次，案例大数据可以对全国法院的裁判观点进行分析。一方面，可以找出全国法院对某一类案件通行的裁判方法；另一方面，可以及时发现某个法院做出的明显不同于其他法院的判决，为找出法院工作中可能出现的问题提供线索。甚至，在法官处理案件时，还可以由系统自动推送类似案件，帮助"类案推送"制度落到实处。这既能为实现法院的"同案同判"提供数据支持，也能减轻法官进行案例检索的工作量。

最后，案例大数据可以为研究诉讼发生规律和制定社会政策提供参考。通过案例大数据系统，我们可以清晰地看到某一时期、某一地区的高发案件类型是什么。比如说，我们可以看到，2011年、2012年前后，全国各地的建设工程案件频发，其中有些就是2008年金融危机时四万亿救市资金投在"铁公基"上的项目。这也就意味着，当初的决策在实施时其实出现了问题。那么，通过研究这些案例，分析纠纷出现的原因，有助于以后在这一类经济政策问题上更好地决策。

综上，通过对案例大数据的采集和分析，律师难以被评价的律师行业痛点、法官同案不同判的法院痛点、个人信用体系不健全的社会痛点和社会政策的制定难以对症下药的政府痛点都将有可能得到解决。

事实上，我们之所以推出无讼案例（www.itslaw.com），也正是出于对案例大数据可能带来的以上前景的期待。

自今年 4 月 27 日正式上线以来，无讼案例已经搜集了 1300 多万份裁判文书，成为名副其实的"案例大数据库"。

但是，也正是在整理和分析裁判文书的过程中，我们发现，目前在网上公开的裁判文书还未满足真正的大数据分析对数据的要求。

第一个要求，数据要足够全面。"全数据"是"大数据"的应有之义。大数据时代和传统数据时代最大的不同就是我们不必通过抽样数据做出估算，而可以通过对原始数据的全面覆盖直接掌握洞悉全貌的能力。如果数据不全，就难以保证数据计算结果的有效性，甚至可能误导决策。

第二个要求，数据要及时公布。如果和法院、律师、当事人有关的信息不能被及时释放出来，将影响数据对他们的准确"描摹"，更难以通过这些数据准确把握当下诉讼情况和社会状况。

第三个要求，数据的质量要达标。要实现案例大数据，仅仅把浩如烟海的案例数据收集和储存起来是完全不够的，更重要的在于，如何把一个个案例转换为机器可以识别的数据，实现计算处理和在此基础上的数据分析。这就要求裁判文书的结构和体例是全国统一的。只有所有的裁判文书都按照这样的标准去组织，计算机可以识别到诸如"争议焦点""本院认为"这些关键字眼，才有可能知道这些词语后面的段落是什么内容，从而进行解析。

以这样的标准来反观目前的裁判文书公开，会发现它离大数据的要求还有一定距离。

首先，裁判文书公开还不够全面。一方面，目前的规定要求裁判文书生效后才公布，未生效的一审判决就被排除在外了。但在"审判全流程公开"的理念下，无论是实体性的一审、二审、再审判决书，还是程序性的各类裁定书，都应该做到全面公开。作为社会公共权力，司法运行的全过程都应该在阳光下展开，这不仅有助于防止腐败，促使法官提高工作效率和工作质量，也能真正形成整个诉讼过程的数据资源，使对每一个诉讼参与人和每一个诉讼环节更为精准、科学的分析成为可能。这将是一笔宝贵的社会公共财富。

另一方面，虽然涉及国家秘密、个人隐私、未成年人违法犯罪等内容的案例依法不应公开，但由于公众无法对不公开的范围进行监督，这些不公开的事由往往成了巨大的"口袋"，其他应该公开的文书也被藏了进来。这一问题或许只有公布那些未上网公开的裁判文书的案号及其不公开的理由，才有可能得到根本解决。

其次，裁判文书公开还不够及时。虽然目前最高人民法院规定各级法院在裁判文书生效后七日内公布，但通过分析裁判文书做出时间和上网时间可以发现，这之间往往存在着少则几十天，多则几个月的间隔。

之所以出现这种状况，是由于目前裁判文书尚无法实现自动上网，而需要专人上传。因此，法院往往选择固定时间集中上传以减少工作量。上传的间隔可能是几周，几个月，甚至一年，裁判文书公开的及时性难以得到保障。

最后，公开的裁判文书质量还不够高。尽管最高人民法院在1993年就下发了《法院诉讼文书样式（试行）》，对裁判文书的结构进行规范，但在实践中，各地往往有自己的实施细则，标准并不统一。

前一段时间，我们开发的无讼案例受托对某省的裁判文书公开情况进行评查，从文书类型、案件类型、法院级别等维度对裁判文书的不规范之处和整体上不规范的程度进行分析和评分。

在这个过程中，我们发现，除了写错时间、法院名称、文书类型的错误情形，缺案号、缺文书类型、缺法官信息、缺法院裁判观点等情况也时常出现。而在具体项目的表达上，"原告诉称"常被写为"原告某某诉称""原告诉辩称"，"被告辩称"常被写为"被告向本院辩称"，"本院查明"常被写为"本院经审查认为"等等。据我们统计，有这样那样的"数据瑕疵"的裁判文书，占到全部公开文书总量的20%以上。

这样的情形应该是颇具代表性的。写错信息和错误信息明显将影响数据的完整性和准确性；不规范的表达并不影响意思的传递，却不能被案例数据系统识别。这都为案例大数据的实现带来了障碍。

要在以上三点进行改进，使其臻于完美，对目前的法院来说，的确意味着不小的工作量。这或许也是目前的裁判文书公开还很难做到完美的重要原因之一。

但是，在无讼案例数据库未来的智能化设想中，在办案的每一个环节，法官都将有大数据作为参考。比如说，写裁定书时可以有在线模板，只需把该案的细节补充进去就可以完成；写判决书时，这个模板甚至可以显示对这类案由、争议点的常见裁判观点。这样的基于案例大数据的在线智能办案系统，将从根本上提高法官办公的效率，缓解诉讼爆炸时代法院"案多人少"的危机，同时从技术上促进法院的"同案同判"。

裁判文书的公开不仅仅是法院为了满足司法公开的要求而不

得不完成的工作性事项。如果立足于法院信息化和案例大数据的未来，裁判文书的公开实际上是建设整个社会的大数据资源的重要一环。

从这个意义上说，诉讼活动中的每一个人都是这个数据资源的重要生产者，也将是它最大的受益者。

以法官体验为中心，重构法院信息化

原文发布于 2015 年
12 月 18 日，是蒋勇
律师在贵阳参加法院
信息化"十三五"规
划的专家论证会时的
发言。

尊敬的各位领导、各位好朋友，非常感谢有这次机会，在这里跟大家汇报我们的一些想法。

我曾经在最高人民法院工作过七年，然后离职做律师，创办了天同律师事务所。去年，我们又在无讼这个平台上，开始了在"互联网＋法律"方面的探索。

一年多时间里，我们做了一些工作，但是相比在座的各位前辈，我们才刚刚起步。我们也确实感受到，律师行业在信息技术应用上的层次和广度，与法院还有很大的差距。

法院来做这件事情，毕竟有国家经费的支持，也有组织保障。而在律师这个行业，很少有人愿意为一个当前看不到直接利益的事项出钱，每家律所也都是各自为政，很难被组织起来。

这两个原因导致了律师行业信息化的落后，同时也意味着，无讼尝试在律师行业推进信息化其实相当困难。

在这样的背景下，我们只有一个办法，那就是让律师们真正爱用我们的东西。

只有律师真正爱用的东西，才可以不需要组织机构推广，不需要律师事务所组织动员，就可以在律师之间流传开来。

这可能恰恰和大家今天上午讨论的法院信息化应当采用的新思路是吻合的。

未来的法院信息化，可能尤其需要注意区分"用户"和"客户"这样两个概念。在为法院开发信息化产品的过程中，法院是"客户"，法官是"用户"。让作为"客户"的法院领导满意并不意味着法院信息化的成功，只有让作为"用户"的每一位法官爱用，法院信息化才真正落到了实处。

这或许就是当前法院信息化建设在法官群体中有些"叫好不叫座"的根源吧。法官们会觉得，"这些信息化建设，都是来管我们的"，"原来做一遍的工作，现在要做三遍"。所以，法官们对此有抵触心理。

而要开发出法官们爱用的产品，我们或许就需要关注每一位法官作为用户的体验，并且不断改善这种体验，让他们真正爱用。

当然，这个说起来容易做起来难。在这里，我就结合这一年多时间以来我们在打造律师爱用产品上的实践，向大家汇报我对法院未来信息化的一些想法。

首先，我觉得要把核心关注点放在法官身上，思考法官们到底有哪些痛点，以及在每一个痛点的场景下，法官需要什么东西。

拿无讼在律师行业的实践来说，我们并不是一上来就做一个多么高大上的系统，而是希望在某一些细小的点上，先解决一些律师们最挠头的问题，让他养成使用习惯，然后一个小点一个小点地去突破，去强化这种习惯。

我们最开始选择的是阅读 (其实就是学习) 这个点。通过无讼阅读 APP，我们希望满足法律人最简单和最基本的了解信息、学习专业内容的需求。然后是案例检索这个点，我们打造了无讼案例这样一款更智能的案例检索工具。

正是通过在这样一个个小点上的改进，律师们才慢慢习惯了使用这些产品。而一旦律师们形成了在线工作、学习这样的数字化生存习惯，他们在这方面的信息就有可能被追踪、收集和分析，用于进一步的产品开发。相反地，如果我们一上来就是一大堆系统，他们可能就会特别发"怵"。

我想在法院也一定是这样的。如果能够有一个东西，让法官觉得很容易上手，并且可以实实在在地帮助到他，那他一定会更愿意来用。

另外一个很重要的点就是强调"以人为本"的产品思路。

互联网发展到今天，已经不仅仅是我们可以利用的工具了，而是融入了我们生活、工作的方方面面，甚至构成了我们身体的组成部分。所以说，互联网产品一定要贯彻"以人为本"的理念。

过去呢，是我们人去找工具，只有我坐在办公室，坐在电脑前，才能去用这个工具。但是移动互联网不一样，它是以人为核心的，工具跟着人跑，你走到哪里，你的手机就到哪里，智能终端到哪里，你的信息就到哪里，这才让我们变得真正互联。

既然是以人为本，那我们围绕律师的服务来做事情的话，就应该为律师本身来做产品；我们围绕法官的服务来做事情的话，我们就应该为法官本身来做产品。只有这样，他才会觉得所有的工具是为我所用，所有的数据是为我服务，而不是用来管我的。

这听起来似乎和原来的案件管理信息系统区别不大，可能只是表现形式上的变化。但是我觉得，它其实是一个影响整个开发思路的核心变化。我们要彻底改变过去那种追求大而全的软件研发思路，而是自觉遵循互联网产品开发中重要的方法论："从 mvp（最小可行化产品）入手"，"小步快跑，不断迭代"。

正是在这个思路下，我们设计出了无讼名片，用案例数据等律师在工作、学习中产生的信息数据为律师打造互联网上的虚拟身份。律师只需要在手机上输入无讼的域名，就可以点进去获得一张自己的名片。他可以上传自己的头像，并且看到自己在哪一个领域的裁判文书是最多的。除此之外，未来的无讼名片还会逐渐变得更加丰富。

这样的思路对法院来说其实也一样，我们可以为法官打造专属于每个法官的互联网虚拟身份——"法官名片"。甚至我们可以设想，如果未来有一天，我们的律师名片和法院开发的法官名片可以互动起来，这不就是最好的律师与法官互评的机制吗？

此外，实践中我们还发现，案例中其实蕴藏着大量的社交关系，它们往往被我们这些只重视分析法律关系的法律人所忽视。如果这些社交关系可以被挖掘出来，将是一个巨大的宝藏，可以做很多很多分析。比如说，法院的绩效考核，以及廉政监督的方式，就都可能通过数据的分析来完成。我在这里就不展开了。

在这样的基本思路下会发现，其实还有许多可以在法院应用大数据的场景。我们可以有针对性地设计一些小工具，去提升法官的办案效率。

第一个应用场景是"类案推送"。

我们已经立了一个研发项目，在做针对律师的这一方面的探索。我们设想，通过很好的分词技术和自然语言分析去做全文的比对，从而在此基础上完成案件的相似度评价。这是一个大致的方向，可以彻底改变现在的仅能根据关键词来检索案例的方式。

第二个应用场景是为法官的文书写作提供切实的帮助。

在有足够案例数据的基础之上，可以为法官开发裁判文书写作的智能模板，在裁判规则的理解和应用上为法官提供更便捷、直接的参考。而诸如裁判文书上网这样的事务性的工作，也应该交由这样的智能系统自动完成，减轻法官的工作负担。

利用大数据和信息技术，我们其实可以最大限度地把法官从重复性、没有技术含量的工作中解脱出来，让他们可以真正专注于案件本身。

第三个应用场景针对我们现在在案例检索中还存在的一些困惑。

其中一个就是，检索到的案例都太长了。法官们觉得：我不知道到底哪一个案例是我要用的，需要看一整天才能把它挑选出来。那么我们能不能对案例做更好的精编，把这些经典的、经常被搜索的案例用更简短的方式呈现出来，让法官在寻找类案的时候更省心？

这件事情，我们靠人工，花了两年时间，初步做出了一些成果，也就是我们的"天同码"图书。以后，应该依靠互联网的力量，依靠社群的力量，依靠律师和法官的参与，共同来产生这些内容。

同样的道理，未来典型案例的产生，也不再是由最高人民法院或者各级法院的精英大法官们去选定，这个过程可以交由互联网去完成。

哪一类的案子被检索得最多，这是很容易设计出算法的。那么，这样的案件就应该被优先排序，作为可参考的经典案例。我们甚至还可以把这些经典案例放到最优先推送的位置，让律师、法官、法律学者等专业人士上来评论，以内容社交的方式产生互联网时代的典型案例，类似于维基百科产生内容的方式。

这样的一些想法，我们目前都立了一些技术攻关项目，在做这方面的研究，但确实，信息技术和法律行业结合太难了。

最首要的难题就是资金的难题。没有足够的经费，你怎么能让顶尖的法律人才、互联网技术人才参与进来啊？就像牛顿说宇宙需要第一推动力一样，其实在法律这个行业，最需要的第一推动力就是经费。目前，无讼做的这些研究探索，都依赖我们这些还算有些法律理想的律师们投入经费，毕竟杯水车薪。

但我们看到，如果法院来做这件事情，其实是有很强的政策和资金支持的，法院系统的组织保障也会让产品的推广变得更加容易。如果法院能够充分利用这两种优势，不止步于把办案流程搬到网上，而是调度资源攻克真正的技术难点，打造法官们真正爱用的产品，那么在"互联网＋法律"的方向上，法院可以在完成基础信息化建设之后，做出更伟大的产品，推动整个法律行业的进步。

这也正是我们作为律师行业互联网化路径的探索者，对未来法院信息化重构过程中的一些期待。相信在大家的共同努力下，明天更美好！

谢谢大家！

向孟建柱书记建言：
法律大数据能为司法改革做什么？ *

原文发布于 2016 年 1
月 8 日，是蒋勇律师
和另外 11 名律师一起
走进中央政法委大院，
向包括孟建柱书记在
内的多位中央政法机
关领导汇报时的发言。

尊敬的各位领导，各位同行：

非常荣幸有机会给孟建柱书记、汪永清秘书长、吴爱英部长及各位中政委的领导们当面汇报。

刚才王俊峰会长、顾永忠教授、李贵方律师等已在律师执业环境改善、保护律师执业权利，加强"以庭审为中心"改革中律师作用的发挥等方面，谈了各自的观点，我在这里就不再重复了。

我们在律所的基础上，组建了一个叫作无讼的团队，做一些"互联网＋法律"方面的尝试，目前已经有几十位伙伴了。这两年，我经常和数据工程师、程序员们工作在一起。那么，我今天就从法律与技术跨界的角度，结合律师行业在法律大数据方面的探索，从纯技术角度，谈谈我对司法改革的一些思考吧。

去年 9 月，国务院发布了《促进大数据发展行动纲要》，已经将大数据应用上升到了国家战略的层面。说起大数据，可能很多人会首先想到商品零售、金融等领域的应用场景。在我们法律领域，大数据其实也有很多可挖掘、可利用、可产生价值的地方。

总的说来，我觉得法律大数据可能在以下三个方面对司法改革产生积极的作用。

首先，法律大数据可以为司改决策提供数据支持。

举个简单的例子，四中全会提出要设跨行政区划的法院，希望破除地方保护，解决当事人跨行政区划诉讼难的问题。但问题在于，跨行政区划的案件，就一定会受到地方干预吗？我们有过数据支持吗？

其实，我们团队对目前已经公开的 1800 多万篇裁判文书进行了大数据分析。在提取出跨区域案件数量，跨行政区划打官司的一方是否败诉，败诉率是否高于同一区域同类型案件的当事人等数据之后，我们就可以建立模型，分析跨行政区划的案件是否有地方保护的情况存在。

据我们了解，目前最高人民法院的司改部门实际上已经开始尝试这样的一些方法。未来，只要把每年千万级的案件数据放入数据模型中进行计算，就可以实时监控跨行政区划案件是否有地方保护的情况存在。

再比如，最高人民法院的巡回法庭，到底应该设在深圳，设在沈阳，还是设在成都？一个非常简单的办法就是，我们来看同一区域内，若干省份的当事人地址距离哪个点最近。通过现在的 LBS 技术，这样的计算其实很容易实现，也就能达到便民的目的。

其次，法律大数据可以帮助解决司改进程中遇到的一些问题。

比如说老生常谈的"案多人少"问题。有人甚至担心，实行"员额制"以后，这个问题可能会更加突出。

实际上，不依靠技术手段，这个问题根本无法解决。原因在于，在经济"新常态"下，诉讼案件数量一定会爆发性增长，但法官人数不可能一直增加，"案多人少"问题永远解决不了。通过技术手段帮助法官提高工作效率似乎是最好的办法之一。

无讼团队的程序员们正在研发相关产品，通过对裁判文书中的"大数据"进行提炼、分析，可以智能、精准地为法官主动推送与在办案件密切相关的法律法规、相似案件的裁判文书等信息，在线自动生成文书模板，最大限度减少法官的工作量，从而帮助解决"案多人少"的问题。

再比如说"同案同判"或者"类案同判"的问题。因为每一个法官了解的案件数量是有限的，再加上机构、地域等方面的客观因素制约，在全国范围内做到"同案同判"十分困难。

但是，通过对海量裁判文书进行分析，找出"相同"案件的裁量尺度，测算出个案的偏离度，对偏离者做出裁判预警，就能促进"同案同判"的实现。

最后，法律大数据可以帮助民众更好地理解司法改革。

一个个数据本身艰深、枯燥，但是利用数据可视化技术，普通民众也能轻松读懂。最高人民法院发布的《司法公开白皮书》之所以在去年两会上得到代表委员们的高度认可，其中一个重要的原因就是里面搭配了大量直观易懂的图表。

设想一下，如果通过数据可视化技术勾画出中国法治地图，那么整个中国的法治现状就可以一目了然地展现给社会公众。在这样的思路下，我们已经尝试做了中国裁判文书公开的地图，实时展现全国各地的裁判文书公开情况。

但是，我们也看到，要形成这样的法律大数据，还面临着一些困难。

第一，数据采集方式有待改变。

传统的数据采集以统计为导向，多靠人工录入。这样的方式既增加了法官、检察官的工作量，也因为主观因素强而存在数据不够客观甚至"失真"的问题。同时，司法统计的项目往往是滞后的，很难及时收集、分析和利用。因此，我建议彻底改革司法统计方式，建立一套基于大数据的司法统计方法。

第二，数据的完整程度不够高。

一方面，目前数据公开还不够全面。虽然这两年法院依托信息化和司法公开，向社会公开了裁判文书，但在审判过程数据等方面的开放程度还不够，法律大数据无法形成闭环。另一方面，现有法律大数据中的数据类别还不完整。相比法院，检察院、公安、司法行政机关的数据公开还有很大的发展空间，律师行业的信息化程度也远落后于法院。这种状态长期存在，十分不利于法律大数据的形成。

第三，数据不开放、不贯通。

目前已经形成的数据多被保留在公检法司各部门内部，并没有开放，社会也就很难利用。横向来看，公检法司各部门间的数据也尚未贯通，还停留在一个个"数据孤岛"的状态，严重制约了法律大数据的发展。

而为了促进法律大数据的形成，推动司法改革进程，我想提出以下三个建议：

第一，充分利用信息化手段采集数据。

法律大数据其实产生于法律人的日常工作之中，法官、检察官每触动一下鼠标、敲击一次键盘，都是在生产司法数据。这样的数据，完全可以通过信息化的手段进行采集。

事实上，由于法官、检察官、律师等法律工作者的工作成果大多以文书为载体，法律领域的数据也是最有利于信息化采集的。

此外，希望国家有关部门能考虑加大律师行业信息化的投入。一直以来，律师行业的信息化程度远远低于法院，这当然有客观因素，比如说缺乏财政支持、组织体系相对松散等等。但如果加大投入力度，就可以更好地提供采集数据的基础。

我们现有的技术水平，可以将一篇裁判文书拆解为若干数据段，从中提取有价值的数据。我想，这种技术也可以挖掘律师代理词、辩护词等文书中蕴含的大量数据。随着自然语言分析技术的发展，甚至随着人工智能技术在法律领域的广泛应用，数据采集、挖掘的能力还会得到进一步增强。

第二，实现司法数据的全面开放，打破数据壁垒。

国务院发布的《促进大数据发展行动纲要》将数据视为"国家基础性战略资源"，号召政府部门对数据的开发共享。而在法律领域，司法系统内部各部门、各条线间的数据也应该全部贯通，形成完整的法律大数据资源。

因此，司法机关也应当按照国家的战略部署，把整个司法过程中形成的各种文书全部公开。这样就可以通过技术手段从中采集到海量的司法数据，将这些数据资源融会贯通，从而更高效地利用。

第三，鼓励、引导社会充分利用法律大数据。

法律大数据是全社会的共同财富，民间的创新力量也可以在它的利用上发挥重要作用。比如说，最近中国裁判文书网的改版受到了法律界的交口称赞，这实际上是在民间先行探索的基础上，采各家之长的成果。再比如，由司法行政机关主导的"律师分级制度"争议极大，但其实，只要司法行政机关开放所有的律师行业信息，这件事情完全可以依靠民间力量和市场调节机制更好地完成。

三个月前，我们的无讼团队尝试用大数据的方法为律师提供在互联网上的虚拟身份，生成"律师名片"，为更客观的律师评价提供基础。我们设想，如果未来的法律大数据更加全面完整，不仅"律师名片"可以更翔实、客观，"法官名片""检察官名片"也可以应运而生。

我前不久在西部一个省高院参加信息化建设专家论证会，让我欣喜的是，当地法院对数据开放的认知程度非常高，对推动建设"法官名片"极有兴趣。因为，"法官名片"与"律师名片"可以建立互动互评机制，而在那时，这些互动互评内容本身也会成为法律大数据的重要组成部分。

孟书记及各位领导，我们期待未来法律大数据的采集、挖掘、分析等相关技术运用到司法实践中来，可以更好地帮助发现司法工作中的关键问题，找出有效对策，从而更有效地提升司法公信力，构建一个法官、检察官与律师之间相互支持、彼此信任的法律生态圈。

谢谢大家！

重新定义审判：未来法院将如何运作？ *

原文发布于 2016 年 5
月 27 日，是蒋勇律师
应深圳中院邀请，与
深圳的法官们做的题
为"互联网 & 大数据
对法院审判工作的影
响"的分享。

各位法官：

互联网已经深刻地改变了我们衣食住行的方方面面，但它究竟会给包括审判工作在内的法律行业带来什么样的影响，现阶段还没有人能够给出确切的答案。从事物的最本源去思考，我们会发现，"连接"是互联网最基本的逻辑，而在"连接"的基础之上，传统意义上的法院审判工作也会被重新定义。

首先，我们从"连接"入手，来探讨互联网上的连接对法院审判工作有哪些影响。

1. 连接使司法资源重新配置，法院内部分工协同更高效

由于经济增速放缓及各种社会矛盾激增，中国正处在"诉讼爆炸"的时代，而受编制的限制，法官的人数并不能随之增加，甚至随着员额制的推行，法官人数还会精简。所以我有一个基本的论断：在可以预期的未来相当长的一段时间，我国法院"案多人少"的状况难以彻底改观。我们只能在现有司法资源下寻

求应对之策，那就是对司法资源的重新配置，而这恰恰是互联网的连接会带来的影响。

互联网会对法院内部的资源整合产生重大影响，而这其实会落脚在两个关键词上，一个叫"分工"，一个叫"协同"。这两个关键词对当下处于"案多人少"巨大压力下的法院尤其重要：只有实现更合理的分工以及在此基础上的更高效的协同，才能让资源的利用效率得到大幅度提升，缓解人案矛盾。

牛津大学教授萨斯金在《法律人的明天会怎样？》这本书中提出了一个重要的观点，他认为律师在诉讼案件中的工作是可以被分解的，诉讼案件的工作流程可以被分解成文件审阅、法律研究、项目管理、诉讼支持、策略、战术、谈判、法律辩论等方面。

虽然萨斯金的这本书是站在律师提供法律服务的角度来讲的，但它对于审判工作的未来发展也有很强的借鉴意义。法院可以对审判过程进行类似的分拆，合理分工，并且在信息化平台上展开充分协作，就可以实现办案效率的提升。

2. 内外部资源的连接，打造没有"围墙"的法院

互联网上的连接是无边界的，在互联网上，法院是没有"围墙"的。

比如说法院在建设的诉讼服务中心，我在前年的一篇文章中[1]就提出了我的一些想法：诉讼服务中心应当是一个开放的平台，利用互联网技术，把诉讼参与各方连接起来，让法官、当事人、律师等都能够积极地参与进来，就诉讼相关信息进行迅速的、无障碍的

---

[1] 参见"每周蒋讲"专栏文章《中国需要怎样的诉讼服务中心》，发布于2014年6月13日，收录于"每周蒋讲"系列图书《律师的成长》一书。

沟通。这个诉讼服务平台实际上就是一个没有"围墙"的法院，我们可以把它理解为一个运用互联网连接的"大司法社区"。

只要互联网真正深刻地影响法律这个行业，类似的"大司法社区"一定是必由之路。法院的界限会在这里被打破，很多耗费司法资源又不涉及法院最核心的价值判断功能（这是审判最本质的功能）的事情，不再需要法官去干，甚至也不需要法官助理、书记员去干，交给律师或者第三方机构就可以了。

我从来都认为，法官就应该全身心投入到判断是非的纯审判工作上，"为人民服务"这件事，可以利用外部连接，由法院外部资源整合完成。而这种外部连接，整合资源，恰恰是互联网的功能！法院除了进行必要的硬件建设（如办事大厅及电脑、网络设施等）之外，应该将更多精力放在软件的建设上，利用并开发互联网技术，连接并整合各方资源，而不需要配备太多资源来为诉讼参加者提供服务。

我国法院这些年来已经完成的信息化建设过程成绩骄人，居于世界领先地位。但是，法院内部信息化尚未与外部资源形成很好的交互，就像是内部已经是高速公路，却被围墙挡住，与外界隔离。

3. 网上法院

未来互联网上的无边界法院甚至会有一个更极端的表现形式——网上法庭。大家或许觉得这样的设想还很遥远，但实际上，网上法庭的雏形早就已经存在了。

举个例子，在淘宝网上的商品交易过程中，卖家和买家难免会产生纠纷，当纠纷较为复杂，或一时间很难用淘宝现有规则来判定怎么办？这样的纠纷的数量每年都是百万量级的，如果个个都到法院去解决，法院将不堪重负，效率也很低。淘宝在线上成立了一个"判定中心"，让卖家和买家来担任评审员。从某种意义上来说，评审员其实就相当于法官。大家知道这个判定中心三年多来"审理"的纠纷数量是多少吗？两百多万件！参与判定的评审员（也就是群众法官）累计已有90余万人。我个人认为，淘宝"判定中心"值得研究，它可能是未来无边界法院的某种雏形。

当然，我国的法院在这方面也做出了诸多探索，比如说吉林省高级人民法院推出的电子法院，以及阿里巴巴和浙江省高级人民法院合作建设的网上法庭。尤其是后者，目前在杭州的四家法院试运行，效果还是不错的。至少它证明了，案件是可以逐渐被分类分层的，适合在网上进行审理的案件其实很可能比此前想象的要多得多。我相信，随着互联网技术对法律行业影响的更加深入，网上法庭将会加速发展。

其次，我们来探讨一下，大数据对法院审判工作有哪些影响？

上面的几点，都是互联网的连接所带来的法院内部的分工与协同，以及法院与外部资源的交互。更重要的是，在互联网时代，每一个主体实际上每天都在产生数据，互相之间的连接又会产生数据。可以说，数据由连接而来，而又能促进资源的重新配置，影响连接。所以，互联网时代的另一个重要主题就是大数据。

我想先从一个最容易被理解的法律行业的大数据讲起，那就是裁判文书。全国每年公开的裁判文书是千万数量级的，这样数量级的裁判文书到底意味着什么？它其实就是可以被采集、被储存、被用于计算和分析的案例大数据。

为什么这么说呢？在数据工程师的眼里，这些案例并不是我们平常看到的一篇篇文书，而是数据段和规则。比如说，深圳中院的每份裁判文书上都一定有"深圳市中级人民法院"这样几个字，对吧？"深圳市"这个词其实就是一个数据段，它用来标明这些裁判文书都是出自深圳这个地域的。

从文书中挖掘这样的数据，整理这样的规则，就叫作对文书的解构。在解构之后，机器就能够读懂文书，从而整合不同的数据段，在不同的裁判文书的数据中发现规律。当机器能够理解我们的规则，它就能根据它所理解的规则推导新的规则，或者至少依据规则对新出现的事物做出判断。

那么，作为审判资源的大数据到底有什么作用呢？我想，第一是提升效率，第二是提高质量。

1. 大数据提升审判效率

法官的审判过程经常会在一些主要节点上出现障碍，也就是所谓的"痛点"。建立在大数据基础上的工具可以解决这些痛点，提升法官的工作效率。

比如说，模板的自动在线生成。这个模板自动在线生成要能够异地编辑，能够多人协同修改。此外，这个模板的自动生成应该时时在线更新，它跟很多人现在正在使用的一些自动模板生成工具有所不同。

比如说，类案的批量处理。这对于基层法院来说尤其重要。我们会发现，基层法院的法官其实大概有 50% 到 60% 的时间和精力是在处理同类型的案件，如果类案批量处理的方法被挖掘出来，并且被互联网化，就会大大提高基层法官的工作效率。

比如说，对案例精要的检索。在实践中，法官们会碰到很多个性化的疑难案例，但其实，这类案子有一半以上是能够找到先例的，其他法院很可能曾经处理过类似的案件。但问题是，案件浩如烟海，就算能找到很多可能的类案，要把这些案件都通读一遍，再来判断是否跟目前办理的这个案件类似，也是一件极为劳力劳心的事情。所以，很有必要对不同类别的重要案例做精要摘编，从而节省法官阅读案例的时间精力。我们的"天同码"其实干的就是这样的事情。

再比如说，相似案件的推送。法官们现在是主动地搜索案件，但实际上，从数据技术上来说，当一个案件的主要信息出现在系统当中的时候，这个系统可以做到抓取到类似案件推送给法官。

2.大数据提高审判质量

以上是一些通过大数据提升办案效率的畅想，在提高办案质量方面，其实也有这样几种可能的应用。

其一，"同案不同判"的预警。法院一直在强调同案同判，这是完全正确的抓办案质量的好思路，但问题是，每个法院每天都在处理大量案件，而且随着主审法官制的推行，不再有审判长联席会及副庭长、庭长审批这样的由对整个业务庭曾经办理过的案件十分了解的人来把关的程序了，这对同案同判是极大的考验。

我曾经写过一篇题为《主审法官制与同案同判》的文章，结论就是，法官是人不是神，要想让每个法官熟知浩如烟海的过往判例，本就是难上加难的事。如果不辅以科技手段，实现同案同判几乎是一个不可能完成的任务，全面实行主审法官制后，同案不同判的风险甚至会越来越大。所以，对于同案不同判的案件，法院应该有一套预警机制，在判决出台前就及时发现。

其二，未来典型案例的产生方式会发生巨大的变革，这是一个值得重视的发展趋势。

过去法院典型案例的产生是权威发布式的，也就是由最高人民法院的大法官们参加的审委会来核定公报上的案例。现在最高人民法院研究室有一个案例指导处，这个处的法官会向全国法院征集可能的指导性案例，经他们加工后作为指导性案例成批发布。互联网时代的去中心化和法律人的高参与度，会让典型案例的产生方式发生变革，从权威发布式转向维基百科式。

举个例子，假如我是深圳中院的一名法官，我觉得我办的这个案子非常有典型意义，我并不需要层层向上级报送案例，而可以通过一个法律专业人士的互联网平台，把这个案例发布出去。其他人一看，说这个案子很有意思啊，很典型啊，就会有众多的人上来给你点赞和评论。你收获的点赞和评论越多，这个案例排名就越靠前。一个月下来，把排名前10位的案件汇总起来，交由一个各方认可的机构审定，就可以作为典型案件被标注。其他人在搜索案例时会优先看到被标注的典型案例，以及各类读者对它的点评，就会认为它的典型性很强，进一步使用它。你看，典型案例的产生是由去中心化的众多法律人共同完成的，这类似于维基百科的产生过程。

最后，我认为，当前正在进行的司法改革，需要有对互联网时代的理念吸收以及对大数据技术的运用。我甚至认为，互联网和大数据融入的司法改革，实际上正在重新定义法院，重塑"以审判为中心"的司法体系。

在司法改革中，大数据能帮我们做什么样的事情？我在今年年初，有幸受邀到中央政法委向孟建柱书记汇报了大数据对司法改革的作用。[1]据我理解，大致有这样几个方面：

第一个方面，是人案测算。我们总说案多人少，但是我们到底有没有想过，一个法学院毕业的研究生，到深圳中院工作7年以后，他办案的极限负荷是多少？还有就是法院的员额比例。现在各地法院的员额比例都不一样，有的是39%，有的是33%，但是这个比例是怎么来的，科学根据在哪里却并不清楚，缺乏数据分析的支持。还有审判辅助人员的配备，也就是一个法官到底应该配备几个助理，配备几个书记员，这也应该用数据去测算分析才更科学。

第二个方面，是案件的预判引导。通过大数据这样的类智能化的判案指引，法院可以引导当事人自行判断案件结果，在立案阶段不起诉，或者促成撤诉、调解，从而减少案件的发生或者加快案件处理进度。

类似的事情在我们天同律师事务所几乎天天发生，我们一个最重要的业务模式就是对当事人想要委托的案件做预判评估，如果我们觉得案子没道理，就会告诉当事人，你这个案子赢不了，我们不做。如果当事人充分相信我们的话，就会放弃诉讼，选择其他解决方式。（《人民法院报》曾经在前年六月份的一篇纪实报道中，对此专门做过采访报道。）

法院其实可以把这件事情做得更好。法院可以充分利用数据技术，在立案和审判过程中不断地告诉当事人，以前本院或者上级法

---

1 参见"每周蒋讲"专栏文章《向孟建柱书记建言：法律大数据能为司法改革做什么?》，发布于2016年1月8日，同样收录于本章。

院是怎么裁判同类型案件的。让当事人自己预判案件结果，就能更好地促成调解或者撤诉。

第三个方面，是将司法统计转型为司法大数据。我原来在最高人民法院工作期间做过很长一段时间内勤，每个月都有一件工作，就是填统计表，然后交到司法统计处去，统计处会根据全国法院交上来的这些表统计出一个个数字。我一直没想明白这些数字到底会怎么用，现在来看，它的用处应该会越来越少了。是这些统计数字真的没用吗？显然不是，是因为有更多真正需要数据分析的地方，而这是原来的司法统计口径做不到的。

比如说，十八届四中全会提出要建设跨区法院，审理跨不同地域的、影响大的、有可能受到地方干预的案件。那么，到底应该在哪个地方设跨区法院？司法统计数据能提供支持吗？每年有多少件案子有可能受到了地方干预？哪个地区的地方保护更严重，更需要设置这样的跨区法院？我们原有的司法统计其实都是做不到的。

但是，通过刚才我给大家演示的对裁判文书的解构，法院就可以对裁判文书中的数据进行分析。在提取出跨区域案件数量，跨行政区划诉讼的一方是否败诉，败诉率是否高于同一区域同类型案件的当事人等数据之后，法院就可以建立模型，分析跨行政区划的案件是否有地方保护的情况存在。

基于此，我强烈建议全国各级法院的司法统计处整体转制为司法大数据中心，完成职能的转型。

第四个方面，是法官的业绩考核。一个民事案件法官办几个离婚案件相当于一个商事法官办一个股权转让纠纷的案件？工作量怎么衡量一直是困扰法院管理的很大的难题。有些法院说，按小时算，让法官记录工作小时，或者有些法院拿案卷的数量来算，考察你的案卷有多少本。这些方法其实都是以偏概全的。大数据技术未来将在法官的业绩考核上有很大的帮助，这里我就不展开讲了。

第五个方面，是法官和律师的交互评价机制。像我这样既在最高人民法院干过，又做律师的人，其实非常期待有一天能够看到这样的交互评价机制真正建立起来。如果众多法官和律师在同一个互联网平台上，他们就可以相互"点赞"，相互评价。法官在发布裁判文书后，也可以在这个平台上对代理律师做评价，整个行业就会变得更加透明。

但是，毋庸讳言，在充分利用互联网和大数据推进司法改革方面，当前仍然存在一些问题。

第一个大的问题，就是数据的生成、采集过程和审判过程"两张皮"，法官抵触情绪严重。而造成这个问题的主要原因，在于过去法院信息化的开发思路没有分清楚"客户"和"用户"的关系。

对于软件开发的公司来说，法院是他的"客户"，它让法院领导满意，让这个客户单位有政绩工程就好；其实法官才是这套东西的"用户"，法官们只有觉得好用了，才会爱用。因此，法院的信息化建设应该以法官的用户体验为核心，以让法官爱用为做这件事情的第一要义。(对此，我曾在去年应邀参加贵州省高级人民法院信息化专家论证会时做过主题发言，详见"每周蒋讲"专栏文章《以法官体验为中心，重构法院信息化》[1]。)

　　法院现行的信息化系统，让法官在经办完一个案件后，还得单独再录入一遍，这样的用户体验无疑是很差的。应该让法官在用的过程当中就同步生成数据，这样，法官的每一次敲击键盘，其实都是在生成法律大数据。怎么才能让法官爱用呢？看看大家爱用微信的原因就知道了。你们看到过最高人民法院发通知要求全体法官装微信吗？没有吧。你用它只是因为觉得它好用。同样的道理，只有让法官感受到数据采集和分析带来的实际好处，才能让法官从"要我用"转变为"我要用"。

　　第二个大的问题，是数据孤岛。造成这个问题的根源，在于对内的数据本位主义和对外的数据保守思想。

　　所谓数据本位主义，你看，法院的流程信息在审管办，裁判文书在信息中心，执行信息在执行局，案件统计数据在司法统计处，人事数据在政治部，各个部门的数据都归各自所有，互不共享。每个部门的人都觉得，我的数据凭什么给你啊？

　　所谓数据保守思想，就是法院的同志们很容易觉得，这些是我法院的数据啊，都应当保密才对。虽然周强院长大力推动裁判文书上网和法院内部信息的公开，有些法院的数据保守思想仍然非常强大而顽固。即便是当前，也还有很多反对意见，认为裁判文书全部上网做得过火了。从法律的运行角度讲，这是"阳光照进司法"的理念尚未树立；从数据技术角度看，这就是数据保守思想在作祟。

　　至于解决之道，第一，建议在法院内部设立大数据中心，实现

1　发布于 2015 年 12 月 18 日，同样收录于本章。

数据的互联共享；第二，对外打开接口，开放对待外部利用。法院产生的数据是国家公共资源，法院不应该独家垄断。同时，法院应当充分利用外部市场的力量，调动外部市场的积极性来利用法院的数据。国务院发布的《促进大数据发展行动纲要》也开宗明义地要求："加快政府数据开放共享，推动资源整合，提升治理能力。"法院数据的开放共享及在此基础上的资源整合，亦是同理。

第三个大的问题，是数据利用率不高。

究其原因，从思想层面来说，法院往往重视程度不够，觉得法院案件压力这么大，能处理好当下的案件就不错了。当然，我也理解，对数据的利用并不是一线法官一定要去操心的事情，但是，无论多忙，起码也应该在思想层面对此有所认识。

从技术层面来说，所有的数据利用都需要提出需求和转化需求，但这是一个只懂法律不懂技术，或者只懂技术不懂法律的人很难做到的。需求的提出和转换需要跨界的能力，当然需要跨界的人才。此外，数据分析所需的法律规则也的确难以提炼。

所以我的建议就是：第一，从思想上建立大数据核心战略，用大数据来配置审判资源的思想要在管理层树立起来；第二，培养跨界人才，可以考虑在法院内部设立数据分析师的岗位，甚至不排除在每个业务庭室设一个兼职的数据分析师。谁来兼这个岗位呢？肯定是"90后"，肯定是那个就像我当年一样每个月去给司法统计处送报表的那个人。给他一个叫作"数据分析师"的新头衔，让他成为在业务庭室中关注数据分析的专门人才。

总而言之，在互联网大数据时代，我们需要重新定义审判，让法院最核心的审判工作成为真正建立在互联网和大数据基础之上的裁判过程。这样的变革实际上正在发生。法院正在建设的信息化

3.0 版克服了原来 1.0 版、2.0 版时代存在的问题，更大的宏图正逐步展现。我们可以共同期待，移动互联网带来的连接，还有信息数据的开放共享，一定会给中国法院审判工作带来全新的局面。

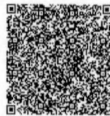

智慧法院的"智慧"从何而来？ *

原文发布于 2017 年 4
月 7 日，是蒋勇律师
受邀参加深圳中院举
办的"深圳智慧法院
建设规划论证会"时
的发言。

非常荣幸受邀前来参加深圳智慧法院建设规划论
证会。我在十多年前也是法院的一名小兵，2000 年从
最高人民法院离职后开始做律师，创办了天同律师事
务所，前年开始做法律互联网的创业，创办了无讼网
络。所以我今天想结合智慧法院和互联网谈一点我粗
浅的想法，请各位专家指正。

法律互联网和智慧法院看似是不同事物，但其
实，它们都是互联网新技术在法律领域的深度应用，
在方法论的层面上有许多相通点。我想从方法论的层
面向大家汇报我对智慧法院的一些认识，谈谈在我眼
中，智慧法院的"智慧"究竟从何而来。

说到方法论，我想我们首先要弄清楚，互联网的
本质到底是什么？

我们看，互联网之所以能改造各行各业，最根本
的原因就在于通过它的连接能力和计算能力，提高了
效率，改善了体验。所以，互联网的本质可以归结为
两个词，一个是"连接"，一个是"计算"。

互联网的第一个本质是连接。

就智慧法院而言，它其实涉及两个层面的连接：物理的连接和数据的连接。

所谓物理的连接，就是物理上的互联网网络的搭建。具体而言，它又可以被分为三类：

第一，法院内部的连接。

根据今年年初的《中国法院信息化发展报告》，法院系统已经建成遍布全国 3520 个法院、9277 个法庭的法院专网，是世界范围内最大的法院专网，这其实就是大规模的法院内部的连接。

第二，法院与公安、检察院等其他政府机构的连接。

比如说多方的远程庭审系统、刑事涉案财务集中管理系统，以及一些法院已经建成的道路交通纠纷的网上数据一体化系统，都是法院与其他政府机构之间的互相连接。

尤其值得一提的是深圳中院的"鹰眼查控系统"。早在三四年前，深圳中院就已经运用连接的思维创建了鹰眼查控系统，通过与各联动单位、协助单位联通互动，对被执行人财产和人身进行查询和控制。这样的系统可以说是近来最高人民法院正在完成的"总对总"执行查控系统在更早阶段的探索和前瞻。

第三，法院和当事人、法律服务机构的连接。

比如说当事人在网上立案、传送诉讼资料，比如说上海法院推行的"律师一卡通"，其实都是法院与当事人、法院与法律服务机构的连接。

前年我曾经在"每周蒋讲"专栏里写过一篇文章，题目就叫《中国应有怎样的诉讼服务中心》[1]。目前，全国已经有超过 98% 的法院建成了诉讼服务大厅，但在当今互联网时代，把立案大厅改造为实体的诉讼服务大厅其实意义有限，通过线上的互相连接服务于诉讼全流程的整个智慧法院体系才是更好的诉讼服务模型。

当然，物理的连接只是基础，也是相对容易完成的。真正的难点在于法院对外连接时，需要真的像鹰眼查控网一样，做到与国土、工商、银行、车管等部门的通力协作，实时调取所需数据。

所以，更重要的其实是另一类连接——数据的连接，它主要有这么三种表现形式：

第一，通过连接来进行数据交换。

比如说法院与法院之间的案卷传递，法官与法官之间、法官与律师之间的网上文件传输，都是基于连接的数据交换的典型例子。

第二，通过连接来进行数据采集。

在很多法院，法官对裁判文书上网始终有抵触情绪，认为这件事情太麻烦了，甚至对信息化建设也不太理解。但是我总说，法官的每一次敲击键盘，其实都是数据生成和采集的过程。千万不要小看法官轻点鼠标，把一份裁判文书上传到网上的过程，它其实是我们整个国家司法大数据生成和采集过程中的一个组合点。千千万万个这样的小点组合起来，十年以后，将生成世界上最大的法律数据

1　发布于 2014 年 6 月 13 日，收录于"每周蒋讲"系列图书《律师的成长》一书。

库，为司法界带来不可限量的价值。如果法官们意识到这个意义，可能会对司法公开，对信息上传有更高的积极性。

第三，通过连接进行信息公开。

我们常说的四大司法公开平台其实就是数据公开的平台。这样的数据公开可以让司法数据为全社会所用，从而让第三方机构等更多元的社会力量参与到司法数据的建设和利用中来。

当然，要充分实现互联网的连接，就对连接的质量提出了更高的要求：物理上的连接要可靠、安全，数据上的连接要全面、优质。

记得上次受邀来深圳中院分享的时候，我重点讲到了当前司法信息公开存在的一些不完善的地方，比如说裁判文书上传不全面、不准确[1]。这样的不完善会影响数据的全面性和优质性。这也意味着，在数据连接这件事情上，我们做得还不够好。

互联网的第二个本质是计算。

在计算机领域有一个著名的摩尔定律，根据这个定律，每隔一年半到两年时间，人类的计算能力会翻一倍。我记得三十多年前，国防科技大学有一个举世瞩目的发明叫"银河"亿次计算机。当年，一台计算机的计算能力能够达到一秒钟一亿次就已经是全球最领先了。但是大家知道，我们今天手上这台小小的手机，已经拥有了远远超过"银河"亿次计算机的计算能力。可以说，当计算能力爆发之后，它其实已经成为一种公共服务，而这也是互联网能够深入我

1　参见"每周蒋讲"专栏文章《重新定义审判：未来法院将如何运作？》，发布于2016年5月27日，同样收录于本章。

们的工作与生活，深度改变各行各业的根本原因所在。

建立在超级计算和数据驱动的基础之上，就可以发展出人工智能。AlphaGo 之所以能够战胜人类棋手，也就是因为它把围棋的一些定式算法问题，转化成了黑白点的数据问题。类似的建立在计算能力基础上的智能运用，也就是我们所说的"智慧"。

所以，智慧法院的智慧本质是数据加算法。智慧法院要想真正变得"智慧"，核心也在数据和算法。

这才是整个智慧法院建设中最难的一件事，因为它真的需要以下两个方面十分踏实的基础性的工作：

第一是数据的数量和质量。

数据量的积累是需要时间的。

中国裁判文书网自 2014 年 1 月 1 号上线以来，在三年多时间里积累了 2700 万份裁判文书。这个数字听起来巨大，但是如果放在真正的大数据的概念上来看，这样的数据量仍然不足以支撑多维度的非常细颗粒度的分析。裁判文书数据的积累，仍然需要我们这一代人甚至几代人的持续努力，才能构建出真正意义上的大数据，成为智慧法院建设的稳固基础。

数据量的积累也需要更大范围的数据的公开。

目前，司法公开正在从过去的裁判文书数据公开转向司法过程数据公开，这是一个非常可喜的方向。在司法过程中产生的可以被用于计算和分析的数据量将是远远超过单纯的裁判文书。如果法院在建设智慧法院的过程中，能够及时采集司法过程的数据并且将其公开，司法数据量将会呈现大幅度的快速增长，从而加快数据的积累。

数据质的提升则依赖于数据产生过程的规范。

数据要真正被利用起来，积累和抓取信息还仅仅是第一步，更重要的是让机器能够读懂数据。要做到这一点，就需要对裁判文书的内容进行解构，而解构的前提又在于设定一定的规则，让机器能够识别裁判文书的结构和其中的法律专业术语。

如果所有的裁判文书都用同样的标准规范格式书写，并且用同样的专业词汇表达同一个专业概念，机器解构和挖掘信息的准确度将有实质性的提高。如果所有的裁判文书对信息的表述都更加准确，少出现信息缺失和错误的情况，清洗数据的工作量也将大大减少，从而从整体上提升数据挖掘的效率。

因此，如果每一位法官在每一天的工作中都可以自觉地把工作与数据的产生相关联，按照有利于数据生成和采集的方式去操作的话，整个司法大数据的质量将会大幅度提升，可以被利用的数据也会因此增多。

第二是算法。

算法是机器深度学习的基础。比如说，为了实现类案推送或者裁判结果预判的功能，我们就需要通过算法，在描述案情的文本与案例之间建立起相似模型。这在早期阶段主要或者只能靠人工来提炼规则，建立初始的相似模型，然后才能用海量裁判文书数据对它进行训练，并且让法律专家不断地对机器的判断结果给出反馈，才能在不断的半监督式训练中逐步修正算法，让机器基于对案情的智能分析推荐类似案例，甚至模拟法院的审判方式。

当然，无论是数据数量和质量的提升，还是算法的建立和完善，其实都离不开法官的辛勤工作和智慧积累。

我一直相信，对于智慧法院的建设而言，工具和技术并不是真正的难题。智慧法院需要用到的技术一定会比谷歌这样的探索技术前沿的企业用到的简单得多。事实上，即便是在人工智能领域，也已经有很多相对成熟并且完全公开的技术，可以直接被采用。

真正的难题是技术在法律场景下的应用，是法官的智慧以法律大数据的形式的不断积累，是技术对法律大数据中的法官智慧的深度挖掘。

大家可能都知道，去年年底的时候出了一个"乌龙"。有媒体报道，法院开始用机器人来做法官，当然很快法院就辟谣了。在我第一眼读到这条新闻的时候，我就在我的朋友圈转发并评论了四个字：纯属忽悠。

原因非常简单。在法律数据还没有积累到足够量，我们的法官还没有给出足够多的裁判规则，计算机还没有学会更好的算法，人类也还没有在人工智能技术上实现更加革命性的底层突破时，机器人法官是一件不可能的事情。

智慧法院建设一定不能脱离法官的判案实践和智慧积累。当我们谈智慧法院时，要的不是政绩工程，而是实实在在地积累沉淀法官的判案智慧，并且将这些智慧反哺于法官的判案实践，辅助法官判案的新型法院工作机制。而在这个过程中，更多的法官智慧将会自然沉淀下来，从而实现技术与法律的良性互动。非常可喜的是，从今天研讨的深圳智慧法院建设的蓝图来看，法院在这方面已经开始探索并取得了一定的成果。

因此，回到最开始我的演讲标题的问题：智慧法院的智慧从何而来？答案一定在于法官的智慧本身。智慧法院的建设应该抓住互联网的本质，本着严谨科学的态度对待技术，既不要轻视技术，也不要神化技术。要充分积累法官智慧，让法官智慧发挥更大的价值。

这样的智慧法院，相信是所有法律人都非常向往和期待的。

我对网络司法拍卖
司法解释（草拟稿）的几点意见 *

原文发布于 2016 年 1
月 22 日，是蒋勇律师
应最高人民法院邀请，
在"网络司法拍卖工
作司法解释专家论证
会"上所做发言。

　　最高人民法院执行局的各位领导、各位专家，非常荣幸受邀作为唯一的律所代表前来参加最高人民法院网络司法拍卖工作司法解释专家论证会。

　　当前通过网络进行司法拍卖已经成为一种趋势，大家越来越多地感受到网络司法拍卖带来的好处。当然，网络司法拍卖的做法不统一，法院内外、社会各界也有很多不同的认识。

　　起草人刚才介绍，这个司法解释自 2012 年就开始起草，广泛征求了各方意见，目的就是为了加强和规范法院网络司法拍卖。在讨论司法解释的具体条款意见之前，我想谈谈我对网络司法拍卖这件事的一些认识，以此作为我思考这个司法解释条款的基础。为此，我有如下几个建议：

　　第一个建议是在法院掌握司法拍卖权的前提下，充分利用网络拍卖平台的服务，建立适应时代发展的司法拍卖模式。

有一种反对搞网络司法拍卖的声音说法院司法搞网络司法拍卖实为让渡司法拍卖权。司法权力作为一个国家的公权力，不可让渡，这是基本法理，当然应该坚持。

法院的强制执行拍卖，是执行程序中的一个重要环节。在大陆法系的法国，民事执行程序法中，只要求由三名执行法官组成合议庭开庭拍卖，司法拍卖权归属于法院毋庸置疑。在我国，以前为了预防腐败，司法拍卖权暂时交给中介机构。司法拍卖的主体始终都是法院，即便是在网络司法拍卖出现前，拍卖的主体也不是拍卖公司，以后也不会是网络平台。只是现在各方面形势发生了重大变化，立法修改了，互联网发展了，各地法院也已经做了很多积极有益的探索和实践，在坚持法院行使司法拍卖权的前提下，可采用的方式更加丰富了。

那么，我们就应该积极地去尝试这些新的方式，并充分尊重当事人的选择，由债权人来决定到底是由法院自行拍卖还是由法院委托拍卖公司拍卖，或是采用网络拍卖方式。

第二个建议是抱着开放的态度，充分借助市场的力量，降低司法拍卖的成本，提高司法拍卖的效率。

我想说的是，政府（包括法院）不要眼馋市场的利益。现在有一些政府部门，包括法院系统，内部有一些声音，其实是混淆了自己的职责和市场职责之间的关系。市场上的利益当然会很诱人，假设商务部去做淘宝网，那当然商务部就把钱挣走了；人民银行去做第三方支付，把支付宝做起来，不发第三方支付牌照，人民银行就把所有的生意全干了。其实，现在官方需要做的就是开放平台、开放数据，充分发挥市场的调节作用，让市场去选择。事实上，市场主体通过充分竞争能干的事情，政府（法院）自己做从来都干不好。司法拍卖也是一样，只要能实现公开、公正、公平的目标，最大化地促进整个社会财富尽快流动，使用哪种方式最有利，就应该选择哪种方式。

我们一定要去相信这个市场的创造力。刚才介绍到，很多人认为司法拍卖是一块大蛋糕，都想去抢，其实没有认识到网络真正的作用。淘宝网上的司法拍卖是免手续费的，这动了谁的蛋糕？当然是传统的拍卖公司。

实际上，解决纠纷的过程会损耗大量的社会成本。当事人诉讼、法院裁判，这个过程本身就要消耗大量的司法资源、人力、物力、精力、时间。在执行环节，还会有大量的财富被滞留，拍卖公司从中收取高额的手续费，社会为此付出了太多代价。而随着互联网的发展、网络司法拍卖的出现，可以有效地让这些滞留在执行环节的财富加速进入到整个社会流动中来。这不仅提高了司法拍卖的效率，节约了成本，还使整个司法过程的效率得到了提高。

网络司法拍卖提高了司法拍卖的效率，使滞留在执行环节的社会财富加速进入到了整个国民经济运行中，这本身就会产生效益，像淘宝网这样的网络司法拍卖平台则会从中获得收益。所以，淘宝网的司法拍卖平台会以零手续费的方式来做。这其实是把司法拍卖可能消耗的成本依靠经济整体运行收益去抵销了。相比过去拍卖公司动辄高额的手续费，这种新方式既快捷，又能节约费用，还能打掉中间的利益寻租者，何乐而不为呢？

第三个建议是记录司法拍卖过程中的数据，充分开放，从而形成完整的司法大数据。

在当下这个大数据时代，官方要做的就是公开信息，建设整个国家的大数据，让社会充分利用各种数据，运用市场调控的手段，去发挥它的作用。

利用网络开展司法拍卖最大的好处就是，可以把我们过去一直担心的司法腐败、黑幕运作全部屏蔽掉，因为网络司法拍卖的数据是全过程留痕的，随时备查，未来还可以充分利用数据做横向比较。在充分大量的数据下，所有偏离轨迹的非正常拍卖行为都能被发现。而这点在非网络环境下很难做到，因为全国每一天的拍卖数量太大了，我们也不可能在每一个拍卖上真正找一个监督员，监督每一件事情，但是互联网大数据能完成这件事。

我们设想一下，当我们拥有了大量的在各地、各种品类下的拍卖数据资源的时候，这些数据之间的关联就可以帮助我们自动给出评估价格。那样，其实评估机构的作用就可以被替代。实际上我们可以建设一种建立在大数据基础上的新的价格发现机制，同时自动完成拍卖过程当中的偏离轨道的痕迹抓取，从而进行预警，制止可能出现的违法行为。

要实现这些，首先要坚持信息充分披露原则，充分开放司法拍卖环节的数据，与当前业已公开的裁判文书数据和未来将会逐步公开的审判流程信息数据相结合，形成贯通整个司法环节的法律大数据。

第四个建议是要抓好网络司法拍卖平台的资格准入、撤销和惩戒。

互联网技术发展到现在，起到的最大的资源配置作用就是去中介化。委托拍卖公司进行司法拍卖这个中间环节，是不是一定还有必要存在？实际上，互联网的发展趋势，就是会让所有的中介最终都没有生存空间。

网络司法拍卖平台的出现，可以降低司法拍卖成本，提升拍卖效率，是适应社会发展需要的。但是，网络司法拍卖平台不能没人管。这件事上，最高人民法院特别像中国证监会的地位，可以采用类似于证监会对证券市场的管理方式，不要去插手市场的每一件事情，你只需要做好三件事：一是确认市场主体资格，明确哪些人有资格参与；二是制定规则，要求参与主体充分披露信息；三是加强稽查监管，完善退出和惩戒机制，对违法者的惩处甚至可以上升到刑事责任进行惩罚。

第五个建议是充分相信技术的力量，可以逐步解决目前存在的难题。

我们应该相信技术进步，相信整个社会对资源配置的合理性，因为技术自身有进步的需求，而且技术的进步远不是我们这些法律人能够完全理解的。技术的进步，可以带来我们这些法律人想象不到的变化。

比如说现在我们网络司法拍卖最大的问题是看不到现场、看不到实物，那网络司法拍卖平台一定会投入资源，保证参拍人的知情权。现在可能还是依靠描述、图片、视频，未来完全有可能通过虚拟现实技术给参拍人全方位的展示。

各位领导、专家，我从来都确信，法律法规和司法解释，不仅具有解决纠纷的作用，而是能通过对社会经济规则的革新，带来对生产力的变革，或者社会文明的进步，从而从更高层面上推动整个社会发展进步。我认为，如果法院能以更开放的姿态，充分利用互联网配置市场资源的作用，鼓励和引导参与各方积极发挥作用，就不仅能实现公平正义，还能最大限度地促进全社会财富的尽快流动，这是司法造福于社会的现实举措。

有关这个司法解释具体条文的意见，我们天同律师事务所在收到征求意见稿后，进行了详尽的研究讨论，逐条形成了书面意见，会后将提交给最高人民法院执行局的有关同志。

谢谢大家！

网络司法拍卖可以有更多想象 *

原文发布于2016年8
月5日，是蒋勇律师
参加在法制日报社举
行的"第二届网络司
法拍卖研讨会"时的
发言。

大家好，这是我第二次参加有关网络司法拍卖的研讨了，非常荣幸。我记得，上一次参加的会议是在最高人民法院举办的网络司法拍卖司法解释的征求意见会[1]。今天会议的主题是更宽泛的网络司法拍卖，所以我想，我或许可以跳开司法解释的范畴，和大家谈谈我上次没有谈到的有关网络司法拍卖的更多想象。

所谓"网络司法拍卖"，虽然前面有"司法"二字，但其实质就是网络拍卖，而网络拍卖的本质说到底就是网络交易。从这个意义上说，当我们分析有关网络司法拍卖的问题时，最好的策略是抛开法律人的思维框架，真正站在互联网的角度，思考我们如何才能获得最佳的资源配置机制和动态定价机制。

所以，我们思考司法拍卖过程时，最关键的是要抓住这样两个点：一个是交易撮合，一个是价格发现。

交易撮合方面，我们需要思考的是：如何提升交易撮合的效率？

1　参见"每周蒋讲"专栏文章《我对网络司法拍卖司法解释（草拟稿）的几点意见》，发布于2016年1月22日，同样收录于本章。

　　具体而言，我们需要思考：买方、卖方、渠道和标的物各有哪些特征？它们各有哪些优势、劣势？

　　来看看买方。我们当然希望有更广泛的参与者，这或许也是我们做网络拍卖的原因之一。但如何在网络上吸引更广泛的参与者？在我看来，有这样两个办法：第一，找更多的平台，包括公共平台和专业平台，也包括网络媒体和传统媒体。第二，有更广泛的传播方式。虽然目前司法拍卖已经为越来越多的人所熟知，但仅仅通过淘宝是不够的，我们还可以通过微信等其他渠道，通过社交网络达到更广泛的传播范围。

　　再来看看卖方。我们需要反思，究竟谁才是真正的卖方？法院其实不是卖方，只是因为司法拍卖目前处在探索阶段，我们才认可法院作为卖方的地位，由法院来当"店小二"。但是，这一定是一个过渡状态。在网络司法拍卖发展得更加成熟之后，一定要让真正的卖家来开店。法院已经不堪重负了，法院执行局的忙碌程度估计法官们都深有体会。更重要的是，只有真正的权利人才会最关心自己的利益。除了权利人之外的其他人和机构，其实很难把这件事情做好。

　　所以从这个意义上来说，法院本身也是中间环节。既然互联网的作用是打掉所有中间环节，让买卖双方直接见面，我们相信，终有一天，法院也应该从网络司法拍卖中退出，隐身其后。制定规则、监督执行过程、处罚违反规则行为，这些才真正是法院应该做的事情。

　　再来看看渠道。淘宝当然天生具有优势，它有关于交易的最全面的大数据，阿里云的稳定性在国内乃至世界上都是第一流的，从而可以保证网络安全。但是，它应该不是司法拍卖的唯一渠道。渠道只是网络司法拍卖借助的一种工具，即使是淘宝，也有其劣势所在。比如说，在房产交易领域，在链家网上聚集的卖家远比淘宝网上多；在钢铁大宗商品贸易领域，找钢网也是一个比淘宝更好的渠道。根据不同品类，选择不同渠道，或许是未来网络司法拍卖发展的一个趋势。

在标的物方面，大家说得最多的是瑕疵担保的问题。在目前的阶段，在标的物的瑕疵保证和瑕疵规避上，传统的拍卖公司的确会比互联网做得更好。但是，这样两大方面的瑕疵保证问题其实是可以通过未来的技术发展解决的：

就表面瑕疵而言，它的最大问题是我们无法远程考察，但实际上，未来的远程技术，尤其是多维视频技术、虚拟现实（VR）技术，其实是可以解决这一问题的。

就更为重要的权利瑕疵而言，这其实不是网拍的问题，它在线下拍卖中同样存在。要解决这个问题，我们一方面可以引入第三方，让律师去做尽职调查；另一方面，我们可以接入更广泛的数据共享体系。比如说，通过接入房地产管理局、银行征信系统、工商等方面的数据，我们其实就可以很容易地查到房产、征信等方面的信息，权利瑕疵也就暴露无遗。

在价格发现机制方面，我们需要思考的是：价格如何形成？价格如何确定？如何完成讨价还价的过程？

我可以非常肯定地说，评估环节应该会被取代。目前的评估是非常不准确的。在传统司法拍卖中，评估和设置底价是不得已而为之的做法，但数据技术一定会打破这个困境。

正如刚才所言，淘宝自身有最多的交易数据，这在未来可以成为网络司法拍卖定价的有利参考。而在我刚才提到的垂直领域，比如说房地产领域，链家网其实也掌握着很多数据。全北京的任何一个小区、任何一栋楼、任何一套房子，只要曾经交易过，链家就知道这个房子的面积、户型、装修状况等方面的细节，并且可以自动生成这一套房子的市场价格。

所以，我认为，未来在司法拍卖的价格发现机制上，要用建立在大数据基础上的算法替代评估环节。这个价格发现是真正通过市场运作发现出来的，也就更加客观。

更为重要的是，我们需要重新认真研究拍卖和网络拍卖的规律。

一直以来，我们其实没有真正从经济学、心理学等方方面面去研究拍卖的规律。如果能在这方面做出一些探索，合理设置价格发现程序，改革现有流程和程序，相信对于中国司法拍卖推进，将是一个极大的贡献。

比如说，能不能允许不同拍卖形式在网络拍卖上出现？eBay的研究表明，对于容易腐烂和不宜储存的商品，反向拍卖，也就是所谓的荷兰式拍卖才是最好的方法。

比如说，能不能取消保留底价的设置？这在过去是为了保护债权人的利益，但是现在已经成为网络拍卖的一个阻碍。既然我们是做"互联网＋法律"，而不是采用传统拍卖方式，为什么不能以真正的网络拍卖原理去分析和研究它呢？

比如说，固定拍卖结束时间和灵活地结束拍卖到底哪个更好？

是在事先确定的时间点结束，还是可以在最后竞价者亮价时自动延长两分钟？后者在传统拍卖会上的确无法实现，但在网络拍卖上却是有可能的。

再比如说，我们过去不允许围标和议价，但是网络拍卖不一样，它的拍卖者是陆续到达的，而不是同时站在一个地方等着拍卖师举锤。那么，对于这些陆续到场的拍卖者，理论上讲，我们是可以允许他们在线上单独建群议价的，这对于价格发现机制非常有帮助。

网络司法拍卖已经做了三年了，无论是各个法院还是淘宝，都积累了很多数据。我想，我们能不能对这些数据做更多研究，优化网络拍卖规则，然后推动网络司法拍卖司法解释的进一步深化，让中国这些阻滞的资产尽快运转起来？

在今年"两会"上，周强院长提到，每年因为纠纷卷入的资产高达几万亿元。这其实是社会经济运行的一个血管瘤，血液在这里被阻滞了。我们怎样才能让这些资产尽快运转起来，是整个司法体系需要思考的问题。如果好不容易经过漫长的过程审判结束了，但是执行过程却不能加快，资产在这里被阻滞了很长一段时间，这是多么可惜的事情啊！

所以，更快地捋顺经济生活中因为纠纷被阻滞的资产的运行，是网络司法拍卖的最大意义。只要是围绕着这个原则，哪怕创新规则，哪怕打破过去的一些传统理念的束缚，哪怕打破一些既得利益，其实都是非常值得的。借助互联网大数据，相信司法拍卖不仅仅能实现公平正义，更能为国家经济发展发挥更大的作用！

谢谢大家。

新技术背景下应用法学案例研究新思路 *

原文发布于2016年
12月23日，是蒋勇
律师在"中国应用法
学研究所25周年研讨
会暨第六届中国应用
法学博士后论坛"上
的演讲。

今天我和大家分享的主题是"新技术背景下应用法学案例研究新思路探讨"。非常荣幸有机会回到最高人民法院，参加中国应用法学研究所25周年研讨会暨第六届中国应用法学博士后论坛，并受邀发表主旨演讲。十几年前，我也在最高人民法院工作，今天算是"回娘家"了。离开最高人民法院之后，我创办了天同律师事务所，现在也带领着一个名为无讼的团队，做一些互联网与法律结合的探索。

今天的题目，有一个人讲可能更合适，那就是阿里巴巴的马云。前不久，他在中央政法委的讲坛就科技创新在法律领域的应用给全国的政法干警讲课，孟建柱书记在场听课，并且点评说："以大数据为代表的科技革命不仅已经改变了我们所做的事情，而且将改变我们自己，改变我们认识世界、改造世界的方法。面对大数据，如果思想观念还停留在过去，就会落后于时代。"

这个论断非常精辟和简练。我想，我们做任何研究，其实也就是在认识世界和改造世界，同样需要有这样的思维方式的转变。

那么，当今世界的哪些新技术会对应用法学的研究产生影响？我总结了一下，大概有这样三个方面。

第一个方面是移动互联网。

它对我们最大的影响就是让我们无时无刻不在线，让人和人、人和物，在这个世界的每一天、每一个小时、每一分钟、每一秒钟都被连接起来，从而使得信息的传递更加便捷，所有的边界在线上被打破。

回头看法院系统信息化的这十多年发展，我觉得法院信息化的过程就可以用连接来解释，它其实是法院内外部连接的进程。

在信息化 1.0 时代，我们解决的是单个个体的工作系统问题。那个时候我们觉得用一个工作软件就可以了。在这样的软件思路下，数据的生成、采集过程和审判过程"两张皮"，法官的体验并不好。同时，每一个法官互相之间都是不能被连接起来的孤岛。

进入法院信息化 2.0 时代，法院的人和人、人和事、人和物开始连接起来，让他们分工，并且在线上高效协同。这比原来进步了很多。

今天最高人民法院提出来的法院信息化 3.0，也就是"智慧法院"建设，最大的变化是把法院的边界打开了，让法院的外部资源可以被整合进法院内部来，让法院的内部资源可以为外界所利用。这种无边界连接的思路才是真正的互联网的思路。所以我们说，法院信息化 3.0 的提出，其实是让法院信息化建设进入了互联网化的进程，而不再仅仅是内部信息化的问题。

两年前我曾经写过一篇文章，就是关于中国应该有怎样的诉讼服务中心的。[1] 我提出，真的不是你把立案大厅改造一下，加两个立案的大屏，写几句立案须知就叫诉讼服务中心了。真正的诉讼服务中心应该是无形的，应该是在线上的，人们不需要到法院立案大厅去就可以接受所有的诉讼服务。

这其实要做的是一个各方参与的开放平台，一个真正的"大司法社区"。我想，这个理念正好是跟当今的智慧法院建设相吻合的。

同时大家也看到了浙江法院的网上法庭的实践。大家不要小看它，觉得它现在审理的案件数量很少，能审的案件类型也很窄，这真的是一个趋势。在目前的网上法庭上，当事人已经完全可以在线上完成委托律师、参与开庭、拿到裁判文书的整个过程，参与到其中的当事人和律师数量也在快速增长。

所以我们想，未来的法院应该是一个无边界的法院、无形的法院，而这一切都是因为移动互联网的连接带来的。

第二是大数据。

当人们时时刻刻在线之后，线上的所有行为都会沉淀为数据，连你替别人点个赞，发个朋友圈都包括在内。这就是数据的来源。

所以我们看，线上的一切司法过程都是法律大数据最宝贵的构成部分。而在这一点上，中国法院的司法公开为中国、为全世界贡献了一大块红利，这就是裁判文书数据。我们看到，现在中国裁判文书网上裁判文书的总量是 2400 多万份。巨量的裁判文书到底意味着什么？对于法律人来说叫作阳光司法，但是对于技术领域的人来说，他看到的是数据。2400 多万份裁判文书，其实就是非常宝贵

1 《中国应有怎样的诉讼服务中心》，发布于 2014 年 6 月 13 日，收录于 "每周蒋讲"系列图书《律师的成长》一书。

的法律大数据。我们只要通过对它进行解构，让机器来读懂这些文书，就可以对它进行充分利用，因为所有的裁判文书电子化的过程其实是全国法官和书记员的辛勤劳动。

大家想一想，如果没有线上的裁判文书公开，我们想要获取那么多法律的大数据可能吗？不可能。你不可能一家家法院、一个个法官地去搜集纸质的裁判文书。但是今天中国的最高人民法院要求所有的法官把自己的裁判文书上传到线上，这意味着什么？意味着每一个法官和每一个书记员都是法律大数据的贡献者，是他们完成了把纸质的文书线上化，并且把它数据化的过程，这是包括中国的20多万法官、几十万书记员在内的所有法院工作人员为全世界的法律发展做出的贡献。

海量的法律大数据加上自然语言分析，再加上机器学习技术，就可以发展出人工智能。这也就是这个时代第三项重要的新技术。

工智能是一个今年以来非常热门的概念。大家一定会说到 AlphaGo，也一定会说到法律机器人已经诞生了。这其实就是在数据驱动基础上，加上超级计算能力完成的人工智能的过程。

阿里巴巴集团的技术委员会主席王坚博士在最近的叫作《在线》的新书里明确提出了，"互联网成为了基础设施，大数据成为了生产资料，云计算成为了公共服务"。我想他的这个论断非常精辟。其实，作为基础设施和生产资料的互联网和大数据十分类似于当年工业革命时期的电。我们根本感觉不到它的存在，但它却是时时刻刻在发挥作用。电发挥作用的领域还只在物质，还改变不了你思考问题的方式，但是互联网和大数据发挥作用的领域在于人的生活，这是它将为法律领域带来重大改变的最重要的理论根据。

未来应用法学案例研究会在这样的新技术背景下产生什么样的变化？我们不妨结合刚才说的三个方面来分析。

互联网的连接会带来什么变化？

首先，最容易理解的，是智能终端的连接让传播方式发生了改变。一个案例在网上公布后，会形成快速的病毒式传播。应用法学研究所搜集的那么多经典案例，能不能通过微信公众号等移动互联网手段，让全国的法官、律师和学者都更容易地看到？我很高兴地看到，咱们应用法学研究所的微信公众号已经开始了这方面的尝试，并且做得很不错。

其次，未来典型案例的产生方式会发生重大改变。过去典型案例的产生需要由法院呈报，由最高人民法院审委会通过并发布，这其实是一个以最高人民法院作为唯一权威的中心化的过程。但是互联网的连接是去中心化的。我们都知道"维基百科"，没有人在专门为它产生内容，但是全世界的每个人又都在为它产生内容。同样的道理，未来典型案例的产生也可能变成一个去中心化的过程。

比如我是一名基层法官，觉得我办的某个案件非常有意义，就可以把它发到线上平台去。大家看到之后，如果也觉得这个案例特别有意义，就会点赞和评论。我们可以每个月都总结一下最受关注的案例有哪些，并且组织学者对这些案例进行评审，将值得参考的案例上升为典型案例。最高人民法院最近成立的司法案例研究院就在尝试做这样的努力。

大数据应用会带来什么变化?

首先是研究对象的变化。我们过去的研究是个案研究,后来上升到抽样研究,但是不管是个案还是抽样,其实都无法做到全样本。而大数据最重要的特点就是全。我们平常有一句话叫作"管中窥豹",但其实"管中"是很难看出"豹"来的。还有我们说"见微知著",那是因为技术条件达不到让我们直接见"著"。但如果你本身就能见"著",为什么要去见"微"而不直接见"著"呢?更何况有那么多的数据和超级计算能力,现在的技术完全有可能帮助你完成对它的研究了。

我们要意识到,每一个法官、每一个学者、每一个律师,每一次敲击键盘的动作其实都是在产生数据,任何一次跟互联网的交互其实都会沉淀为数据。所以,数据的全面性是未来应用法学研究中的一个重要变化。

还有数据的真实性。数据是不会说谎的,因为真正的大数据是在无意识中产生的。如果数据是在有意识的,甚至是被监控的过程中产生的,这个研究就是被干扰了。大家都知道中央电视台有个采访,会拿着话筒到大街上问你,"你幸福吗?"面对这样的采访,全中国人民都看着你,你敢说你不幸福吗?所以"你幸福吗?"这个问题本身就是一个不科学的调研方式。数据的真实性源于它是在你的生活中不经意流露出来的。比如说凌晨一点,你用 Uber 叫了个车从家里去了一个地方,待了一个小时你又回家了,你这一个小时干吗去了?是不是会情人去了?你可能完全没有意识,但你的数据已经留下来了。所以数据是不会说谎的,这也是未来研究方法重要的思路改变。

再有就是数据的客观性。数据会实时留痕,无法被篡改,这会让数据更加客观，从而带来研究方法上的变化。

其次是研究思路的变化。在过去，我们的法学研究一定会强调因果关系。因为有 A，所以有 B，这是我们在做法学研究时最重要的思路。但是世界上并不是所有事情都能分析出因果关系，我只要知道发生了 A 就会发生 B 就够了，至于为什么发生 A 才会发生 B，可能并不重要。所以未来的研究方式，会从因果关系的研究转换为强相关关系的研究。

对强相关关系的重视其实是改变了自工业化时代以来，从牛顿时期开始，我们在研究科学的时候形成的机械思维。这里的"机械思维"并不是一个贬义词。相比农业手段，相比手工作坊式的思维，它已经有了明显的进步。

具体说来，机械思维会认为世界变化的规律是确定的。这样的规律不仅是可以被认识的，而且是可以用简单的公式或者语言来表达的，比如 $E=MC^2$。它认为所有的规律都是可以被确定的，并且放之四海而皆准，这就是"科学"。

但是在大数据的思维模式下，许多基础的观念都会完全不同。

我们要承认这个世界是充满不确定性的。物理学中有一个著名的"测不准原则"，说的就是我们的科学度量能力在理论上存在的某些局限性。我们需要更换思考问题的方式，真正用数据来思考。我们研究的目的是消除不确定性，如果能通过确定强相关关系做到这一点，我们又何乐而不为呢？

对于研究成果的运用，我想放到第三项技术，也就是人工智能技术来看。

我认为应用法学研究其实可以大大推动和强化法律人工智能的发展。

今年十月，我们在阿里巴巴云栖大会上发布了中国首个法律人工智能机器人，叫作法小淘。它实质上就是我们在强大计算能力的基础之上，结合海量的数据与独有的算法逻辑，在智能案情分析、智能律师遴选、智能诉讼辅助等方面所做的应用。这里的算法逻辑其实就是机器学习的相关算法，而在目前的阶段，这类算法的形成需要首先由法学研究者去做大量基于特定应用场景的规则提炼。

这件事情非常难。我们在前年开始尝试这件事情的时候，引进了三位离职法官。由他们整理的数万条基于法律特征性场景的规则，为"法小淘"这个法律机器人的诞生奠定了很重要的基础。

基于上述新技术带来的研究思路上的改变，我有一个大胆的猜测。

未来的应用法学研究应该是基于法律职业者的互联网连接以及在连接基础之上产生的数据展开的。互联网连接将成为未来最重要的生产方式，数据将成为未来最重要的生产资料，任何人都不应该忽视。它对于应用法学研究的意义应该会远远超过电力的产生对于工业革命的意义，以及互联网的产生对于人类生活的影响和意义。

以法律大数据构建法律职业新型关系 *

原文发布于2016年
11月18日，是蒋勇
律师在中国法学会第
十一届中国法学青年
论坛上的演讲。

尊敬的各位领导，非常荣幸参加中国法学会第十一届中国法学青年论坛，感谢组委会安排我做有关大数据与律师职业及法律职业共同体的主旨演讲。

我叫蒋勇，是北京天同律师事务所的创始合伙人，同时，我组建了一个命名为无讼的团队，在法律与互联网、大数据结合的方向上已经持续地做了两年多时间的探索。今天，我想结合我们的实践，向大家汇报我们在这方面的一些思考。

不久前在中央政法委举办的政法大讲堂，阿里巴巴董事局主席马云先生做了题为"科技创新在未来社会治理中的作用"的讲座，"未来的政法系统，是离不开互联网、离不开大数据的"，并且生动描画了大数据在未来社会治理中的应用场景。孟建柱书记在讲座结束后发表了重要讲话，明确指出："以大数据为代表的科技革命，不仅已改变我们所做的事情，而且将改变我们自己，改变我们认识世界、改造世界的方法。面对大数据，如果思想观念还停留在过去，就会落后于时代。"

在这样的时代，充分认识大数据对法律行业的意义，积极利用大数据带来的新思维、新方法推动行业的进步已经刻不容缓。

提到法律领域的大数据，我们最容易想到的是由上网公开的千万数量级的裁判文书构成的案例大数据。通过对裁判文书进行"解构"，挖掘出其中的数据段和规则，机器就能够读懂文书，在不同的裁判文书的数据中发现规律。当机器能够理解我们的规则，它就能根据它所理解的规则推导新的规则，或者至少依据规则对新出现的事物做出判断。

大数据为人工智能的发展提供了重要基础。目前的人工智能技术是海量大数据、自然语言分析能力、机器学习技术和强大计算能力结合的产物，无讼前不久在世界规模最大的开发者大会——云栖大会——推出的国内首个法律人工智能机器人法小淘，之所以能够实现智能案情分析和律师遴选，正是基于对案例大数据的不断学习。

总的来说，我们认为包括案例大数据在内的法律大数据可以从以下三个方面对律师职业及法律职业共同体产生积极作用。

第一，大数据可以提升法律人的工作质量和效率。

法律人的工作主要依赖于个人的知识和经验，对工具的使用不足，效率也普遍不高。建立在大数据基础上的工具可以为法律人的工作提供智能辅助，大幅度提升法律人工作的效率和质量。

比如说，文书的自动在线生成。这个文书自动在线生成要能够异地编辑，能够多人协同修改，甚至能够时时在线更新。它跟很多人现在正在使用的一些自动模板生成工具有所不同。

比如说，相似案件的推送。目前法律人需要主动搜索案件，但是从数据技术上来说，系统可以通过对裁判文书的解构，实现更精准的关键词匹配，甚至可以判断裁判文书之间的相似性程度，自动向用户推送与他关注的裁判文书类似的其他裁判文书。更进一步地，当用户向系统上传新的案件的基本信息，系统将可以通过解构和初步标签化处理，自动推送相关案件和法律法规。目前我们的无讼案例已经实现了这些功能。

比如说，案件结果的预判。通过对相似案例的进一步分析，系统就可以预判案件的裁判结果。这既可以帮助律师合理引导当事人的预期，也可以帮助法官更好地实现同案同判。

比如说，辅助制定诉讼策略。除了通过提供审理法官的相关观点、最新审判的价值判断等信息，为争议本质提供新的洞见之外，大数据还可以辅助判断证据材料的可采纳性程度：只要将证据材料与待证事实之间的关联关系作为标签，对这种关联关系是否成立进行大数据分析，评估证据与案件事实间的关联关系，就可以辅助法律人预判证据被法庭采纳的可能性大小。

再比如说，提出工作风险预警。大数据工具并非只是单独的互联网工具，而会被嵌入法律人的工作流程中。当法官做出的判决与过往判决情况不符，当其他诉讼参与人提交的证据清单与该类案件的过往证据提交情况不符，系统都可以自动发出预警，提醒法官和其他诉讼参与人对内容进行进一步确认。

如果这些工具得到广泛应用，许多此前困扰司法健康发展的难题也将得到解决。

比如说"案多人少"的问题。在经济"新常态"下，诉讼案件数量的爆发性增长与不可能持续增加的法官人数之间的矛盾是一直存在的，只有通过技术手段帮助法官提高工作效率，这个问题才会真正得到解决。

又比如说"同案同判"的问题。每一个法官可能了解的案件数量必定是有限的，再加上机构、地域等方面的客观因素制约，在全国范围内做到"同案同判"十分困难。但是，通过对偏离者做出裁判预警，就能促进"同案同判"的实现。

第二，大数据可以健全法律行业的评价体系。

比如说，从公开的裁判文书法律大数据中，可挖掘出全国诉讼律师的执业信息，为每一位律师"画像"。随着公开信息的增多，这样的"画像"甚至可能扩展到律师的非诉业务。

比如说，从无讼阅读 APP 这样的法律内容社区的数据中，可以挖掘出律师们发表文章的情况，同行的评价与点赞则可以成为评价律师专业能力的重要依据。

除此之外，法律行业里其实已经沉淀着一部分有关律师执业状况的数据：在律师行业里，司法行政机关和律协掌握着所有律师的注册信息、执业登记信息等基本数据；在法院系统里，也留存着律师的案件代理状况、提交的代理意见等数据；在教育机构里，留存着所有律师接受教育和培训的信息。只要整个法律行业的信息公开越来越彻底和深入，就可以采集到这一部分数据。

将这些数据综合起来，就可以形成一个多维的律师评价体系。它是全面的，完全可以涵盖每一位律师；同时，它也是客观的，数据采集者的主观意愿可以被降到最低。

基于同样的思路，我们可以为其他法律职业人"画像"，从而实现对法律职业人工作经历和工作能力的客观评价。

而一旦这样的评价体系得以形成，就可以在此基础之上更高效地调配资源。

比如说，由于对律师行业的不了解，当事人往往只能通过人脉网络找律师。这样的方式不仅效率低下，找到的律师也往往并非真正适合为其提供法律服务的最佳人选。当律师的能力能够被客观地分析和评价，就能精准匹配当事人的法律服务需求与律师的专业能力，从而提升法律服务的质量与效率。

比如说，法官工作量的衡量一直是困扰法院管理的很大的难题。一个民事案件法官办几个离婚案件相当于一个商事法官办一个股权转让纠纷的案件？有些法院说，按小时算，让法官记录工作小时，或者有些法院拿案卷的数量来算，考察你的案卷有多少本。这些方法其实都是以偏概全的，基于大数据技术的评价将更加准确全面，从而更加科学合理地为法官分配工作任务，评定工作绩效。当然，这对于检察院也同样适用。

第三，大数据可以完善法律职业共同体的关系。

首先，法律职业共同体之间的协作配合将更为高效。虽然在线下，我们供职于不同的机构，扮演着法律职业共同体的不同角色，但是在线上，我们的工作平台将被互联网连接起来。每个人的工作进度都将更为透明地展现，协作和配合也将更加顺畅。

其次，法律职业共同体的行为将得到更好的监督。在过去，法律职业共同体观念的形成依赖于职业理念、行为准则和评价机制的引导，但是，信息的不透明带来了冲突和不信任，监督机制的缺乏也让灰色关系有了存在空间。法律大数据让法律职业人的工作全程留痕，从而起到更好的监督作用。甚至，法律大数据可以从细节中分析和预测可能出现的不当行为，及时提出预警。

最后，法律职业共同体对法律的共同信仰将被强化。对法律的共同信仰是法律共同体存在的重要基石，但是在过去，法律之外的因素对司法的影响难以排除。而在线上的工作平台上，法律大数据可以为法律人的工作提供指引，甚至在偏差出现时及时提醒。对法律的共同信仰将因此被内化到法律职业人的日常工作中。

当这样的法律职业共同体成为可能，"法律人共治的法院"将真正实现。法院将不仅仅是法官的，而是由包含法官、律师、检察官在内的所有法律人共同运作和管理的法律服务平台。不同法律职业群体之间不再因为职业视角的不同而存在鸿沟和偏见，而会在法律大数据的指引下，扮演好司法过程中的不同角色，共同推动中国法治的不断进步。

所以，未来的法律职业共同体必定是一个线上线下融合的职业共同体。法律大数据是这个职业共同体共同的宝贵财富，也是它最坚实的基础。

但是，我们也看到，要形成这样的法律大数据，还面临着一些困难。

第一，数据采集方式有待提高。

传统的数据采集以统计为导向，多靠人工录入。这样的方式既增加了工作量，也因为主观因素强而存在数据不够客观甚至"失真"的问题。即使通过传统的方式采集了大量数据，它也难以称得上是真正的大数据。

真正的大数据应该来源于法律人在线行为的自然沉淀。事实上，人类社会的数据量之所以在近年来呈现爆发式增长，成为大数据，正是因为移动互联网的发展让人们越来越多的行为在线上完成了，而互联网技术的特点天生就会让数据沉淀。

所以，准确地说，我们不应该去采集数据，而是通过推动法律人行为的在线化，让更多数据得以在互联网上沉淀下来。

第二，数据的完整程度不够高。

一方面，目前数据公开的还不够全面。虽然这两年法院依托信息化和司法公开，向社会公开了裁判文书，但它实际上只是审判结果数据的在线化。审判过程数据等方面的开放程度还不够，法律大数据无法形成闭环。

另一方面，现有法律大数据中的数据类别还不完整。相比法院，检察院、公安、司法行政机关的数据公开还有很大的发展空间，律师行业的信息化程度也远落后于法院。这种状态长期存在，十分不利于法律大数据的形成。

第三，数据不开放、不贯通。

除了在线，流动是另一个大数据的题中应有之意。如果大数据不被开放，无法流动，自然难以得到最充分的利用。目前，法律行业里已经形成的数据多被保留在公检法司各部门内部，社会也就很难利用。即使是公检法司各部门之间，数据也尚未贯通，还停留在一个个"数据孤岛"的状态，严重制约了法律大数据的发展。

而为了促进法律大数据的形成，推动一个更加高效、健康的法律职业共同体的实现，我想提出以下三个建议：

第一，大力推动法律行业的信息化进程。

法律人行为的在线程度决定了法律大数据的发展程度，养成法律人的在线工作习惯至关重要。为此，我有以下两个更具体的建议：

一方面，希望国家能够加大对法律行业信息化建设的投入。一直以来，在国家政策和资金投入的支持下，法院的信息化建设已经取得了很好的成果。但是在律师行业，由于律所与律所之间彼此独立分散，即使是同一家律所的律师也往往各自独立，少有人愿意为律所和行业共同的信息化建设投入资源，律师工作的在线化一直进展缓慢。如果国家的政策和资金能够朝这个方向有所倾斜，律师行业的信息化程度一定会有实质性的提高，从而与其他法律职业的信息化进程彼此促进，协同发展。

另一方面，应该让法律人真正感受到在线工作的便利，乐意在线工作。观察法院的信息化进程就会发现，由于数据的生成、采集过程和审判过程"两张皮"，一些法官抵触情绪严重。因为他们在经办完一个案件后，往往还得单独再录入一遍，他们的工作量非但没有减轻，反而大大增加。这对其他法律人也是一样。只有让法律人感受到数据采集和分析带来的实际好处，才能让他们从"要我用"转变为"我要用"。

第二，实现法律数据的全面开放，打破数据壁垒。

国务院发布的《促进大数据发展行动纲要》将数据视为"国家基础性战略资源"，号召政府部门对数据的开发共享。而在法律领域，法律大数据将是由法律职业共同体的在线行为共同沉淀的，也是属于整个法律职业共同体的共同资源。

更重要的是，法律职业共同体本来就需要在法律事务中紧密协作。这就意味着，任何一个法律职业的工作都会涉及其他法律职业，需要相应的数据作为支撑。只有打破各个法律职业间的数据壁垒，才能为所有法律职业人的在线工作提供更多数据支持，也才能更进一步地促进法律大数据的沉淀。

第三，鼓励、引导社会充分利用法律大数据。

虽然我们一直强调大数据的价值，但是，数据本身其实是没有任何价值的。只有通过对数据进行计算，从数据中挖掘出数据与数据之间的关联，了解、分析甚至预测法律人的行为，法律大数据才能真正发挥前面提到的诸多积极作用。

但是，计算能力毕竟是稀缺的资源，即使是借助于云计算，也仍然需要耗费大量的人力、物力、财力。仅由某家律所、某个部门甚至某个法律职业来进行计算难以充分释放出法律大数据的价值，从而造成巨大的浪费。此外，法律大数据本就是整个法律职业共同体乃至全社会的共同财富，应该允许更为多元的创新力量在它的利用上发挥重要作用。

毕竟，大数据是人类历史上第一次自我创造的资源，也是人类历史上第一种不会因为使用而被消耗的资源。社会各方对大数据的挖掘和利用并不会让大数据有丝毫减损，相反，这些努力将会彼此促进，推动法律大数据的价值得到最大程度的发挥。

我们期待，法律职业的在线化进程能够在各方的共同努力下尽快推进，从而让更完整的法律大数据得以沉淀。我们也期待与法律职业共同体的其他成员共同利用好这一笔宝贵的大数据财富，让法律职业共同体的整体执业状态得到改善，构建一个法官、检察官、律师等法律职业人之间相互支持、彼此信任的法律生态圈。

　　谢谢大家！

Part 5
无讼创业实践

法律人的"大连接"时代来了 *

原文发布于 2015 年 8
月 21 日。

"神说要有光，世界就有了光"，刚才的开场视频的字幕，恰好回答了我今天在现场要回答大家的疑问："为什么要做无讼阅读？"答案就是，神要世界有光！

神是谁？

神是这个时代，这是一个建设法治国家的时代。今天是首个宪法日，法律人的法治理想得到彰显；这是一个移动互联网深刻改变社会的时代，所有人都在谈论，互联网终将改变所有行业。当这两个时代叠加，必将发出耀眼的光芒。法律人拥抱互联网，是我们的梦想。听见一个声音，于无声中说话。这个声音一直在指引我们，从开放日到天同诉讼圈，再到今天的无讼阅读，一步步走来，去开启这个梦想。

为什么做开放日？

起初，我们只是一个"小而美"的团队，一头扎进高端商事诉讼这个细分领域，心无旁骛地一干就是十年。十年，如果只专注于一件事情，一定能把它做到极致，能看到很多别人看不到的风景。

专注让我们内心宁静，却也很孤寂。也会有一些以固有思维模式去猜测的我们的同行。生活是一个约定俗成的"框"，总是沿着从前的路走，我叫它"二手生活"。我们要跳出来，尝试飞翔，绕一圈看世界。这促使我们尝试着去与同行交流，因为我们渴望被别人理解，也渴望去了解别人。在这种源自人类最原始的沟通的冲动下，我们决定主动打开自己，做第一家面向同行开放的律师事务所。都说冲动是魔鬼，但是有时候冲动却会开启一段意想不到的、精彩万分的旅程。

之前，我们内部也有过很多疑虑，主要来自两个方面：第一，把自己积累十年的"独门秘籍"与同行分享，人家都学会了，岂不是培养竞争对手，削弱我们自己的竞争力？第二，打开大门让同行来交流，是不是在自我炫耀啊？

但是2012年春天，第一个开放日过后，一切的疑虑烟消云散。全国各地来参加开放日的同行们的热情，把我们自己融化了。是的，国人的开放分享精神本来就不够，律师行业由于生存和竞争的压力，自我封闭尤甚。其实，每一位律师的内心是渴望分享交流的，他们来到这里，不仅仅是被天同吸引，更重要的是遵从了他们自己内心的指引。

最初的几次开放日，我们的内容是以介绍天同的诉讼技能、管理经验为主，更像是传统的宣讲或论坛；在律师们积极参与感召下，我们努力把开放日做成一个参加者现场交流的平台。于是，开放日不仅仅是天同向律师同行的开放，而是律师们互相之间开放分享的平台。近三年的开放日，超过 5000 名律师参加，"让开放成为一种精神，让分享促进行业成长"，成为这两年来我们这个行业的一个显著时代特征。故事的开头往往是恰逢其会，你也并不知道你能够到达哪里，但是过程中你拼尽全力，或许奇迹就已经发生。

现在回过头去想，其实，天同开放日之所以会火起来，是因为我们顺应了这个时代。一方面，律师自我的主体意识在建设法治国家的社会发展趋势下越来越强烈，律师们之间需要抱团，需要交流；另一方面，开放是互联网时代最重要的特征，人与人之间的"互联互通"，职业群体中的"互联互通"，必须以每个个体的自我开放为前提。开放日所崇尚的开放分享精神，借助当时方兴未艾的微博，在法律人群体中迅速地传播开来。在天同开放日这样一个线下活动与线上传播相结合的交汇点，移动互联网时代法律人的交流一下子就被引爆了。

为什么做天同诉讼圈？

报名参加开放日的人越来越多，每次开放日报名人数几乎都是我们的场地实际能够接纳人数的好几倍，有的人连续报名了三四次都没能报上。于是我们主动走出去，到各地去办集训营，应律协邀请去举办讲座。当我面对听课律师们渴望的眼神，我能体会到同行们对知识技能分享的渴求，"与其诅咒黑暗，不如燃亮灯火"的信念、"让技术驱动法律"的追求。这段时间的经历，让我相信了这个世界真的有"使命感"存在。

　　以前，当我面对当事人，我感觉到的是"责任心"：人家把关乎身家性命的案件交给你代理，你要给人办好了，这是"责任心"。当我面对我的合伙人及同事们，我感觉到的是"事业心"：我们要把律所办好，把这当成一份终生的事业。但现在，当我一次又一次面对律师同行们，我感受到了"使命感"：让更多的律师获得知识的分享，让更多的法律人连接起来。在这种"使命感"的驱动下，我马不停蹄地利用几乎所有周末的时间，到全国各地讲课，现场听过我讲课的律师同行超过 30000 名，占全国律师的比例超过 10%。毫不夸张地说，我一定是这两年全国讲课最多的律师。如此高强度和高密度的分享交流，影响了大量的律师同行，但也确实让我的身体疲惫不堪。即便如此，面对更大量法律人的专业分享需求，我所能做的，也只是"杯水车薪"而已。

　　于是，我们决定做一个微信公众号天同诉讼圈，选择了最擅长的领域：民商事诉讼的理念及业务技能。做这个公号的初衷，按照主编徐晶（@想想姑）的说法，是"想让蒋律师不再需要那么辛苦地到各地去讲课"，"因为移动互联网时代的新媒体传播效果会更好"。从今年 1 月 1 日开通运营至今，不到一年时间，粉丝人数超过10 万，转发数过 100 万，总阅读数超过 1000 万；专业文章不到一天的时间，阅读量突破 10 万；后台留言互动的粉丝有祖国西北边陲的大学生村官，有大洋彼岸纽约曼哈顿的律师，有最高人民法院资深的法官，有法学院的学生等等各种法律职业者；我参加毕业 20 周年的同学聚会，隔壁班的老同学居然是因为"每周蒋讲"的专栏视频才认出我来。好多这样的数据和故事鼓舞着我们一路前行，感谢大家给我们的力量，让我们有勇气坚持梦想！迷失于这个时代的我们，往往只能用文字当作接头暗号，仿佛前世的密约，注定要在今世抵掌，然后一起创世。这个时代，有呐喊，才会有回应。

移动互联网时代做产品，信条就是"以用户为核心"，我们并没有把天同诉讼圈当作律所的品牌营销去做，而是把它当作互联网产品，真心的把法律人当作用户，选择对受众有用的内容，就是我常引用的那句话，"以求道的精神做产品，用求爱的方式做传播"。这多少带有点理想主义的色彩，但是那又怎样，我相信总有一方天地能让理想主义生根发芽。人的一辈子做很多事情说不出理由，但是认准了，就没有值得不值得，只有愿意不愿意。这或许就是任性，与有没有钱无关。

可以说，这个"法律人的新媒体实验"是成功的。我们达到了最初开办这个公众号的目的：传播诉讼正能量。意外的，我们还收获了更多法律人对天同的喜爱，就是这个时代的一个常用词，叫作"粉丝"。随着粉丝数量的增长，每天每天，我们都仿佛看到 10 万法律人在手机的那一端等待，让我感动不已的同时也感觉背负的"使命感"愈加沉重。

为什么做无讼阅读？

其实我并不太喜欢"粉丝"这个词，因为它还是围绕某一个中心来展开的。就像天同诉讼圈，自身还是带着浓厚的天同色彩。每位"粉丝"是与天同连接起来了，但"粉丝"之间难以发生互动，"粉丝"和"粉丝"之间并没有连接起来，这与我们所追求的"让法律人连接起来"还是有一定差距的。事实上，这是微信公众号所不能承载的重任。

我们必须为法律人提供更好的产品。因此在原有天同诉讼圈的能力基础上，我们又大幅度增加了新媒体的力量，打造了一个全新的平台：无讼阅读APP。我们希望这个APP能在"连接一切"的当今，把所有法律人连接起来。

"连接一切"是腾讯创始人马化腾最新提出的概念，他认为人、服务、设备等一切都会通过移动互联网连接在一起，互联网的世界实质上是一种"大连接"。我们看到，这一趋势正在变成现实，整个世界正在迅速地实现"大连接"。例如，滴滴、快的等打车APP使得人们随时随地都可以直接联络到周围空闲的出租车，从连接的观点看，这是把人和出租车之间连接起来了。再比如，大众点评使得人们随时随地可以找到自己需要的餐饮服务，这是把人和生活服务连接起来了。

这些都是消费类的互联网连接。当前已经进入到产业互联网时代，也就是"互联网+"，这个互联网加的是各种传统行业。"互联网+通信"＝即时通讯，微信已经夺走了短信息的大半江山；"互联网+零售"＝电子商务，现在已经颠覆实体零售行业；"互联网+娱乐"＝网络游戏，彻底颠覆了以前的游戏形态；"互联网+媒体"＝网络新媒体，传统媒体已经日薄西山；"互联网+金融"＝互联网金融，成为今年以来经济领域最热门的现象。那么，"互联网+法律服务"会产生怎样的裂变？这是一个待解的谜题。

但无论如何，连接是互联网本身的逻辑。连接会带来新的社会资源的配置、社会关联的建立以及在此基础上的新的社会游戏规则。基于连接，人的所有活动被重新定义，人和人之间、碎片与碎片之间、元素与元素之间的互联互通，使得任何一个人所具有的各类有价值的资源——时间、知识、行动能力、社会关系等过去无法被整合的资源，具备了被测评、被检索、被匹配、被整合的可能。互联网对法律服务的改变，也一定是基于这种连接的基本逻辑。

正是从这个意义上来说，法律服务的互联网变革，一定是从法律人的连接开始的。让法律人在互相关联当中形成服务、形成价值，能够促进连接的模式，才会有未来。如果一个法律产品或法律服务是切断连接的，也许一时有某种价值，但肯定不会有未来。这是互联网的价值观：你为别人创造价值，你就有价值；你不为别人创造价值，你就没有价值。

无讼阅读是什么？

无讼阅读，承载的正是法律人的"大连接"使命。它是基于移动网络的 APP 应用，通过生产并聚合法律领域最有趣、有用的阅读内容，搭建一个法律人的阅读社区和交流平台。我们希望它是：

第一，"法律理想国"：移动互联网的发展使得内容生产"大爆炸"，"人人都是自媒体"，但专为法律人提供内容的新媒体产品寥寥无几，我们尝试来填补这个空白点，提供一个法律人专业的阅读平台；因此，它是一个"法律理想国"。

第二，"信息雕刻家"：在内容"大爆炸"的同时，法律人真正需要的有价值的内容往往极为分散，找到这些内容很困难，这就是大家常说的信息爆炸时代的"选择困难症"。我们来给大家"把好关"，将内容进行筛选过滤，将优质的内容聚合于这个平台上；因此，它要做一个"信息雕刻家"。

第三，"观点交响乐"：移动端的阅读已越来越成为人们的习惯，法律人产生的专业内容希望被更多的人分享，就必须重视通过移动端的内容输出和传播，但每个个体的传播能力有限，我们希望这个平台能成为法律人重要的传播渠道。因此，它还是一曲"观点交响乐"。

最后，也是最重要的一点，无讼是一个独立于天同的法律人全新的大平台，它超越了天同律所品牌的局限，以一种"去品牌化""去中心化"的移动互联网社群的新形式，让法律人之间，基于共同的信仰和兴趣产生连接。而连接，正是移动互联网最大的价值。所以说，它开启了一个"法律人的'大连接'时代"！

她刚诞生，也许还很不完美，请允许我们试错。我们深知，互联网产品看似简单的背后，是极为艰辛的努力。简单的事情重复做，坚持足够长的时间，才能做到极致。这或许是一场孤独的朝圣之旅，但我们既已上路，那就风雨兼程，无谓成败，业已光荣。

互联网时代，我们如何阅读？ *

原文发布于 2015 年 4
月 24 日。

昨天是世界读书日，大家都在讨论如何读书，讨论读书的意义。

设立这个节日的意义或许正在于此：它郑重地提醒在快节奏中生活的人们，阅读是多么的重要和不可忽视。

但是，提起阅读，律师们可能也很苦恼：我的确时常提醒自己要多读书，但每天实在太忙了，就把这件事情忘记了。

互联网时代的到来其实为这个问题的解决提供了契机。

大多数律师，现在可能一有空就会拿出手机，看看订阅的微信公众号推送的，或者是朋友圈里大家分享的文章。一天下来，阅读的文章量可能少则一两篇，多则十余篇。

虽然我们可能还是常常挤不出时间来好好读书，但至少，我们已经开始阅读了，甚至养成了阅读的习惯。

根本性的变化在于，通过移动互联网的连接，原来闲置的碎片化时间被激活了，阅读的需求被激活了。

十年前，如果我们想要阅读，就必须去书店买书，去邮局订阅报纸、杂志。这样的阅读无疑太麻烦了，一忙起来，哪里还有时间去淘书，看书。

在那时，律师们能够读到的好内容也实在太少了。定位于律师群体的刊物寥寥无几，且大多出版周期较长。这些刊物往往并非按照读者导向的市场化逻辑运作，几乎无法真正满足律师的阅读需求。

个人电脑和互联网的普及在很大程度上激活了法律人写作和阅读的热情。一时间，律师们纷纷开通博客，一些专门的法律人论坛也颇为流行。律师们自发生产的内容慢慢多了起来，阅读不再受限于传统媒体提供的内容。

但是，对忙碌的律师而言，这样的阅读还是太过"奢侈"。很少有律师能足够悠闲，坐在电脑前阅读文章。

移动互联网和智能手机为阅读带来的变化才是真正根本性的。

无论是在客厅的沙发上，在上班的地铁上，还是在会议的间隙，只要稍有空闲，律师们就可以拿出手机来阅读。原本闲置的碎片化时间可以被充分利用起来，既打发了无聊，又带来了信息的增量。

这样的阅读也不再需要律师们主动寻找阅读的材料，相反地，订阅的微信公众号会每天把内容推送到你的手机上。即使不点开这些内容，你也会在微信朋友圈里看到朋友们分享的大量文章。而微信朋友圈，往往是你"不得不"点开的。

这正是移动互联网时代阅读的一个重要特点——阅读社交化。微信朋友圈中的文章分享、阅读和讨论，其实把阅读这个曾经常常被遗忘的弱需求，捆绑在了社交这个强需求之上，让它在不经意间成了我们生活中不可或缺的一部分。

一年来天同诉讼圈的实践更让我相信，律师们真的不是不爱阅读。

尤其对于以下四种内容，他们其实有着超强的阅读需求：

一种是和法律人相关的时事热点，一篇《四中全会〈决定〉法律人最关心这十条》，阅读量已逾 15 万。

一种是实用性颇强的实务讨论，像《最高法 2014 最新民事裁判规则》这样的文章，甚至能引发病毒式的疯转。

此外，对律师职业的严肃观察和关怀法律人群的休闲小品文也大受欢迎。

但也正是基于此，我开始意识到微信阅读的不足之处。

最致命的一点在于，在微信平台上能展开的互动太有限了。尽管十余万人阅读了同一篇文章，但作者和读者之间，读者彼此之间，交流却并不可能。看似庞大的阅读量，不过是一个冷冰冰的数字。

同时，由于微信是在泛熟人圈的基础上运营，而熟人之间很可能职业、兴趣完全不同，分享的文章口味各异。微信朋友圈不可能满足律师的专业化阅读需求，反而因为信息的繁杂倒添浮躁。

然而，律师们又的的确确太需要好的阅读了。

在中国，律师这个职业太年轻，而法律服务市场的变化又太快。无论是律师的成长还是律所的发展，都没有什么教科书可供借鉴。在很长的时间里，每个人都似乎是独自在黑暗里摸索。即使在一个方面摸到了门路，却又面临着更多的困惑。

太多的故事值得分享，太多的体会想要诉说，法律人太需要聚在一起，好好地聊天了。

也正是在这个意义上，我对初生的无讼阅读 APP 充满了期待。

它是一个为法律人量身定制的工具，帮助法律人聚合法律界最全面和最优质的信息。

它也是一个交流的平台。在这里发表文章，你可以得到法律人最专业的反馈；在这里阅读文章，你可以和同行分享见解。

"互联网 +"时代里的法律人阅读，其实已经超越阅读本身。

它是一扇窗户，也是一座桥梁。在这个原本封闭的行业里，阳光得以照射进来，信息开始畅通。从此，一个人的经验，可以成为整个行业的经验；一个人的困惑，可以得到众多同行的解答。这样的经验整合和分享的力量必将是无穷的。

是时候抛开那些关于阅读的陈旧理解了。参与进来，去分享，去讨论吧。这将必然是一个阅读的时代，也是法律人的大连接时代。

法律行业垂直社交平台意义何在？ *

原文发布于2015年7
月17日。

经过不断的迭代升级，无讼阅读仲夏版正式上线了。随着社交功能的加入，我们终于回归了最初做无讼阅读的初衷：打造法律领域里的垂直社交平台。

所谓垂直社交，是相对于传统社交网络而言的。

传统的社交网络建立在已有的熟人关系之上。正是依赖于提取手机通讯录中的已有联系人，我们才在微信中建立起了最初的好友体系。

传统社交平台的功能也是围绕熟人社交设计的。比如说，微信提供的即时通讯和语音消息功能，帮助我们更方便地和朋友们保持联系；而在微信朋友圈里，我们可以和朋友们分享彼此的生活状态和新鲜信息，互相点赞、评论。即使没有时间组织聚会，也能维持活跃的社交关系。

但是，随着熟人关系的愈渐广泛，传统社交网络上承载的信息变得越来越繁杂。尤其在微信平台上，它的社交网络以通讯关系为基础，许多只有少量通讯需求的人也会被包含其中。这是一种广义的泛社交。

在泛社交网络中，每个人的性格、兴趣乃至价值观都大不相同。我们发布的社交信息可能找不到共鸣，接收到的社交信息又往往无效。甚至有人抱怨："朋友圈就像一个混杂着各种信息的黑洞，把你往里吸。不断刷屏，浪费时间，空掷生命。"

究其原因，是由于传统的泛社交平台未能满足人们的所有社交需求。除了和认识的人保持联系这样的基本需求之外，人们还希望与一群志同道合、有共同兴趣爱好的人进行更深入的讨论和交流。

这也正是垂直社交得以兴起的原因所在。

垂直社交是基于特定职业、兴趣、人群特征而形成的社交网络，拥有相同特征是进入这一社交网络的关键所在。它不以熟人关系为导向，而更多地在陌生人中寻找同好。

由于这样的社交网络在入口处对用户加以筛选，其中的社交内容更有针对性，交流也更为深入、有效。Linkedin、唱吧、啪啪等正是垂直社交的典型。

在传统社交网络之外，垂直社交平台是否有存在的可能其实颇受争议。

一种质疑是：在传统社交网络中同样可以圈出垂直领域。比如说，我们可以在微信上建群，把拥有相同爱好的人都拉到这个群里来，并不需要专门的垂直社交平台。

但是，将有相同特征的人聚在一起并非就是垂直社交的实现。

有同样下厨爱好的人的社交一定离不开在菜谱、食材挑选等方方面面的交流，有同样唱歌爱好的人的社交一定离不开对歌声的录制和分享。有针对性地提供相应功能，是真正的垂直社交平台需要搭建的最为重要的"基础设施"。

但由于微信的核心功能是通讯，微信群能提供的主要功能仍限于此。个性化的需求很难被满足，更不用说同时满足各式各样的个性化需求了。

即使搭建起了相应的"基础设施"，垂直社交平台面临的另一重困难在于：用户数量和用户黏性的不足。

我观察认为：这一问题在一定程度上取决于目标人群的特性。比如说，在厨师人群，由于这个群体的网络使用习惯不活跃，可用于分享和讨论的东西不多，相应的垂直社交平台很难积累起足够多、足够活跃的用户。但如果用户都是实名的独立设计师，他们就会有很强的分享设计作品、发布工作心得的需求。这样的垂直设计平台就能拥有较高的用户黏性。

在法律人群这样的专业服务领域中，互相交流、学习、讨论案例，分享经验教训是"刚需"，也就有很强的垂直社交的需求。

另一方面，传统社交网络依托于熟人关系，把线下的社交关系线上化，积累用户数量相对容易。而垂直社交则需要把有相同特征的陌生人聚在一起，社交关系从无到有，也没有熟人关系的背书，自然更难搭建。

解决这个问题的关键仍然在于"基础设施"的建设。创设贴合相关人群社交需求的社交场景，用户才能有不断参与社交的欲望。

在法律人群中，阅读就是一个绝佳的社交场景。一篇篇优质的阅读材料，不仅满足了法律人学习的刚需，还能为法律人之间的专业交流源源不断地提供内容。同时，借助于阅读材料的广泛传播，越来越多有相同阅读、学习、专业讨论需求的用户可以被吸引到这个平台上来。

正是通过这样的方式，无讼阅读在短短半年时间里吸引到了近十万法律人用户，为垂直社交的实现奠定了良好基础。

垂直社交平台的用户数量问题和用户黏性的确是一个难题，但并非没有解决之道。

我对移动互联网时代社交产品的发展趋势有一个自己的判断：微信固然是当今社交产品的霸主，其基于基本通讯需求的功能已经"简单到不能再简单，底层到不能再底层"，而且已经积聚了巨量的人群，它在通讯领域的霸主地位的确无法撼动。但是，附加在其上的其他社交功能，比如微信公众号这样的媒体功能和微信群这样的有垂直性质的社交功能，将有可能被各个领域的垂直社交平台分流。

这些垂直社交平台的发展意味着什么？

此前，很多人都从广告投放的角度来分析：在这样的平台上，受众群体特征分明，属性清晰，可以展开更有针对性的营销，提高营销的传播度和转化率。

但我认为，在诸如法律等专业服务领域，垂直社交的价值还远远不止于此。

在过去的分析文章中，我曾经指出，律师客观评价体系的缺失是最为重要的行业痛点之一。客户难以找到适合自己的律师，甚至会因为难以判断面前的律师是否可靠而打消聘请律师的念头，这在很大程度上制约了法律服务市场的健康发展。

但在专业的法律人社交平台上，这一痛点将有可能得到解决。

客户的确难以评价律师的专业水平，但律师同行以及其他有相应专业能力的法律服务参与者却有着当之无愧的发言权。法律人群在垂直社交平台上的互动、互评数据一旦被整合和分析，就能形成更为可靠的律师评价指标。

比如说，律师受到同行好评、点赞的次数越多，就说明这位律师的专业服务能力越强；律师的好友数量越多、层次越高，就说明他的影响力越大，受欢迎程度越高。

由此看来，在法律类的专业交流平台上，法律人不仅可以收获与"知己"交流的乐趣，业务水平的精进，同时还能完成个人数据的积累，塑造可信的个人品牌。

垂直社交的意义由此凸显了：它不仅仅有关社交，还有可能解决行业痛点，为整个行业的未来发展奠定基础。

用大数据为律师"画像"*

原文发布于 2015 年 9 月 25 日，无讼名片上线之初。

来过天同的人，都见过我们那面业绩墙。整整一面墙上，贴满了像"勋章"一样的盾形业绩牌，每个业绩牌上都记录着一个我们在最高人民法院的胜诉案例的案号、案由、客户和标的额。

我常说，每一份裁判，都是诉讼律师的勋章。要证明诉讼律师的专业能力，最好的方法就是用成功案例说话。"是骡子是马，拉出来遛遛就知道。"

每当客户来访，每当他们站在这面墙前，往往都会说同样一句话："蒋律师，希望我们的案子以后也能贴到你们这面墙上。"正是这样的案例展示方法，帮助我们树立起专业形象，建立起客户对我们的信任。

一直以来，我都很希望把这一做法搬到互联网上，做一个互联网产品，让全中国的每一位诉讼律师都可以像这样方便有效地用真实案例证明自己的专业能力。

这件事在过去一直是"不可能完成的任务"。但是今天，随着无讼案例在案例大数据方面取得越来越多突破，我们终于可以尝试这件事情了：那就是无讼名片，一款致力于"用案例数据打造律师专业影响力"

的法律互联网新产品。

依托于无讼案例大数据，目前呈现在大家面前的无讼名片主要实现了这样几个功能：

首先，将目前公开的裁判文书与案件的代理律师关联起来。每一位诉讼律师都可以在这里找到专属的名片主页。就像我们的那面业绩墙一样，这里展示着每一位律师在曾经代理的一个个案件中取得的判决成果。

其次，把每一位律师代理过的案件分别按照业务领域和受理法院进行归类。每一位律师在哪一个领域里代理的案件最多，拥有的执业经验最长，最经常去哪一家法院都一目了然。

最后，律师们还可以自己补充上传以前未曾上网的案例、教育经历信息、工作经历信息和个人职业照片，让自己在互联网上的形象更丰富、更生动、更立体。

有了这些数据，每一位律师的形象都跃然"网"上，形成一幅清晰的"画像"。即使是此前丝毫不认识的陌生人，也能通过这样一幅数据"画像"，知晓律师的擅长领域和执业经历。

这或许将真正改变展现律师专业能力的传统方式。我们不再依靠泛泛的自我描述，也不必依赖于同行的口碑和推荐，案例大数据的客观"画像"自会提供有力佐证。

这样的改变还为我们带来了更大的想象空间。

前一阵子，我在深圳、成都等地与青年律师交流时，曾向他们透露有关无讼名片的一些设计思路。他们的第一反应就是：如果依照无讼名片的思路，我们以后做案子真得注意了。

"我们得尽量在同一领域多做案子了。集中度决定了说服力，如果把精力分散在若干个领域里，我们在每个领域里都不会有太多案例，在每个领域都难以说明自己的专业能力。"

"我们也不一定什么案子都接了。在接案子时，我们应该更加审慎，多向客户披露信息，这样才能拥有更多让客户满意的案例。"

"我们在撰写代理意见时也应该更用心了。客户会从我们的过往案例中看出代理的成果，我们应该争取让自己的代理意见更多地为法院所采纳，创造更好的业绩。"

而当我以同样的思路与更年长一些的律师交流时，他们都非常敏感，说这有可能改变行业的评价机制，从而从市场角度倒逼律师行业的专业化进程。

不同于此前的综合能力主观评价，无讼名片将律师的过往案例按领域分类，客观展现律师在各个领域内的经验长短、积累多少。未来，客户在无讼名片上找律师时，也会按照执业领域搜寻，致力于该领域的律师自然会获得更多机会。这样的市场选择压力或将促使律师向更专业化的方向发展。

此外，互联网也打破了地域的界限，为破除律师专业化的现实障碍带来可能。在这之前，受限于当地法律服务市场发展的滞后，专业化的律师很可能面临"吃不饱"的窘境。但是，在互联网这样一个开放、无边界的平台上，专业化的律师在任何一个细分领域都可能找到足够的生存空间。

上周，我在泉州与公司法务们交流时，也提到了这个产品。他们同样非常敏感，说之后会非常有兴趣通过无讼名片来找律师。

因为在这里，他们可以清晰地看到律师们过往的执业经历。尤其是，当他们需要在不了解的领域、不熟悉的地区寻找律师时，不用再四处找人打听或者忐忑地凭感觉行事，无讼名片将为他们选择律师提供客观可信的参考。

通过这些交流，我发现，虽然无讼名片只是发端于"帮助每一位律师用真实案件证明自己"的小小初心，却有可能改变我们整个法律生态圈的游戏规则。

曾经，由于信息不透明和信息不对称，专业能力强的律师缺乏适当的渠道被市场认知，专业能力本身的重要性没有受到足够重视，甚至有一些与法律人专业精神相悖的不良风气潜滋暗长。

无讼名片则试图"打开天窗说亮话"。我们试图用案例数据呈现律师的执业经历，在一定程度上填补信息不对称的"鸿沟"，让客户的需求与律师的能力更好地对接。同时，这也将建立一种良性的竞争规则，促使所有律师专注于诉讼，专注于专业能力的提升，心无旁骛地学习与进步。

而在未来，无讼名片甚至还可以影响到法官、检察官、法务、学生和学者，将所有法律人都纳入进来。在更加透明的信息、更加完善的规则之下，我们或许可以共同打造出一个更加健康优质的法律生态文明。

当然，今天的无讼名片还很不完善。在认领和使用无讼名片的过程中，你或许已经遇到过一些不便；受限于裁判文书公开的范围，名片上目前呈现的案例数据或许也未能展现你执业经历的全貌；案例数据这一维度还过于单一，无法全面呈现出一幅清晰客观的律师"画像"……

深知如此，我们特别欢迎大家提出改进意见，积极地认领名片，上传此前未上网的裁判文书来补全自己的案例数据。在此，我也恳请律师朋友们对这款初生的互联网产品抱有耐心。

请相信，所有的互联网产品都是在"不断试错，快速迭代"中趋于完善的。尤其对于一款带有大数据基因的互联网产品而言，它的完善更加依赖于数据本身的不断积累，不断成熟。

一方面，案例数据这一单一维度的数据必然是片面的。它难以描画出律师在判决之外的业绩，也难以描画案例尚少的青年律师在案例之外的努力和潜力。未来的无讼名片还将在包含社交维度、教育培训维度、知识积累维度等维度在内的多维度数据的引入方面做出努力，更为全面精准地为律师"画像"。

另一方面，无讼名片所能做的只是呈现数据，用已有数据更好地为每一位诉讼律师"画像"，但决定这幅"图像"能够画成什么样的，仍然是律师自己。一幅更完美的数据"画像"的形成，还有赖于律师自己上传更多信息，并且在未来的执业中不断创造更多精彩业绩，供大数据采集。

因此，我真切地期待大家都来支持、认领无讼名片，参与到这场对自身专业能力的数据"画像"中来。希望我们共同来完善无讼名片这个产品和它所承载的数据，用案例数据画出一个个生动的律师形象，画出法律生态圈更精彩的未来。

逃离微信公众号，
向法律人垂直社交平台转移*

原文发布于2015年
11月13日，无讼阅
读APP4.0版本上线
之初。

"互联网＋法律"究竟意味着什么，或许现在还没有人能完全说清楚。但是，如果要论移动互联网的发展将对律师行业带来什么影响，最直接的、最容易想到的就是传播方式的变革。

一直以来，每当提到我们在互联网上的一些实践，都会有人说："天同和蒋律师最擅长营销了。"对这样的说法，我只能苦笑。

其实，在这个时代，"营销"真的已经早就过时了。移动互联网带来的传播革命意味着，那种以自己为中心，想方设法把自己推销出去的方式已经很难奏效了。

传统的传播是一种"由点到面"的传播。"点"就是一个个有资质的媒体，它们作为专门的采写者提供信息；"面"则是一大批媒体的收视群体或者订阅者。在那样的时代里，媒体几乎是我们获取信息的唯一渠道。信息由媒体生产者传递给受众，过程就结束了。媒体受众范围的大小决定了传播影响力的大小。

这样的时代可以说是一个"渠道为王"的时代。只要你能获得"渠道"的支持，你就可以为自己做广告，让自己的信息被更多人看到。

移动互联网时代的传播则是一种"由点到点"的传播。这里的两个"点"都不再局限于专门的媒体机构，而可以是任何一个人、任何一家机构。任何人都可以在互联网上发布信息，虽然信息首度传播的范围往往比不上传统媒体的影响力，但是收到信息的人可以再度成为信息的传播者，从而使内容传播的范围呈现一传十、十传百地几何级数的扩张。

这样的时代可以说是一个"内容为王"的时代。收到信息的人愿不愿意转发是决定传播范围的最根本因素，只有能打动人的内容才可能得到最广范围的传播。

在这样的时代里，如果还只是单方面地宣传自己，将不会有任何说服力和传播力。要让自己被更多人知道和认可，你首先需要让自己生产的内容对更多人有用。

因此，对每一位律师和每一家律所来说，提供对他人有用的法律专业内容，并且让这些内容在社交网络中被广泛分享和传播，将是打造品牌美誉度和影响力的重要方式。

作为移动互联时代社交媒体的典型代表，微信公众平台一度备受追捧。

通过创办微信公众号，发表法律专业文章，不少法律机构和法律人已经收获了颇多关注。天同诉讼圈同样也受益于微信搭建起来的社交网络。正是因为一篇篇优质文章在法律人的朋友圈里的流

传，才会有越来越多的人开始关注这个公众号以及创办它的律师事
务所。

但是，现在我们也越来越认识到，微信朋友圈不再是人们获取
信息的最佳途径，微信公众号也并非传播专业内容的最佳平台。

微信把通讯属性和社交属性结合在一起，迅速地搭建起了微
信朋友圈这个社交网络。但是，通讯属性使得我们把在生活和工作
中接触的人都加为了好友，朋友圈因为通讯范围的扩展变得越来越
臃肿。

微信公众号是让朋友圈变得臃肿的另一个重要因素。在庞大而
异质的朋友圈里，每个人因为各种各样的原因分享的微信公众号的
内容都会出现在微信朋友圈里，朋友圈里的内容变得更加繁杂，每
一个人可以接收到的有用信息越来越少。

这样的弊病是由微信本身的属性所决定的。而随着微信上搭建
的社交网络越来越复杂，开通的微信公众号越来越多，上述两个问
题也愈加凸显。

**对于现在才刚刚进入或即将进到微信公众号领域的人来说，其
实也已经错过了它的"风口"期。**

根据互联网发展的"早期红利"理论，天同诉讼圈在过去一年
多时间里的迅速成长，和我们开办微信公众号的时间较早也有很大
的关系。我们虽然不是最早创办的法律类微信公众号，但却是较早
创办微信公众号的律师事务所，并且，在那之前，还没有以法律人
为受众，专注诉讼内容的微信公众号存在。

但是现在，创办微信公众号的律师和律师事务所已经不胜枚举

了，拥有 10 万多粉丝的法律类公众号也有不少了。如果你的微信号现在才推出，或者现在粉丝还很少，要把它做大，显然需要付出比先行者更多倍数的努力。

事实上，即使是我们自己，也明显地感觉到，同样的优质内容，它能够在今天获得的关注度已经远远不比创办之初了。随着经验的积累，我们对微信公众号运营方式的理解越来越深，但是这并不能转换为同样的受欢迎度。

越来越多的好内容在竞争着读者有限的阅读时间，读者对内容也越来越挑剔，相信每一个微信公众号的运营者都能感受到这样的压力。

正是预见到这样的发展趋势，一年前，我们决定推出无讼阅读 APP。我们希望把它打造成法律垂直领域的阅读和社交平台，让法律人成为这里的作者和读者，并且互相交流。

我们相信，专业学习和业务交流是法律人的刚需。青年律师需要有更多学习知识和实务技能的渠道，法律的领域也总会有值得探索的新领域和争议问题出现，不断地和同行交流，从彼此的专业文章中汲取营养对每一位律师来说都十分必要。

因此，只有一个更加纯粹的垂直法律领域阅读平台才能满足法律人的阅读需求，也只有在这个垂直的阅读平台里，优质的法律专业内容才能找到真正愿意阅读，并且有能力与作者进行专业交流的人群。

另一方面，专业文章是作者专业能力的体现，而如果可以在这里获得法律人对文章的分享和点赞，获得的其实也是同行对作者专业能力的认可。而这样的同行评价，将成为对律师专业能力最客观的背书。

为了让作者和读者更紧密地联系起来，在前几天刚刚发布的无讼阅读 APP 升级以后的 4.0 版中，我们新增了"作者页"功能。在这里，每一位无讼作者都将获得自己的专属页面，上面记录着作者发布表的文章。

信任作者专业能力，并且对作者的过往写作领域感兴趣的人可以选择关注这样的作者，成为作者的粉丝，就可以在第一时间阅读到这位作者发布的文章。而在作者页上，将显示他凭借专业文章获得的粉丝数量。

借由这样的升级改版，我们希望为律师和律师事务所打造在无讼阅读 APP 上的"公众号"。

和创办自己的微信公众号一样，你可以在这里拥有自己的传播平台，拥有自己的"粉丝"。

但和创办微信公众号的不同是，无讼阅读 APP 为法律人提供了更好的阅读体验和与同行交流的机会，从而获得了更强的用户黏性。在这里，你的粉丝将是清一色的法律人，并且对法律专业内容有着持久的阅读需求。他们对你的关注将成为你自身专业品牌塑造的重要基础。

除此之外，你也不用再操心"公众号"的运营和推广。无讼阅读 APP 的用户基础将为每一位作者的作者页提供流量，而作者只需要专注于文章的写作。

说到底，虽然微信拥有巨大的用户基数，在通讯功能上拥有难以撼动的霸主地位，但这恰恰给它的阅读功能的发展带来了负担：泛社交带来的内容爆炸和阅读负担是不可避免的。

因此，我对移动互联网上社交产品未来发展趋势的判断是：微信上搭载的阅读功能将极有可能被一个个能够提供更佳阅读体验的垂直阅读产品分流，对于对专业阅读和社交有着强烈需求的法律人群来说则更是如此。

甚至，我可以预言，垂直领域的阅读和社交将是律师品牌树立和传播的下一个风口所在。越早觉察和参与到这样的趋势中，我们才越能占尽先机，甚至实现互联网时代的弯道超车。

我自己也在无讼阅读上开设了作者页，"每周蒋讲"专栏上的全部文章，都可以在我的作者页上一览无余。

来吧！朋友，我们无讼阅读 4.0 版上见！

"无讼加速器"计划：
加速中国律所互联网化进程 *

原文发布于 2016 年 4
月 8 日。

最近这几年，我经常在全国各地给律师同行讲课，他们中的绝大多数都来自当地的中小型律师事务所。无论是律师还是律所管理者，对于未来的发展，他们总有一些困惑：如何用更加优质的服务吸引和留住优质客户？律师如何才能拥有更好的工作状态和发展前景？中小型律师事务所如何在竞争激烈的法律服务市场中立足？

这常常让我想起十多年前创立之初的天同。虽然现在的天同在业内颇受瞩目，但说到底，我们只是一家小所。在天同成立之初，北京的律师行业已然大所、强所林立，法律服务市场的份额几乎已被瓜分完毕。作为一家刚刚起步的小所，我们势单力薄，举步维艰。那时的我们也同样不知道如何从这样的环境中突围，我们进行过许多探索，却总是处处遇挫。

现在回想起来，如果说天同在这些年还取得了一些成绩的话，则完全得益于我们对专业分工和流程管理的坚持。

一、律所的专业分工与流程管理

我们始终相信，越专注越强大，对律所和律所里的每一个人来说都是如此。

对律所而言，我们主动将业务领域限定在了高端商事诉讼上，设计与之匹配的业务架构和工作流程，集全所之力在这一细分领域力争做到极致。

对律师个人而言，我们把提供法律服务的能力细分为以下三种：业务能力、市场能力和服务能力。

业务能力是律师的核心能力，是律师在长时间专业学习和工作实践中积累的体现专业水平的能力；市场能力是案源拓展的能力，它与律师的专业水平没有直接联系，却在很大程度上决定了律师的收入和发展前景；服务能力是控制案件流程质量、保证用户体验的能力，它也不与律师的专业水平完全挂钩，却对提升客户的满意度至关重要。

我们相信，只有业务能力的提升才是律师应该着力的重点，其他能力应该由其他方面的专业人士承担。

因此，我们设置了业务秘书的岗位，负责与客户约定会谈时间、撰写会议记录并递交给客户、提醒律师在关键节点提供相应工作交付物等服务性质的事务；我们设置了新媒体部门和市场部门，负责律所品牌的塑造和客户关系的开拓与维护；我们甚至将律师的业务能力进一步细分为出庭能力和辅庭能力，由辅庭律师完成法律法规及案例检索、可视化图表制作等相对基础性的准备工作，从而让出庭律师把更多精力放在案件分析、诉讼策略制定这类更为核心的事务上。

在清晰分工的基础之上，我们根据多年的办案经验，将办案流程总结为若干个标准化步骤。这样，天同代理的每一个案件，都是在出庭律师、辅庭律师和业务秘书的通力协作下，依流程完成，从而保障了每一个案件都获得同等的高质量。十多年坚持下来，天同终于突围，在市场上找到了自己的一席之地。

专业分工和流程管理的重要意义，其实也是我在各地讲课时重点分享的内容。我希望把天同的这些实验性做法分享给更多同行，帮助和曾经的天同一样处在迷茫期的成长中的律所以及青年律师们得到更好的发展。但我也常常发现，虽然许多人在现场听得热血沸腾，打算马上大干一场，但这之后却往往偃旗息鼓，一切照旧，并没有什么动静。

虽然也不免沮丧，但我其实完全能够理解这样的状况。专业分工的实现不仅需要理念的转变，更需要市场环境和律所制度作为支撑。

由于法律服务的低频性，选择一个细分领域作为执业方向就意味着选择了低频需求中更为低频的方向，律师和律所都担心会"吃不饱"；而在传统律所模式下，也难以提供组建服务团队、市场团队的资金和资源。无论理念多么吸引人，现实障碍的突破始终是个难题。

然而，在思考天同未来的发展路径时，我们似乎找到了这个问题的答案。

二、SaaS 技术与共享式办公平台

我一直相信，仅仅通过制度来实现分工协作和流程管理是远远不够的：越是紧密的合作，就越需要实时便捷的资料共享和信息传递。而在现实中，人与人之间的行动都是彼此独立的，每个人的工作成果、工作资料往往也只储存在自己的电脑里，难以共享和协作。此外，通过流程来规范工作仍然存在极大的弹性，由于各种各样的原因，尤其是缺乏有效的在线工具配合和支持，律师在实际的办案过程中很容易把流程抛在一边。

只有在一个共享式办公平台上，全所才能进行更为高效的协作。因此，从 2012 年开始，我们就开始探索律所的信息化建设。我们曾经尝试联手软件公司，打造一套律所内部的 OA 或者 ERP 管理系统 (即办公自动化软件或集成化管理信息系统，是为实现无纸化办公和优化企业资源及内部协同而产生的一种软件管理系统)，但这被证明是不可行的。除非为律师的工作提供真正的帮助，否则律师们很难养成在 OA 系统上记录自己的工作状态和工作成果的习惯，再好的 OA 系统最终也会被弃之不用。

我常常说，律师都是有个性的，是天下最难管的人，而 OA 或 ERP 试图去用软件"管理"律师，是很难做到的。事实上，中国的律师行业，嚷嚷信息化已经十余年了，而全行业的信息化水准还很低。我想，总是想着去"管"，而不是"辅助"和"服务"，方向不正确，或许是一个重要原因。你们看，微信从来没有强制任何人使用，也没有国务院红头文件要求全国人民使用，但现在大家都在用，对吧？这就是互联网时代的思路与传统管理软件思路的区别。

上周全国律师代表大会在京召开之际，我虽然不是参会代表，

但我写的那篇"每周蒋讲"专栏文章《给律师代表大会提建议：呼吁国家加大对律师行业基础设施建设的投入》[1]，引起了代表们的高度关注，成为会议热议的话题，并被写入了大会报告。我在文中总结了律师行业信息化的难点所在，提出：

"互联网时代的 SaaS 技术有可能为律师行业的信息化建设破局。"

我在这里就此做进一步的阐释：

SaaS 是 Software as a Service（软件即服务）的简称，它的核心是提供服务。这与传统的软件系统代表着一种截然不同的理念：它不再是一个用于记录和管理律师工作的传统软件，而是一项能够在云端快速获得的帮助律师们解决工作痛点的服务。

它并不是新近出现的技术。事实上，早在十多年前，国内就已经出现了基于 SaaS 技术提供客户关系管理服务的公司。但直到最近，SaaS 技术才在中国迎来井喷式爆发，成为互联网领域的新风口。究其原因，这是与近年来大数据和云计算技术的逐步成熟分不开的。正是基于更加成熟的数据采集和分析技术，SaaS 技术才能提供越来越多的服务，甚至在一定程度上替代人工的工作。

这其实是另一种形式的外包。试想，当 SaaS 提供了诸如案例检索、可视化图表制作、文书写作辅助、赔偿费用计算这类由技术驱动的服务，它其实就完成了此前由辅庭律师承担的辅助性工作；当 SaaS 提供了与客户沟通见面时间、向客户通报办案进度这类服务，它其实就完成了此前由业务秘书完成的工作。

我们看过理查德·萨斯金的《法律人的明天会怎样？》，他在书

1　发布于 2016 年 3 月 31 日，收录于本书"法律服务的未来变迁"一章。

中提出，律师需要改变工作方式，其中重要的一项，就是对法律工作进行拆解，将许多例行和重复性的工作，用各种替代性的方法外包出去。计算机化，即用信息技术来支持和取代部分法律任务、流程、活动、服务，正是其中一种重要的替代性方法。

可以说，为律师行业特别打造的这种 SaaS 将是一举两得的。

首先，不同于传统软件按版本升级付费，SaaS 在云端持续更新迭代，它将不断吸纳最优秀的线下工作方法，并结合现有互联网工具资源来帮助律师提高工作效率，未来甚至可以机器代替人力，完成此前由业务秘书和律师助理承担的部分工作。

其次，这种为律师定制的工具服务，也能培养起律师们在 SaaS 平台办公的习惯。而一旦这样的习惯得以养成，律师之间不但可以实时共享彼此之间的资料和工作进度，原来的办案流程也可以潜移默化地被固化为系统化的办公模块，从而在不知不觉中最大限度地减少流程上的弹性，保障律所的服务质量。

三、从所内协作到行业资源配置

之所以说这样的思路可以帮助天同之外的更多律师事务所解决分工协作和流程管理的问题，是因为 SaaS 技术的低成本和高共享特性，可以帮助解决此前律所信息化存在的诸多难点。

首先，互联网的无边界意味着，为一家律师事务所开发的 SaaS 技术平台也完全可以适用于其他律师事务所。为一家律所开发一个互联网办公平台成本高昂，而当这样的平台可以供全行业的律师事务所使用，它带来的网络效应是无穷的，每一位平台使用者的成本也就随着使用者的增多而大大降低。

其次，传统的部署软件的方法个性化程度高，而且升级困难。而 SaaS 技术可以帮助我们将更多优秀的工作方法沉淀下来，形成一个个提升工作效率的功能点，聚少成多，直到覆盖律师工作的方方面面。它不是基于管理的思路，而是帮助律师提高工作效率，提升服务体验，从而让律师有更强的使用意愿。

最后，在互联网时代，当人力资源领域已经出现帮助 HR 相互交换求职者信息、互相推荐求职者的 SaaS 应用，我们也完全可以想象，在法律服务行业，出现律师、律所之间互相推荐客户，将自身专业领域之外的案源推荐给其他同行的平台；律师与律师之间，律所与律所之间的壁垒将被打破，曾经被市场范围限制的律师、律所的专业化程度也可以得到极大的提高。从另一个角度来看，这其实也解决了前文提到的律师市场能力剥离的问题。当整个行业的资源被连接起来，律师没有必要再把过多精力花在市场资源的开拓上，从而可以专注于业务能力的提升。

可以说，SaaS 提供的不再只是简单的律所内部的协同，而可以成为整个行业的资源连接器，甚至带来律师行业整体生产力的大爆发。

我们确信，法律服务领域的 SaaS 平台是值得做的，它将帮助包括天同在内的中国众多的律师事务所实现互联网时代的转型升级。

这样的升级恰恰也是与互联网时代人们生活和工作习惯的改变趋势相符的。随着移动互联网日益渗透，客户必然会越来越习惯于通过互联网平台寻找律师，而对律所来说，养成在互联网上的工作习惯，在云端积累更多体现自身专业能力的数据就变得十分重要。

四、无讼加速器，加速律所互联网化进程

我在上一篇文章中，借着给全国律师代表大会提建议，呼吁国家层面加大对律师行业的基础设施建设的投入。但其实我知道，这种事情，靠"等"、靠"要"是得不到的，最终还得靠我们自己干出来。如何切实为快速提升中国律师行业的信息化水准做出努力，如何为中国律所的互联网化进程加速，是摆在我们这一代律师面前的一个重大课题。我们"不等""不靠""不要"，律师群体中有志于此的同行们，咱们自己可以先干起来！

故此，我们做了一个重大决定：推出"无讼加速器"计划！

"无讼加速器"计划，旨在利用 SaaS 技术，携手中国的律师事务所加速互联网化的进程。无讼是一个由天同孵化，而又独立于天同的法律互联网平台。它拥有此前帮助天同打造新媒体平台和数据基础时所积累的能力，而又具备独立运营无讼阅读、无讼案例、无讼学院、无讼名片等项目时积累的资源和经验。

我们诚挚地邀请全国更多的律所参与到律所的互联网化建设中来。"无讼加速器"计划将分五年实施，目前展开的是 1.0 版本。1.0 版本的第一期，我们只定向邀请包括天同所在内的 10 家律师事务所加入"无讼加速器"计划。作为 1.0 版本第一期受邀者，你们将是这个 SaaS 平台创立过程的参与者与见证者，也将是它的第一批受益者。

为了保证"无讼加速器"取得良好效果，我们将综合律所理念、业务素质、积极程度等多种因素，谨慎挑选入围的律所。我们希望你们具有很强的互联网化的意愿和探索云端办公方式的热情，愿意积极调动律所内部资源，参与到加速器计划的各项行动中来，共同

建设和完善 SaaS 平台的各项能力。

有人说，互联网时代，"要么做平台，要么学会平台化的生存"。对律所来说，搭建平台的成本高昂，同时还有赖于对机遇、技术的把握，但后者却是门槛相对较低的。及早参与建设平台，与平台共同成长，才会是未来平台成长红利的受益者。

我们希望用 5 年时间，实现"无讼加速器"的逐步升级，一步一步帮助律所推进互联网化的进程，最终实现彻底的云端化的办公与协作。

我们期待，通过"无讼加速器"及全行业的共同努力，5 年之内，超过 10% 的中国律所实现互联网化的加速发展，8 到 10 年之内，超过 1/3 的中国律所在云端工作。

我相信，基于云端的创新律所管理模式将为行业发展带来新的动力。在这一方面，我们甚至有望赶超美国的同行。也许，5 年以后，不再是中国律师到美国学习云端律所，而是美国同行到中国来观摩！

"无讼加速器"，为中国律所的互联网化加速！
来吧，我们一起，或许有机会改变世界！

法小淘，法律人工智能新梦想 *

原文发布于2016年
10月15日，是蒋勇
律师在2016年云栖大
会中阿里云与无讼联
合举办的"法律之光"
专场上的演讲。原文
中附有完整版视频及
PPT，扫描文章二维
码可查看。

在法律界，我的演讲可能算是比较多的了，但是今天上台来还是特别紧张，因为这是全球最大的云计算科技盛会和开发者大会。而我呢，其实是一名律师。我带的团队都是这样的。我们穿着西装，打着领带，这才是我们的台风。

我们这个律师事务所小小的，但是，我们做了很多大大的案件。

我们律所的理念在座的法律人都了解。在我们的四合院的牌匾上，写着两个大字叫"无讼"。这是我们的先贤孔子的一句话。他在《论语》中说："听讼，吾犹人也。必也使无讼乎。"无讼可以说是中国自古以来历代贤达的治国理想，也是中国人的法治理想中的最高精神代表。虽然我只是一家小律所的创始人，我也希望我们的力量能够帮助更多中国人，让更多民众得到法律的普惠。可是，我们这样一家小律所怎么能做到呢？对此我其实非常犹豫。

但是，这个时代给了我信心。这些应用彻底改变了我们的衣食住行，互联网和大数据改变了我们的生活。大概四五年前，我就在思考，应该有一个办法，通过互联网和大数据,像改变衣食住行一样改变法律行业。我想,我应该去做这件事情。

可是,一个学法律的人,要想混到技术圈子里,会是一件多么困难的事情啊!在两年多时间里,我基本上都在找人,但互联网和法律跨界的人才其实并不好找。

直到有一天,我遇到了它。当我知道了它的故事,我发现,这不就是描述的互联网吗?

我盯着这个用端看了很久。有些人可能觉得它似乎面目狰狞,但是在我看来,它特别亲切。我觉得它就在跟我说话,我知道它想跟我走,它要跟我走。

我把它请到了办公室,给它敬了一炷香,并且在当天发了一条微信朋友圈:"跨越四百年时空,人生的相遇,都是命中注定。我相信:命,是命运,更是使命。"

我知道我遇到它,冥冥中有神在助。遇到它以后,很快地,无讼的团队就建起来了,我们也有了自己的办公室。

可是,团队搭建起来之后,我们如何去做事情?在法律服务的需求端与供给侧之间,我们应该如何搭建起平台,走出一条与其他法律电商不一样的道路?这让我们很费思量。最终,我们决定从律师行业本身入手,通过互联网和大数据重构律师的能力结构,让它可以被数据描述。

为此,这两年时间,我们做了这样几件事情。

首先,我们做了无讼阅读APP,通过内容聚集了超过30万法律人。

我们抓住了裁判文书公开的机会,采集所有公开的裁判文书,构建了一套独特的解构流程。在此基础之上,我们做了无讼案例这样一个工具。它已经拥有超过 2800 万份裁判文书，目前，中国每天有超过 5 万律师在使用它。

把数据与社群结合起来，我们做了一个新的产品，叫作无讼名片。在它的页面上，我们可以看到律师的诸多信息，这其实就是对律师能力的数据画像。我们可以透过它，标定每一位律师的业务能力。在短短一年多的时间里，已经有 35000 名律师实名认证了这样的名片，超过全中国律师人数的 10%。

完成这件事情之后，我们决定尽快打开需求端。几天前，我们发布了与阿里钉钉的战略合作，希望通过它打开中小企业法律服务的新入口。

其实在此之前，我们已经做了"无讼办法"，为中小企业提供统包式的法律服务方案。我们还做了企业法务系统，帮助诉讼高发的大型企业的法务人员管理诉讼。

接下来我们要做的是什么？就是需求端与供给侧的匹配。很有意思，前两天的云栖大会主论坛上，我拍了一张王坚博士演讲中的照片。他说，世界上最远的距离是监控摄像头到交通信号灯的距离。它们挨得很近，却互相不通信息，交通信号灯不能根据监控摄像头拍到的路况信息来调节交通。

所以阿里云做了这样一件事情：通过一个杭州城市数据大脑，让交通摄像头与信号灯之间建立起联系。这让我联想起了几个月前我们的困惑：法律服务的需求端和供给侧到底如何才能快速匹配？它的难度在于，法律需求的表述往往是自然语言，很难与律师掌握的法言法语匹配。

为此，我们团队陷入了超过半年以上的思考和讨论，直到有天晚上，我又梦到了用端。它告诉我，它眼观六路，耳听八方，日行一万八千里。这不就是信息高速处理的代表吗？原来，它就是中国古代神话中的法律人工智能。所以我们想，能不能把它从远古请到今天来，做一个互联网时代的用端呢？

经过无讼的小伙伴们夜以继日的努力，今天它来了。它叫法小淘，一个可爱的小精灵。今天，我想特别地把它介绍给在座的各位朋友，也非常高兴它今天诞生在云栖大会上。

"大家好，我是法小淘，别看我很小，但是我的肚子里装着很多法律知识，能够帮助大家解决很多法律问题。虽然我今天刚出生，但我已经能根据你的案子，帮你找到最合适的律师，还能帮律师朋友找到相似案例。未来，等我越来越大，我还能帮你解决更多法律问题，请大家多多关照。"[1]

其实，法小淘能够做这些事情，正是基于阿里云的语音技术。阿里云的语音交互正是让人工智能能够懂人的第一步。

刚才我给大家演示的是智能律师遴选，其实法小淘未来还能做很多事情，比如说智能案情分析。你和它对话，讲清楚各种场景，法小淘就会告诉你，像这样的案件，支持原告诉讼主张的案子有过多少，相关的法院是哪些，常引用的法条是怎样的等等。它甚至可以告诉你，如果你的对手采取什么样的策略，你应该如何应对。

当然，它将来还会有另一种功能——帮助律师发现潜在的工作风险。比如说，当你上传证据目录后，如果法小淘发现它与大家通常所做的证据目录相比缺失某些项目，就会提醒你来确认。

这些都是我们可以期待的法小淘未来的功能。可以说，这个小精灵开启了我们法律人工智能的新梦想。

---

1 蒋勇律师在此处进行了法小淘遴选律师的现场演示，扫描本文二维码可观看视频相关片段。

　　还有一件事情。法小淘今天才刚刚诞生，它还很小很小，还很不定型。它有的时候是一个可爱的小姑娘，有的时候又是一个酷酷的小男孩，有的时候它很文艺，有的时候它又特调皮。但是，不管它是什么形态，不管它是什么样的小精灵，我希望大家都喜欢它，因为它就是我们的法律人。

　　我想，在未来，随着人类在人工智能技术方面的进步，我们能够依托的技术也会越来越强大。

　　到那一天，法小淘会成长为一个法律智慧新物种。或许，那时我们会说，中国的法律人包括法官、检察官、律师、法务等，还有法小淘。

　　谢谢大家。

律师朋友们，我们合作吧！ *

原文发布于 2016 年
10 月 21 日。

过去几年，因为受邀去各地讲课，我的手机里建立了上百个微信群，来自全国的上万名律师每天都会在群里分享、交流各类信息。而在这众多的信息中，有一类信息我几乎每天都会看到：

"群里有没有某某地的律师啊，有个某某事项需要找律师合作。"

因为律师所在地域、服务能力等方面的差异性，律师间的合作成为行业中的一种常态。同时由于移动互联网的发展，众多线上律师社群的建立，越来越多的律师间合作已经不再局限于熟人之间，合作的类型也越来越广泛。

这个现象引发了我的思考，因为它让我看到了律师行业无边界合作的可能性。所以，今天我想就这个话题，和大家聊一聊我对律师间的合作的看法，以及我们正在进行的一个新尝试。

一、法律行业的专业门槛带来的资源错配

"资源错配"是一个经济学上的概念，最通俗的解释就是，一个资源放在了并不是最优的位置上。在理想的市场经济环境中，资源应该充分自由流动，最终形成"有效配置"。

虽然法律服务是一种低频需求，但依然存在着资源错配的情况。核心原因在于，法律服务具有非常高的专业门槛，这使得普通人在获取法律服务时，因为并不具备专业识别能力，所以在选择律师时并不能有效地进行判断和选择。在过去很长一段时间里，当事人找律师的初始动因往往是基于熟人关系，或者根据律所规模、办公场所这类因素判断律师是否合适。包括我，都时不时会有朋友找我咨询其他类型的法律问题。

现实情况是，虽然律师行业的专业化程度并不十分完善，但每位律师经过多年的执业实践，事实上逐渐形成了自己的差异性。这部分差异，主要体现在以下三个方面：

1. 地域差异

律师的执业地域主要围绕自己所在地及周边区域，这使得他对本地相关法律机构的熟悉程度，要超过其他地区的律师。

2. 能力差异

每个律师都有自己擅长的领域，也有自己能力的空白点。随着行业对专业化发展认可程度的提高，每位律师都会越来越专注于特定的能力。

3. 资源差异

根据过往经历的不同，每一位律师都可能具备其他律师不具备的特定资源以及优势。

上述差异的存在，使得当某一专业领域的律师接到了其他领域的案源，或者手头的案源太多以至于没有足够精力承办时，他会倾向于把案源推荐给相关领域的专业律师，并获得相应报酬。在这个过程中，律师通过发挥自己的专业性，对原本错配的资源进行了重新配置。

然而问题在于，个体律师的资源是有限的，他能够合作的律师范围也往往局限于自己的朋友、同学、同事等。这使得很多时候，并不是每个通过律师转介的案件，都能最终找到合适的律师。也正因如此，我们才会看到，很多人采取了自助的方式解决法律问题。

二、信息基础设施的发展对于律师合作的意义

互联网时代的来临，给更大范围的律师合作提供了机会。因为信息基础设施的日益完善，各种信息的流转变得异常迅速，像人力资源等专业的服务领域，已经出现帮助 HR 相互交换求职者信息、互相推荐求职者的平台。

类似的情况也发生在法律行业中。过去几年，随着移动互联网的发展，法律行业内交流、分享的氛围变得越来越浓，律师与律师之间的交流与连接也变得更加紧密，围绕特定法律人群的各类社群也应运而生。通过一个个社群，律师之间已经形成了新的社交关

系，所以才会出现文章开头的场景：律师已经开始通过一个个社群，将自己的辐射范围进一步延伸，和更多的律师同行建立了联系并以此寻求合作。

另一方面，法律服务行业的专业化向纵深发展，也会产生更多的合作机会。越来越多法律服务中标准的、非定制化的工作，可以通过分包的方式与他人进行协作。正如理查德·萨斯金在其著作《法律人的明天会怎样？》中提到的那样，法律服务变革的方向中，最重要的一项，就是对法律工作进行拆解。实际上，市场上已经有越来越多的机构从这个角度进行尝试，各自从合同审查、著作权登记、商标申请等领域，逐步拆分法律服务的内容。

未来，随着信息基础设施的进一步建设，律师与律师之间，律所与律所之间，甚至业务与业务之间的壁垒将进一步打破，更多的人将有机会参与进这场大范围协作中来。

最终会产生一个很重要的变化：随着更大范围协作的建立，未来每一位律师面对的市场，都将不再局限于小型人脉圈或者口碑圈，而是一个由互联网搭建起来的无边界市场。所有的资源将有机会以更加市场化的方式进行分配，曾经被市场范围限制的律师、律所的专业化程度也将有机会得到极大的提高。

三、无讼合作：一次律师间云端协作的新尝试

围绕这个想法，2016 年的 6 月 16 日，我们在无讼服务号上上线了一款新的产品——无讼合作，希望通过互联网的力量，建立

律师间的跨地域合作。上线 4 个月以来，无讼合作已经从一个帮助律师进行异地查档的工具，逐渐演进成一个律师进行案件合作的平台。

过去你在微信群里找律师，抛出的需求往往会石沉大海。而现在通过无讼合作，律师只需要点击"发单"，选择类型并填写相关内容后发布，系统就会根据你输入的信息，通过地域、类型等相关标签，精准匹配并自动推送给符合条件的律师。一旦你的需求有律师应征，系统也会通过微信第一时间通知你。

这种信息对接方式的改变，使得律师间的合作效率空前提高。数据显示，无讼合作上平均每个订单从发布到有律师应征，时间不超过 1 分钟。像北京、上海、广州这样的重点城市，律师回应速度会更快。

同样，如果你成了合作律师库中的律师，系统也会根据你的相关能力与信息，自动推送适合你的合作需求。事实上，这些需求通过无讼平台进行匹配之后，产生了巨大的效果。我们惊讶地发现，仅仅是通过帮助其他律师异地查档，在过去 100 多天里，有数十位青年律师收入已经超过了 1 万元。

现在，每天已经有成千上万名律师在通过无讼合作平台进行协作，这里面有简单的异地查档，也有复杂的案件合作、代理执行。随着使用无讼合作的律师越来越多，最终会产生什么变化呢？

我们知道，互联网产品的特点在于网络效应，聚集了更多的用户与信息之后，资源的匹配会变得更加准确、高效，从而实现我们前文所说的"最优配置"。我认为，随着更大范围的律师合作的形成，将产生下面三个重要变化：

1. 跨地域的协作将成为新的工作方式

通过平台的配置，律师的专业能力可以被独立出来进行分配，加上工具带来的合作效率的提升，将会逐步打破地域对律师业务的限制，使得律师之间真正的跨地域合作成为可能。同一个案件，通过更细的分工和对接，可以分配给多个能力合适的律师共同协作完成，最终形成效率的最大化。

2. "长尾"的法律服务需求将被激活

很多标的额不大的案件，过去律师会因为性价比的原因而选择放弃。但千千万万个这样的小需求，其实构成了法律服务市场的巨大"长尾"。当律师间的合作变得更加广泛之后，这类资源将有机会通过平台重新配置，一旦被累积起来，就能爆发巨大的能量，形成可观的市场机会。这对于处于执业初期的年轻律师来说，会是一个难得的发展机遇。通过批量办理这些简单案件，既积累了实务经验，又解决了温饱的问题。

3. 律师的专业能力将越发精细化

因为工作方式的改变，以及对资源的精细化配置，律师将有机会大量处理同类型的事务，从而逐步形成自己的细分专业能力。从更高的层面来说，这将进一步促进律师行业的能力分层：一方面，律师可以在特定的业务领域建立优势；另一方面，在工作内容上也会形成差异，比如，未来就有可能产生专门帮助其他律师做"法律检索"的专家律师。

最后，我真诚地希望每一位律师朋友都能够加入这场律师行业的无边界合作中来，与无讼合作上的数万名律师，精诚合作，共同成长。

律师朋友们，我们合作吧！

百张 PPT 深度揭秘 2016
"无讼有声"大会：IT'S TIME,
IT'S LAW*

原文发布于2016年12月4日，是蒋勇律师在第三次"无讼有声"大会上的演讲。PPT已略去，扫描文章二维码可查看。

大家好！欢迎大家来到 2016 年无讼有声的现场，非常高兴在这个一年一度的法律人的节日里，和这么多新老朋友相聚在这里。这一次，我们把无讼有声办成了千人大会，成了法律人的狂欢节！"IT'S TIME, IT'S LAW"。在这样一个激动人心的时刻，我也非常想和大家分享我对法律服务互联网化未来的看法。

我想，我们可以用"风起云涌"这样四个字来形容即将过去的这一年在法律行业发生的变化。这样三件事尤其让我印象深刻。

第一件事，是司法改革的红利开始凸显。尤其是，司法公开的价值已经越来越多地显现。

截至今年 8 月 16 日，中国裁判文书网公开的裁判文书超过了 2000 万份，中国裁判文书网已经成为全球最大的裁判文书公开平台。

从法律人的角度来看，裁判文书公开当然意味着司法公开和阳光司法。法谚说，"阳光是最好的防腐剂"。另一方面，从技术人的角度来看，千万数量级的裁判文书公开其实意味着海量的法律大数据。这些数据，将是整个法律行业在这个互联网大数据时代非常宝贵的资源。

第二件事，是阿里巴巴集团董事局主席马云以"科技创新在未来社会治理中的作用"为题，在中央政法委面向全国百万政法干警做了一次讲座。

中央政法委孟建柱书记全程听课，并在讲座结束后发表讲话："以大数据为代表的科技革命，不仅已改变我们所做的事情，而且将改变我们自己，改变我们认识世界、改造世界的方法。面对大数据，如果思想观念还停留在过去，就会落后于时代。"这意味着，互联网和新技术对法律行业的意义已经越来越多地受到高层领导的重视。

第三件事，继金杜律师事务所在去年年底推出法律大数据平台理脉，君合律师事务所也在今年7月推出了线上平台律携。这意味着，国内的顶级律所也已经开始重视互联网的力量，积极地拥抱互联网。

以上的种种其实在传递一个强烈的信号：古老传统的法律服务行业正面临改变。

跳出法律行业的视野，来看技术对社会发展的整体推动力量，我们会发现，互联网的连接已经基本完成了。中国移动互联网用户的规模增长放缓，曾经由移动互联网的飞速发展带来的流量红利已经开始消减。

所以，我非常认同程维对互联网上下半场的判断："互联网的上半场，互联的机会、连接的机会已经过去了。下半场就是人工智能。"

移动互联网的连接产生海量数据，这些数据在线上沉淀下来。

当我们借助大规模的云计算能力和更先进的、与各行各业深度结合的算法，对这些数据进行充分的挖掘和利用，许多更加复杂的，此前并未被互联网的连接深刻影响的领域将被改造，爆发出巨大的能量，其中就包括像法律服务这样的专业服务领域。

所以说，互联网的下半场将对专业服务领域产生深刻影响。

所以，今天的主题是，"IT'S TIME, IT'S LAW"：是时候了！法律服务互联网化的机会真的来了！

今天，我的分享将从三个层面展开。我想和大家谈谈我们这个行业，以及技术和资本这两股对法律服务市场未来发展至关重要的推动力量。

第一，我们看行业。

一直以来，中国的法律服务市场被认为是一个只有千亿规模的市场。但其实，这个市场的规模被远远低估了。

我们不妨对比美国的法律服务市场。根据 2015 年的数据，美国法律服务市场达到了 4730 亿美元，约合 28 000 亿人民币，是千亿中国法律服务市场的 28 倍。

但如果我们看整个国家的 GDP 规模，全美的 GDP 只是中国的 1.5 倍而已。尽管我们必须承认，中美社会和文化整体存在差异，在中国，人们法治意识普遍不高，但是，中美法律服务市场目前高达 28 倍的差距是绝对不正常的。

由此根据 GDP 来类比推算中国法律服务市场的规模，我们会发现，它起码应该是一个万亿级的市场。

相比当前的千亿级市场，这个巨大的差额是什么原因造成的呢？我想，我们可以说出种种原因，但作为专业从业者，我们不能回避的一个重要原因是，中国法律服务的总体水平还远远不够。律师难找、律师能力的良莠不齐、法律服务过程的缺乏保障，种种的问题，严重制约了法律服务市场的健康发展。

所以，改善法律服务水平，应该是我们这个行业发展的当务之急。而互联网和新科技，很可能就是改变的机会所在。

我们看到，互联网和新科技已经给传统零售行业和简单服务领域带来了很大的改变。比如说，淘宝通过对接商品信息与购买信息，大幅度地提升了商品交易的效率。比如说，滴滴出行通过对接出行者位置信息与出租车位置信息，改变了打车方式，节约了出行者的时间，降低了出租车的空驶率。它们都是通过互联网的连接，实现了资源的高效配置。

对法律服务来说，人们如何实现供需资源的高效配置呢？

我们尤其需要注意的是，类比商品零售或者简单服务来看，法律服务的供方其实不是律师，而是律师的专业能力；法律服务的需方其实不是客户，而是客户的需求。

也就是说，仅仅有律师身份的信息和客户身份的信息是无法完成法律服务的供需匹配的。我们需要分别对律师专业能力和客户需求进行解构，完成数据化，用数据描摹出律师的专业能力和客户的需求。这样的数据会比简单的地理位置数据、价格、商品外观数据等更为复杂，需要我们对所有体现律师能力的数据进行挖掘和分析，并且拥有理解用自然语言表述的法律服务需求的能力。

法律服务供需双方的高效匹配一定是建立在这样的基于专业能

力 / 需求数据的匹配基础之上的。否则，即使可以让客户找到律师，也很难让客户找到对的律师。

但是，对于法律服务来说，仅仅实现供需双方的匹配，让他们能够找到对方就够了吗？答案显然是否定的。

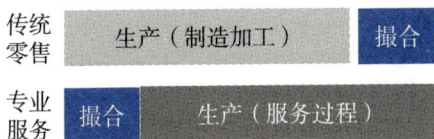

从这张图中，我们可以看到，无论是传统零售还是专业服务，它的交易过程都是由生产和撮合这样两个环节完成的。对于传统零售来说，像淘宝这样的平台更多地关注撮合的环节，由此发展出了"电商"的概念。也正因如此，很多人把"电商"的概念搬到了法律服务行业，想通过互联网完成法律服务的撮合环节。但是，他们却忽视了这样一点：普通商品的生产环节与消费环节是分离的，当它进入撮合时，商品的生产已经完成了，互联网平台不需要考虑生产的问题。但是对专业服务来说，撮合才仅仅是一个开始，还有更长的服务过程尚待完成。

这是我总结的一个公式：交易总效率 ＝ 匹配效率 × 生产（服务）效率。对于所有类型的交易来说，交易总效率与匹配效率和生产 / 服务效率正相关。要提升交易总效率，应当在提升匹配效率和生产 / 服务效率两方面下功夫。

我们来观察这张象限图，商品交易和简单服务往往是高频、标准化的，而复杂交易和专业服务往往是低频、个性化的。

```
              标准化

                   普通商品
                   简单服务

低频  ──────────────┼──────────────  高频

         复杂交易
         专业服务

              个性化
```

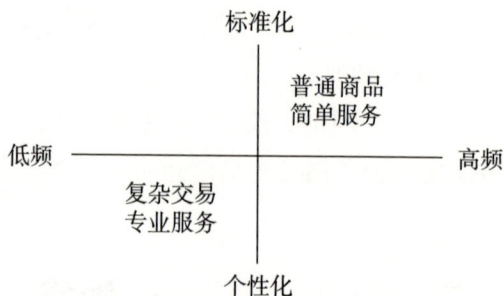

对于高频、标准化的商品和简单服务，生产／服务效率已经在过去通过比如机械化大规模生产等方式得到了极大的提升，再提升的空间已然不大，但由于它的高频，意味着市场中涌现着大量的交易机会，通过提升匹配的效率，交易的整体效率就能得到显著提升。所以，淘宝、滴滴这样的平台通过聚合并分发流量，大幅度提升匹配效率，这就在很大程度上提升了交易的整体效率。

而对于低频、个性化的事项，市场中的交易机会总数有限，匹配效率的提升能够创造的价值也就有限。要想提升交易总效率，就应该从匹配之后复杂的服务过程的生产效率提升方面着手。

由此可见，专业服务和普通商品、简单服务的不同性质意味着，仅仅提升匹配效率是完全不够的，提升专业服务的服务效率是更加重要的。

对法律服务来说，要做到这一点，就需要从以下三个方面入手，全面提升服务提供者也就是律师的服务能力。

1. 对律师能力结构的拆分

这其实也就是我们常说的专业化。只有对自己的能力进行拆分，让自己专注于一个或某些专业领域，才能够提升法律服务的效率，相信这已经是全行业的共识。但是，一直以来，由于每个人接触到的市场范围有限，律师的专业化很难深入。解决之道就在于利用法律服务互联网平台流量的聚合与分发。

在过去，我们每个人接触到的法律服务需求都是五花八门的，每一种类型的法律服务需求的量又明显不足，律师的能力很难被拆分开来。

但是，如果我们能够通过一个互联网平台聚合流量，并且对不同类型的流量分门别类地分发，就能更为精准地将法律服务需求的信息传递给能力与之匹配的专业化律师，每一位律师也能够得到某一领域的足够多的服务机会，律师的专业化也就能够真正实现。

2. 建立在分工基础上的律师协作

这其实是分工的必然要求。每一项法律服务所包含的服务内容往往是多元的，律师的专业化越是深入，就越不可能独立完成所有法律服务的内容。律师与律师之间只要存在地域差异、专业领域不同、专业能力高低，就存在着协作的必要。

我们几个月前推出的无讼合作就是律师协作最典型的例子。就拿异地查档这个最简单的事情来说，你不再需要付出高昂的时间成本和交通成本，亲自跑一趟，在这个全国性的律师协作平台上，你可以很容易地找到当地律师，更高效地完成这项工作。

3. 提供工具，帮助律师提升工作效率

比如说在座的许多人每天都在使用的无讼案例，它可以帮助律师更快地找到需要的案例和法规，检索的效率大大提高。目前，无讼案例已经收录了超过 2800 万份裁判文书，每天有超过 5 万名律师

都在使用它进行检索。

比如说专家辅助决策系统，这也是法小淘未来努力的方向。当你用语音的方式告诉它你正在处理的案件，它就能为你迅速提供相似案件的分析报告。当你完成证据目录的上传，它就能根据系统中的过往证据目录数据，判断你上传的证据目录是否存在潜在风险，并且做出提醒，等等。

比如说基于 SaaS 的工作平台。无论是定向案源推送、案情分析工具、客户管理还是团队协同等方方面面，都可以基于这样一套部署在云端的工作平台得到辅助。通过这样的方式，全行业的信息化将有可能以近乎零成本的方式得到实现，而不再需要每一家律所单独花费巨资去购买所谓的律所管理系统。

总之，我们认为，提升法律服务效率的关键在于，用新技术为律师赋能。

第二，技术。

两年时间以来，无讼通过自己的产品和线上服务，已经与用户发生过超过 2.8 亿次的交互。这样的交互让我们对如何用技术为律师赋能有了更多的思考。

首先是知识。未来，我们将把无讼在知识服务上的能力进一步开放出来，让社区里的每一个人成为知识的贡献者；与此同时，我们将基于在与用户的交互中沉淀的数据，分析每一位用户的阅读兴趣和专业背景，实现更为精准和个性化的知识推送，提升律师在这个信息爆炸的时代里知识获取的效率。

其次是工具。通过神经网络的技术，我们可以挖掘用户的每一次搜索条件与结果的关联关系，从而让机器读懂用户，理解搜索条件和案例结果的关联关系。加上对用户交互数据的分析，我们希望实现从律师"检索案例"变成"案例找你"。

最后是机会。从今年上半年开始，无讼已经开始尝试为律师提供机会。我们通过行业内部律师互动的无讼合作，通过帮助中小企业提供日常法律服务的无讼办法，以及面向诉讼高发企业的诉讼日常管理的无讼法务，已经为用户提供了超过 14 000 次机会。

机会对我们来讲就是专业化，它不仅是识别出每一个专业化中的你，为你推荐符合专业能力和期待的案件，更应该是为你的专业化赋能，帮助你最后获得这个机会。

我们从来没有把自己定义为一个产品公司、技术公司，而是把自己定义为一个服务公司。在互联网时代，服务不再是人跟人的交互，而是在线上的每一次往来。它会为你构成一个在互联网上的身份。

这个身份来自于你每一次跟系统的交互，它包括你关注的专业领域，阅读过的文章，做过的检索，服务过的客户，客户对你的评价，案件办理的结果等等。这个身份会让无讼看到你的不同，为你提供个性化的知识、工具和机会。

总之，这个身份会让你不一样。

两年前的今天，我们发布了无讼阅读，当时的口号是"看法的力量"。其实它还有后半句，只不过在发布的时候被我们去掉了。

经过两年我们跟每一名律师的交互，我们对这个图标进行了不断的补充和设计。今天，我们把它改名为无讼，当时没有喊出的后半句我们也终于可以喊出来了，叫作"想法的未来"。就像我刚才提到过的那样，未来，它将从方方面面，真正为律师赋能。

第三，资本。

这里的资本指的主要是风险资本。风险投资的模式自从二战后在美国兴起以来，对于技术的进步起到了巨大的推动作用。尤其是在 20 世纪后期到 21 世纪，硅谷的风险资本在与技术的互动中孕育出了更加成熟的运作模式，在全球传播开来。

在资金方面，资本将成为助推创新创业的"轮子"。通过天使轮、A 轮、B 轮、C 轮这样的一轮轮融资，伴随和推动着科技创新企业每一步的成长和扩张。

在经验方面，投资人可以提供非常宝贵的创业经验和公司治理经验。他们投资过许多创业项目，深知它们的成功经验和失败教训，对于商业模式的观察力也更强。

在资源方面，资本的支持是全方位的，不仅有人力资源、交易资源上的支持，更能带来战略资源。创业者可以获得投资人推荐的人才，被投项目之间也可以形成跨行业的内部资源互补。而对于战略投资，创业者甚至可以获得投资者平台的战略支持。

滴滴是典型的例子。自 2012 年 6 月成立以来，它们已经先后进行了 9 轮融资，总融资额超过 100 亿美元。现在它们的平台上聚集了超过 1500 万名司机，日订单量超过 1100 万。

现在我们每一个人都对这样的场景不陌生：几乎每一辆出租车

的司机都把手机架在仪表台上，用滴滴接单，规划行车路线。而这样的场景在几年前是完全无法想象的。出租车行业，就这样由一个信息化程度最低的行业，一跃成为信息化程度最高的行业。这样飞速的进步，资本的推动功不可没。

同样的，对于法律行业来说，它的技术进步，它的基础设施的完善，也同样离不开资本的支持。尤其是，我们越来越意识到，法律服务的互联网化所需要的资金不是单单靠这个行业里热心这项事业的律师们就能提供的，它很可能需要亿级、十亿级乃至百亿级资金的逐渐滚动式推动。

于是，我们也开始寻求风险资本的支持。很幸运，我们见过的投资人都非常认可无讼对于新技术推动法律行业进步的理念，非常认同无讼目前正在做的事情，非常赞赏无讼这支年轻有理想的团队！

今天，我想和大家宣布一个消息。我们最近刚刚完成了新的一轮融资。这一轮一共融了 1.2 亿元，是由华创资本和 IDG 资本共同投资的。

这笔融资款前几天已经到账了。但是对我来说，其实没有任何的欣喜，反而是感觉到了特别大的压力。这里面有投资人的信任带来的压力，有同行的关注和支持带来的压力，更有必须要用好这笔钱，在法律行业里切实做得更好的意识带来的压力。

我在以前的演讲中说过，法律服务的互联网化是一件"从 0 到1"，"创业维艰"的事情。在无讼的创业过程中，我也无数次地问过自己，为什么要去做一件这么难的事情？

但是，我也越来越相信，人是必须要去折腾一些事情的，否则人生就没有意义了。无讼的团队更让我相信，这是一支法律行业里极其难得的团队。如果我们好好努力，确实有可能把法律服务互联网化的进程往前推动三五年，甚至十几年。这个时候，我们又有什么理由不去努力呢？每每想到，有那么多的律师、那么多的法律人会因为我们的努力而受益，就更是觉得，这一切都是值得的。

所以，所有认识我的和不认识我的朋友们，请你们一定相信，我们真的会特别努力地，借助技术和资本的力量，把法律服务行业的互联网化做得更好！

我怎么看无讼的 1.2 亿元融资？ *

文 章 发 布 于 2016 年
12 月 9 日。

每年的国家宪法日（12 月 4 日），都是"无讼有声"大会这个一年一度的法律人大聚会举办的日子。今年的"无讼有声"大会如约而至。在这次大会上，除了演讲嘉宾分享对法律行业、技术和资本的思考，我也正式宣布了无讼获得 1.2 亿元融资的消息。

有关此次融资的新闻很快就在微信朋友圈刷屏了。许多律师同行在当天的"每周蒋讲"文章中给我留言，或者在微信上发信息给我，表达关心和祝贺。在这一周里，我也陆陆续续看到了很多关于无讼融资的评论性文章。

有人说，"与众不同的背后，是无比寂寞的勤奋"；有人说，这意味着"一个真正做事的团队受到了法律服务界和资本市场的认可"，希望能坚持初心，继续把事情做好；有人说，这意味着"资本看到了法律互联网创业的机会和价值"，对资本未来发挥的作用充满期待；也有人在猜测，无讼接下来会做些什么；还有人为无讼下一步的发展提出了很多中肯的宝贵建议。

这些关注、理解和期许都让我们十分感动。这让我们感觉无讼越来越不仅仅只是一家创业公司，更是整个法律服务行业对互联网化路径的共同探索。今天，我也想在这里，和大家讲讲我对这笔融资以及无讼未来发展方向的一些想法。

对我自己来说，这笔融资其实意味着很大的压力。

在 1.2 亿元全部到账的那天晚上，我整晚都没有睡着觉，接下来的几天，也总觉得心情压抑。我意识到，无讼创业这件事情，开始变得和以前有些不一样了。

以前的无讼更像是在小河湾中航行，而我是这片小河湾里颇有经验的水手。但这笔融资意味着，无讼将正式出海远航。它会遇到更美的风景，获得更大的成长，却一定也会面临更大的风浪。在茫茫大海面前，我这个小河湾中的水手的掌控力将面临巨大的考验。

更重要的是，这笔融资会让无讼有更大的体量。它会吸纳越来越多的人才，推出越来越多的产品，影响到越来越多的人。无讼这艘船能否最终抵达彼岸，早已不只是我们这几位创始人和无讼成立之初的小团队的事情。所有人都看着我们，对我们寄予期望，这让我越来越紧张，"压力山大"。

我甚至怀疑自己：为什么做律师做得好好的，偏要来折腾一件这么困难的事情？为了钱吗？当然不是。相比起我做得轻车熟路的律师业务，通过无讼创业来挣钱，那是难上一万倍的事情。何况，我向来就是个对生活没有什么太多要求的人。

每每想到这里，我都不得不承认，我就是一个太爱折腾的人。这种"毛病"是从小就有的。就像小学生考试考得好被老师表扬，有越多的人肯定我，我就越想做好。而当我做得越好，就会得到越多肯定，让我更想做好。

这样的正向循环推着我从最初的探索天同律师事务所自身的信息化建设，一步步地打开视野，提升能力，进而创立无讼，希望通过它推进整个法律服务行业的互联网化。

到现在，这条路越走越远，身上的担子就越来越重，很多时候，我也觉得越来越辛苦。可是我也清楚地知道，如果再给我一次重新选择的机会，我仍然会走上这条路，没有丝毫犹豫。

或许，人活着，总是要折腾点什么事情吧。辛苦也好，压力也罢，只不过是这个过程中必然伴随的附属品。如果因为这些辛苦和压力，就不做这件事情了，我想我会抱憾终身。

所以，对于这 1.2 亿元带来的压力，我也就慢慢释怀了。无论如何，我们都会把这笔钱用好了，将我们可能为这个行业创造的价值最大化。先不去想未来会怎样，无论最终能够走多远，努力地经营好每一个当下，是最重要的事情。

对无讼来说，这笔融资意味着我们走到了一个新的发展阶段。

一方面，正如我在今年的"无讼有声"演讲中提到的，我们接下来会在提升律师服务效率上下更大的功夫。

在过去的两年时间里，我们的工作更多地围绕提升法律服务的匹配效率展开。我们通过无讼阅读、无讼案例和丰富多彩的线上线下活动，连接了超过 35 万法律人，其中有一大半是律师；我们通过对案例大数据的挖掘、解构和分析，用数据标定了有过诉讼代理经历的每一位律师的专业能力。法小淘的发布，意味着我们初步具备了精准匹配法律服务供需双方的能力。

但是，我们也越来越清晰地知道，要提升法律服务的整体效率，仅仅提升法律服务的匹配效率是远远不够的。供需双方的匹配仅仅是法律服务的开始，而在这之后的整个法律服务过程的效率提升，才是提升法律服务效率的关键所在。接下来，我们将会为律师提供更多服务，同时也辅助律师更好地服务于客户。[1]

老实说，在这一方面，我们的能力还亟待建设。这几年，我们已经积累了很多社群运营的经验，但是在服务这件事情上，我们才刚刚起步。现在的我们，可能比两年前刚开始创业时面临着更大的挑战。

我们愿意迎接这样的挑战。因为，一旦把服务做好了，我们将真正撬动法律服务的效率提升，为这个行业带来更加明显的改善。

另一方面，无讼也会在盈利模式上做更多探索。

一直以来，无讼的产品都是免费的，无讼这两年完全没有盈利。很多律师朋友非常关心我们，诚恳地表达他们愿意为好产品付费，帮助我们来解决财务问题。非常感谢大家的关心支持！

对此，其实我们并不担忧，因为互联网模式的估值方式本来就与传统商业模式不同。后者看重收入、净利润和现金流，前者则看重用户数、日活、月活、页面浏览量、用户浏览量等指标。对于无讼来说，无论是无讼阅读、无讼案例还是其他业务条线上的产品，数据表现都非常不错。

在这套指标背后，其实是互联网语境下，尤其是由风险资本驱动的技术创新和商业发展中，对价值本身的不同理解。

风险资本往往在企业发展的早期阶段进入，这时的企业没有成

---

1 参见"每周蒋讲"专栏文章《白张 PPT 深度揭秘 2016 "无讼有声"大会：IT'S TIME, IT'S LAW》，发布于 2016 年 12 月 4 日，同样收录于本章。

熟的盈利模式，却可能拥有巨大的发展潜力。投资人需要通过前面提到的各项指标，判断这家企业是否为社会创造了价值。如果企业真正创造了价值，那么，只要它能够在未来找到实现价值的方法，就自然会拥有盈利的能力。投资人也就能以在企业发展初期的较少投入，获得企业成熟后的巨大收益。

但是，健康的商业模式一定应该是可持续的。风险资本的支持并不意味着企业没有了盈利的要求。如果企业的运营成本始终高于它从用户中获得的价值回馈，它最终就会因为没有自身的造血能力而倒下。即使这样的企业得到了再多风险资本的支持，也只能演化成纯粹的烧钱游戏和最终会破灭的资本泡沫。任何模式，最终一定要回归到商业的本质，我们自身也一定需要有基于商业本质的深入思考与洞见。

所以，对无讼来说，如何在创造价值的基础上，真正用成熟的盈利模式实现价值，是我们必须探索的方向。

对此，我们目前确实还没有特别明确、特别成熟的实践。但我想，未来无讼价值实现的可能无外乎来自于我刚刚提到的这两个方面：匹配效率的提升和服务效率的提升。

比如说，当我们能够帮助律师更快更精准地找到适合的客户，我们就能通过打破信息不对称创造价值，从中寻找到我们价值实现的机会；又比如说，当我们帮助律师提升工作效率，让律师可以在十分钟之内完成原本需要一个小时才能完成的工作，投入到更大的价值创造中，我们或许也可以从中实现我们自己的价值。

我们的价值实现，一定不是去抢律师们原有的蛋糕，也不是让律师分摊我们的运营成本，而是和律师们一起，把法律服务市场的蛋糕做大，再从增加的部分中实现我们的价值。

对于法律服务的互联网化来说，这笔融资或将成为推动行业变革的催化剂。

由于行业自身业态的特点，资金缺乏一直是法律服务互联网化的巨大难点。虽然此前也有风险资本投资了法律服务领域的互联网创业项目，但终究总量太少，也鲜有顶级投资机构的身影。对许多投资人来说，法律服务市场的规模、法律领域的专业门槛等等，都是他们对法律服务领域不太愿意给予更多关注的原因。

为了融资，我和我的联合创始人见过不少投资人，一遍又一遍地和他们交流我们对法律服务市场现状和未来发展趋势的判断。我们发现，许多投资人对法律服务领域的态度开始慢慢发生转变。IDG 资本和华创资本这两家中国顶级投资机构的支持（其中，IDG资本已经有六年获得过"中国创业投资机构100强"之首），将很有可能会在资本市场中形成示范效应，让更多的资本关注到法律服务行业，并且愿意投身其中。

更重要的是，如果我们能够在这笔融资的支持下真正做出业绩，创造法律服务市场在互联网的下半场飞速发展的例证，或许就能像最近这几年来互联网医疗、互联网教育一样，在资本市场中掀起一股互联网法律的热潮。这将有可能催生更多的法律互联网创业项目，更多法律人才和技术人才也会投身其中，整个行业的互联网化进程将大大加速。

所以，虽然我们这次融到的钱或许还只是法律服务互联网化所需资金的一个零头，但我们希望它能成为一个开始，帮助法律服务行业突破临界点，开启技术、资本与法律服务行业发展的正向循环。我们把今年"无讼有声"的主题确定为"IT'S TIME, IT'S

LAW",也正是出于这样的期许。

事实上,我们也很高兴地看到,无讼的融资信息一经发布,就很快得到了36Kr、创业邦、投资界等主流创投媒体的报道,它在互联网和技术圈子里得到的关注完全不亚于在法律圈里的。法律服务的互联网化不再只是法律圈子里自嗨的话题,这应该是一个可喜的信号。

当然,我仍然无法确切地说出未来究竟会是怎样的。但可以肯定的是,我们会在推动法律服务互联网化这条道路上不断地探索,我对这个行业的感情更不会改变。我会继续做好律师业务,不会失去对律师行业的敏感度。

对无讼的未来而言,其实无所谓成功失败,因为只要我们努力过,就多多少少做出了一些东西,就会帮助到律师的工作。所以,即便无讼未来失败了,我相信它仍然会是法律服务互联网化进程中浓墨重彩的一笔,会为这条路上的后来人提供足够多的经验和教训。万一成功了呢,我想再去做投资人,专门投资法律行业,把我从法律服务互联网这棵大树上收获的果实当作种子播撒开来,去扶持更多的法律领域的创新创业项目。独木再秀,仅此而已,但如果能够成林,那才是更为壮观的景象。

所以,无讼的未来,无所谓成败,那些已经经历的昨天、正在走过的今天和扑面而来的明天,我们的脚步会越来越坚定。

我一直相信这么一句话:"人生没有白走的路,每一步都算数。"

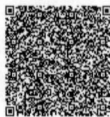

无讼内部恳谈：和你一起创业，真好！ *

原文发布于 2016 年 9
月 30 日，是蒋勇律师
在无讼网络科技成立
两周年时的无讼内部
恳谈会上的分享。

无讼的各位小伙伴们，非常难得，今天我们都暂时放下手头的工作，聚在这里开一次恳谈会。

无讼网络科技成立两年了，我们已经从三位联合创始人发展到现在这样一个大家庭。看着大家济济一堂，大家知道我脑海中闪过的第一个画面是什么吗？就是电影《中国合伙人》开篇，那个以新东方创始人俞敏洪为原型的主人公，站在体育馆中央的讲台上说："梦想是什么？梦想就是一种让你感到坚持就是幸福的东西！"

这句话我深以为然。在追求梦想的道路上坚持，我真真切切感受到了幸福。

我知道了什么是一个人的极限。那种全身心投入的快感是浅尝辄止永远也无法体会到的。

我具备了更强的抗压能力。那种在茫茫大海之中，哪怕看不到任何希望也要向前航行的信心，以及由这种信心带来的更强大的力量，是其他任何事情都无法给予的。

我获得了快速成长的快乐。创业就像是坐上一支升空的火箭，只有用最快的速度成长才能跟上它的节奏。以前很多朋友都说，天同已经发展得很不错了，蒋律师你完全没必要再去创业了啊！但是我知道，如果我不跟大家一起创业，我的成长会受限，看得到的天花板就在那里。

所以，虽然前段时间微信朋友圈里疯传一篇很火的文章，叫《没事别想不开去创业公司》，但我还是确确实实喜欢上了创业。

当然，这些都是我自己的一些想法，不知道和我一起在创业的各位的感受是怎样的。或许有人会觉得，蒋律师，你是无讼的创始人，所以才会这样全身心投入；你做的都是大事，所以才会有这样大的收获。

其实，创业永远是一件水涨船高的事情。当我跟大家一起创业的时候，我从每个人身上都学到了很多东西，你们每个人的成长其实都反射到我身上，促进我的成长。而正是因为我们每一个人的成长，无讼这支火箭才能真的越冲越高，为我们开辟更大的成长空间。

从这个意义上说，我们其实是一个成长共同体。从各位加入无讼的那一刻起，我们每一个人的成长就被绑定在一起了。或许我们每天做的事情并不相同，但它们都是无讼的成长中不可或缺的一部分。

而既然是共同体，我们就需要有真正的共识，无论是对我们的努力方向，还是对创业这件事情本身。这样的共识甚至会激发美妙的共振，让我们互相激励着，去挖掘我们每一个人的潜力，争取整个共同体更大的进步。

所以，这次恳谈会，我想从我们如何看待各类事情入手，谈谈我的理解。希望在这些事情上，我们能形成更多的共识和默契，无讼这个大家庭可以更团结、更有力量。

首先，是大事和小事。

有人或许会觉得，蒋律师现在做的是大事。说实话，蒋律师其实也只是一个做小事的人。

还记得我当年准备从最高人民法院离职的时候，曾经跟同办公室的同事们说："如果我以后一年挣到十万元，剩下的时间我就歇着了。"那个时候，我在最高人民法院一年的薪资大概是一万多。我就想，如果未来我的收入能够涨十倍，我就足够满足了。

一年十万元，放在今天，估计大家都不觉得咋地，但在当时，已经是我能够想到的最理想的了。后来，是因为一点一点地成长，一点一点地打开眼界，我才从一个一年挣十万就想歇着的人，成长为一个为更宏大的理想不断奋斗的人。

所以，或许我们每个人都需要从小事做起，然后才会慢慢地成长为做大事的人。

但是，即使是做大事的人，如果只有一个人的力量，他也注定做不成大事。

我是一个有很多年执业经验的律师，对于行业的发展，或许会比各位有更准确的判断。但是，仅仅有这些判断其实是远远不够的。我不会写代码，也不是运营方面的专家，我需要你们这些各有所长的小伙伴的共同努力，才能把无讼的事业真正发展起来。

在一架即将升空的火箭上，没有任何一个零部件是不重要的，哪怕你只是一颗小小的螺丝钉。大家一定不要小瞧我们每天在做的小事。正是因为做好了这些小事，我们才能把许多股小力量汇集起来，最终干成一件大事。

其次，是挣钱的事和不挣钱的事。

挣钱的事当然是我们非常希望去做的。不是有一句话吗？"一切不挣钱的商业模式都是耍流氓。"

但是，我也非常希望大家看到，一个公司所能挣到的钱，一般来说，代表着它能够为社会提供的价值。并不是每一件事情都是可以在当时兑现为现金的，在互联网语境里尤其如此。很多时候，我们都需要通过价值的累加，生成对社会的总体价值，然后再通过互联网，通过运营、技术等方式，把这个价值变现。

这也是当我们评价一家互联网公司的价值的时候，并不是单纯看重当期的盈利，而是更看重未来的估值的原因。所谓未来的估值，其实就是社会对你的价值的认可程度。

从这个意义上说，我希望大家在做事的时候，不要仅仅看到它是挣钱的事还是不挣钱的事，而要判断，它是有意义的事还是没有意义的事。

如果它没有意义，即使它是挣钱的事，我们也不要去做；如果它有意义，即使它在短期内不挣钱，我们也要做。我相信，如果我们真的把眼光放到为整个行业乃至整个社会提供价值上，我们一定会有实现自己的价值的一天。

再次，是容易的事和困难的事。

我相信，在大家的工作中，困难的事总会比容易的事多。因为，我们做的是开创性的事业，在很多方面，我们都没有前人的经验可参考，所有工作也都不是按部就班就可以完成的。我们每一个人，都在不断地接受挑战。

但是，不知道大家会不会也有这样的感觉：人如果经常生活在做容易的事情的环境中，会觉得很迷茫，没有方向，但是当你去做困难的事情时，你会觉得有进步，会趋向成功。

记得有一次，我和在座的一位小伙伴去长春出差，晚上一起跑步健身。刚开始跑的时候，那条路一直是上坡，我们特别用力地跑，配速也只有每公里七八分钟的样子。但是，那种感觉很充实。到了往回跑的时候，全是下坡路。这就简直太轻松了，我们俩一路狂奔，配速轻轻松松地就到了五分半。由此可见，当你觉得很轻松的时候，你要意识到，很可能是你在走下坡路。

相信类似的经历大家都有。那种坚持做完困难的事情，终于松一口气，欢呼雀跃，是一种特别好的体验。离开你的舒适区，去做那些有挑战性的事情，也是最大限度地挖掘你的潜力，让你快速成长的最好方法。

最后，也是最重要的，是你的事和我的事。

这个世界就是这样的。如果我认为这是你的事，即使我们关系特别好，或者我的道德特别高尚，我帮你做上一两周，顶多一两个月也就烦了，一定会能躲就躲。但是，如果我认为这是我的事，我一定会想尽一切办法把这件事情做好。因为我自己不干谁帮我干？

我自己不干我怎么成长？既然是我的事，我就得自己干，没有丝毫怨言。

对我来说，无讼当然是我的事。我创立了无讼，把多年来的积蓄都投入其中，我当然会尽我最大的努力，把这件事情做好。但是，对你们大家来说，无讼不也是你们的事吗？

我从来都认为，人不是去找工作，而是去加入一份事业。因为你一个人干不了那么多事情，干不成那样的事业，既然有人搭好了事业平台，你就去加入它。为此，你不用承担搭建平台的前期工作，也不用为它投入任何资金，但是，你的赌注是你的青春啊！

在座的大家，基本上都是二三十岁的样子，咱们无讼的平均年龄是 29 岁。很多人一毕业就加入了我们，要等到无讼的成熟和成功，你们可能会在这里花上几年甚至十几年的时间。很可能，你最宝贵的一段青春、你的事业的基石就投入在无讼了。所以你一定要慎重思考，这个团队值不值得你拿青春去赌。

如果你觉得不值得，那么你最好尽早离开，去找到那个真正值得你为之付出青春的团队。但是，你一定不能像猴子掰苞米，今天赌这个团队，明天赌那个团队，在哪个团队都找不到成就感，最后耽误的是你自己啊！

如果你觉得值得，真的愿意赌进来，那么无讼就是你自己的事业，是你需要为青春交上的答卷。这份答卷甚至是与无讼的成败无关的。如果哪天无讼成功了，你却没有在这个过程中得到更多的能力成长，你仍然会有负于你最宝贵的青春。只有让自己的成长速度超越无讼的成长速度，你才不会虚度在这里的时光。

好了，啰啰唆唆说了这么多，确实是因为我有很多感慨。我特别享受和大家一起快速成长的感觉，希望大家也一样。

　　我曾经不止一次地感慨过，这辈子如果可以从头来过的话，我一定会一毕业就加入创业团队，在里面快速地成长。等它上市了，我创造的价值兑现了，我可以再去干一票。干一票之后算一算年龄，也许还来得及再干一票。这一辈子干三票创业，就可以安安心心地闭眼睛了。

　　这是我真实的想法。因为我会觉得，这样的人生好精彩。说到底，创业，创业，不就是为社会创造价值吗？而我相信，当我们为社会创造了最多的价值，我们也能获得最快速的成长，为自己创造最多的价值，此生无憾。

　　所以，创造、成长，这是我今天想跟大家分享的话。希望我们一起来努力，共同为社会创造价值，为无讼创造价值，也为我们自己创造价值。

　　最后，说句心里话：和大家一起创业，真好！

无讼内部恳谈：关于成长，关于伙伴 *

原文发布于2017年5
月26日，是蒋勇律师
在2017年季度内部恳
谈会上的分享。

无讼的小伙伴们，大家好！

在座的所有人中，我可能是年龄最大，头发也最白的一个。我是70年代初期生人，你们很多都是90后，比我小了超过两个年代。人生是个匆匆的过程，很多事情真的是要过了40岁才知道。所以，在今天的这个季度内部恳谈会上，我想占用大家一点点时间，跟大家聊两个话题，分享我最近的一些体会。

第一个话题是关于成长。

这个话题基本上我们每个季度都会谈到，因为成长是无时不在的，也是我们每个人这一生永恒的主题。你在20多岁的时候有成长，在30多岁的时候有成长，40多岁了其实你也还在成长。当然，一直到你80岁的时候，如果你还能看到明天的太阳，其实你当天晚上也还在成长。

但是，成长到底是什么？难道就是我早上起床了，洗漱穿衣去上班，吃三顿饭过完这一天，晚上睡觉前想想我这天干了什么，等着周而复始地过下一天？这不叫成长，这叫自然生长。就算是一头猪也会这么长，何况你是人呢？

所以我经常会想，成长到底是什么？刚才坐在这儿听毅总（无讼 CEO）讲我们无讼这几个月的成长故事，我总结了成长的三个方面，大家看看对不对。

第一个方面叫作"探索未知"。

说实在的，人这一辈子是天生好奇的。我女儿刚刚会爬的时候，就爬着到处去摸，去探索对她来说是未知的世界。人的本性或许就是不断地探索未知世界的边界，从中收获成长。我们知道的越多，不知道的就越多。有人说，一个人知道自己不知道的，比知道自己知道的更重要。我深以为然。

当然，每个人想知道的东西是不一样的。比如说我的偶像马斯克，他想探索人类怎么到火星上去，探索火箭发射出去之后能不能收回来。我们也想去探索，但我们的着眼点和他不同，我们需要在能力范围之内，尽可能地探索未知边界。正是因为这种探索未知的渴求，才促成了我们几个人最初的创业。而大家之所以加入到这个创业中来，也一定是希望突破过去的自己，发现更多的可能性。

所以我想，探索未知是我们每个人的渴求。不管你是文科生还是理科生，这都是一个会时时刻刻让自己成长的方面。前几天听了咱们一位同事在内部学习会上的分享，题目就是"像理科生一样思考，像文科生一样表达"。

第二个方面叫作"挑战极限"。

还是拿猪做例子。我小时候在外婆家长大，外婆家的庭院前有一个猪圈，养着小猪一家子，里面有三只小猪。我看着它们从小猪崽长到 200 来斤的大肥猪，最后被杀掉，上了餐桌。我那时跟这些小猪是有感情的，每次宰猪的时候我都特别伤心。我觉得，为什么要宰了它呢？后来父亲告诉我，原因很简单，因为它太安逸了。它天天就在圈里待着，满足于每天能吃能睡，连终有一天被宰掉都不知道。

我觉得人也是这样，人应该突破自己，去挑战自己的极限。在这一点上，我前不久有一次深刻的体会，就是到泰山去跑马拉松。一年多前，我还认为跑马拉松对我来说是一件不可能的事情。我多次被拉进无讼的跑步群，又多次因为无法坚持而退出。我以前打死也不敢想象，我可以连续两个半小时不间断地跑步，把半马跑下来，但是经过一年多的锻炼，我居然做到了。

还记得，在跑到 17 公里的时候，我腿部的每一块肌肉都在抽筋，我真的觉得自己坚持不下去了，倒在了地上。但当我再次站起来，往前几乎是边走边挪，到了冲刺的那一刻，我收获了人生中绝无仅有的高潮体验！而这样的体验，是只有经过那样的艰苦才能获得的。这就是对自我极限的挑战带来的无比的快感！

第三个方面叫作"超越自我"。

我们或许有能力探索未知世界，有本事挑战极限，但这都是对外部世界而言的。超越自我这件事有时比这些都更难。最难的就是反求于内心，战胜自己内心的恐惧、自私和懒惰。这在很大程度上取决于我们有没有自省的能力，这点非常重要。我们要和自己比，和昨天的自己比。

前不久，我应一位管理咨询老师的邀请做了一套 IBM 研发的领导力偏好测评。它给出了 200 多项行为描述，让我判断我是否可能采取这样的行为。一边做我就一边意识到，我有些做法是对的，但在有的方面做得不好，以后需要多多注意。

做完测评后，这位老师给了我一个评价。她说：你是我测过的所有领导人当中最有成功潜质的一位。我当时特别高兴，但在高兴之后我也意识到，说我是"最有成功潜质"的一位，其实不就是说我现在做得还不够好啊！

更重要的是，老师指出了我在工作中存在的一些问题。她说："你的行为激励因素的前三位分别是创业、无私奉献和挑战不可能。你的内心需要极致有挑战性的目标，否则工作可能索然无味。你的特质适合做创业初期和变革引领时期。但组织发展到一定阶段，过多的变化会让团队无所适从，从而引发团队的压力感和无力感。""必要的稳定感和保持节奏的事情，应该有其他的高层配合您来做，不矛盾，可以并行，但要合理分工策划。"

这些测评分析，让我认真反思。老师给我提的几条建议，我都把它们截屏下来，反复读了很多次，并且回复老师，这几点意见都非常正确，我会在未来的工作中改进。

我想，人生最难的事情应该就是不断地反思和超越自己。在座的各位小伙伴，虽然你们都还很年轻，但你们也要不断超越自我。我们每个人都应该反思自己在工作和生活中可能存在的问题，并且迅速着手，立即改进。

以上是关于成长。除此之外，我还想跟大家分享关于伙伴。

我真的认为，伙伴是人生最高的一种境界，在某种程度上来说，伙伴关系比婚姻关系还要重要。去年年底我参加腾讯年度大会的时候，马化腾说给刘强东的一句话让我特别地印象深刻。他说，腾讯入股京东的时候，马对刘说："我是把半条命交给你了。"

我理解，这就叫伙伴。真正的创业伙伴，要有这种把半条命交给对方的思想准备和魄力。要么别干，干了就把半条命交给对方。

我所说的对方不仅仅指我和毅总、想想姑这几个创始人之间，更重要的是指我们在座的每个伙伴之间。各位加入到这个创业团队中来的时候，其实就是把半条命交过来了。既然半条命都在这些伙伴手中，我们哪有理由不互相信任呢？

所以说起来，伙伴关系也有三个关键点：

第一个关键点是共同的愿景。

也就是说，咱们组成一个团队要干吗去？大家承认吧，我们每个人的能力都是有边界的，每个人都是不完美的。有句话说："没有完美的个人，但有完美的团队。"但是，并不是一些人组合在一起就叫团队。

很多时候，我们并不知道我们会遇到什么样的困难。这个时候如果有人临阵退缩，或者大家意见不合，为发展方向争吵不休，甚至尔虞我诈，钩心斗角，这事就完全没法干了。只有当我们有了愿意共同为之努力的目标和愿景，才能在最大程度上齐心协力，克服所有困难。

我常说，咱们在一起做事，不做就不做，做就做一番大事，"劫就劫皇纲，嫖就嫖娘娘"。这个做大事的梦想，就是我们要结成伙伴关系的原因。当中国的法律生态圈在我们的努力下变得更好了，当每个人真正体会到法律带来的公平正义，我们的愿景就实现了。

第二个关键点是互帮互助、互相欣赏。

互相欣赏是一种特别强大的力量。大家一定要记得，当你欣赏别人的时候，你会发现别人也欣赏你。当你去求助别人的时候，别人一定会很痛快地帮你。所以，互相欣赏是伙伴关系中很重要的部分，我们在每一个工作小组中都要努力去做到。

第三个也是更高境界的一个关键点，就是信任。

人与人之间的内耗，都是因为不信任，信任是使团队成其为团队的内在纽带。

信任这件事情是双向的。当你信任别人，被你信任的人也会觉得，我不要辜负信任，我要努力做到，这就形成了一个非常好的关于信任的闭环。反过来，如果我不信任你，你就会觉得反正你不信任我，我就不好好干，这样，我也就更不敢信任你了，造成的后果确实就是一个死循环。所以，人在做任何事情的时候要去努力寻求正反馈。只有这样，我们的伙伴关系才会更稳靠，才会更有利于整个团队力量的形成。

无讼创业两年多来，大家都很辛苦。我经常看到很晚的时候，咱们无讼的办公区都还亮着灯。但是我想，这个世界上很多关于成长和关于伙伴的故事都和在艰苦条件下的成长有直接关系。

当你们到我这个年岁的时候，我相信一定会过上比今天更好的日子，同时，你也一定会觉得你的精神世界很满足。因为你的成长过程中，在该吃苦的年龄吃苦过，在该奋斗的年龄奋斗过，在该有一大群伙伴跟你一起没日没夜拼搏的时候，有这样一群伙伴在身边。这种感受是你未来有了更高的社会地位，有了更多的财富，有了更加幸福的家庭之后反倒不容易获得的。如果在这个阶段，大家只是追求安逸的生活，其实不是真正地享受，而是害了你们。嗯，想想我小时候外婆家的小猪吧！

最后，我想说，很开心和你们一起，成为真正的创业伙伴，期待和你们收获更多、更快的成长！

哈佛演讲：从天同到无讼，
看中国律所在互联网上的探索 *

原文发布于2015年
12月4日，是蒋勇律
师2015年在哈佛商学
院和华东政法大学联
合打造的"律所领导
力与发展战略——中
国课程"上的分享。

　　首先，我想给大家鞠一个躬。刚刚我在座位上，听着大家对天同的各种讨论，很多的溢美之词，我非常感动。天同的案例居然有幸登上哈佛商学院的课堂，这对我来说已经是莫大的荣耀。但说实在的，刚刚大家表达的对天同的喜爱完全超出了我的预料，所以我首先要给大家鞠个躬表示感谢。

　　我在想，或许今天是很有意义的一天。这不仅仅是针对天同说的，更重要的是，我们有一群中国的律所管理者，在世界顶级的商学院的课堂上，讨论一个中国律师行业中的新现象，而这个新现象有可能会在未来，我只是说有可能，长久地影响在中国尚且非常年轻的律师这个行业。

　　大家替天同总结的所有的点，如果放在互联网的语境下来看，其实都是它的题中应有之义。

　　比如说丁伟晓律师和薛军律师都提到的"温度"。你去看有关互联网的阐述，以及所有有关互联网传播的理论，它们一定会谈到"温度"这个词：只有接受传播的对象感受到你的温度，这个传播才会持续下去；只有他们觉得你传播的内容对他们有帮助，他们才会喜欢你，愿意成为你的"粉丝"。

当然刚刚大家也有一些对我个人未来发展方向的讨论，比如说蒋律师是应该继续专注在律师事务所呢，还是应该把精力投入到互联网与法律行业的结合创新中去呢？

我想，我既不会单纯专注在律师事务所，也不会单纯专注在互联网这块。这不仅仅是因为两者我个人都热爱，还因为我相信，未来所有的律师事务所都将是互联网化的。所以专注律所和专注互联网，这两者在未来是不必要区分的。

前段时间不是很流行一句话吗？说"未来将不会再有互联网公司，因为所有公司都会是互联网公司"。那我想，"公司"这个词应该包含了我们律师事务所这个行业。

对我自己来说，我把它看作一个机会，并且非常非常渴望抓住这个机会，在律师行业中做一些前人从来没有做到过的事情。

这并不是说前人不够聪明，不够能干，而是因为前人没有遇到这个时代，没有遇到互联网这种会带来前所未有巨大变革的东西，而我们恰好在这个年代遇到了。

而我们自己呢，从整个发展链条上看，我们先是专注在诉讼领域，然后恰好选择了最高端的商事诉讼领域。这个领域，大家都知道，是金字塔的尖儿，或者叫作"皇冠上的明珠"。在这个金字塔尖儿上，我们的业务能力是有可能辐射全中国的。

一个很重要的原因是，中国是一个法律一体化的国家，而不像美国，既有州的法律体系，又有联邦的法律体系，会造成分割。

我们的诉讼案件打完一审之后会打二审，打完二审之后会打再审，也就是说，一个案件有可能从一个偏远山区一直打到北京去。

从地级市到省里，到北京；从基层法院到中级法院，到高级法院，直至最高人民法院，这是一条线，而这条线从顶端开始往下，是可以织一张网的。

这就意味着，如果有人能够在这张网的最顶端把它拎起来，将有可能用最小的力量找到一个支点，撬动全中国的大网络。

这也意味着，在法律行业的互联网化上，中国律师的进步将有可能超过美国的同行。我前段时间完成了一篇文章，阐述我在这方面的想法，题目就叫《法律服务互联网之路，中国有机会超越美国》，只是觉得现在发表太早了，所以一直压了下来。但是我真的相信，互联网对中国律师行业来说是特别难得的机遇，中国律师行业在互联网上的探索是非常值得做的事情。

这件事情非常难得地落在我们身上了。

前面十年，我们是全心全意做诉讼的，从来没有想过未来会在互联网上去发展。那么，我们在发展过程中也照样遇到了和课堂上讨论过的案例，美国最牛的所 Wachtell 一样的瓶颈：它扩大规模就会降低人均利润率；如果不扩大规模，它永远只是一个小所，影响力有限。

但是在中国，在互联网时代到来这个时间点上，我们发现，其实我们有可能通过金字塔最顶端的这个点把整张网给拎起来。

因此，我们开始去开放，去尝试跟全国各地的律师建立联系。我们想把一条条线连起来，看未来有没有机会顺着这条线往下走。

但是，当我们开放了，去跟各地的律师连接的时候，我确实是受到感染了，这种力量很自然地把我们往前推。在这个时候，我看了凯文·凯利那本著名的书，叫《失控》。

他把人类社会的结构当作一个生物体来研究。所以他的一个最基础的逻辑就是，整个社会其实是一个失控的社会，任何人都不可能通过一个中心的力量去把控别人。

我也开始意识到，我们这个以天同为中心去连接全国律师的结构是有问题的，因为它还是有中心的，不是真正的互联网。真正的互联网应该是去中心化、无边界的。

所以我觉得，我们应该遵循这个规律，打破天同这个中心，让更多的律师和律师事务所相互建立起连接。

正因如此，在去年年底，我们创立了新的品牌"无讼"。在这里，没有谁是控制者，没有谁是所有者。我相信，这才符合未来互联网世界的发展方向。

而为了让律师行业中更大范围的连接成为可能，2015 年 4 月，我们上线了一个工具，叫无讼案例。对我们来说，这是一个入口级的产品。

我不知道大家能不能理解这个意思，其实每个行业都有一些入口，它的战略地位跟马六甲海峡和巴拿马运河是一个道理：只要把住了这些入口，所有的流量都必须从你这个入口走。

互联网上的入口级产品就是案例的检索，因为每一个律师在做案子的时候一定会先去检索案例和法律法规，对吧？事实情况也是如此：无讼案例上线半年，现在每周的 PV 量超过 100 万人次。这意味着什么？这意味着大量的流量会通过这个入口走。

9 月底，在无讼案例的基础上，我们又进一步推出了一个新的互联网产品，叫无讼名片。

过去时代的互联网是人去找工具，我必须坐在电脑前面使用这个工具，才能够跟互联网连接。但是现在，我们每个人的手上都有一个移动终端，工具跟着人走。所以说，这是一个以人为本的时代。

那谁是"人"？在我们这个律师圈子里面，律师就是我们需要去打造的人。推出无讼名片，我们希望为全中国律师打造一个移动互联网上的虚拟身份。

给大家披露一个小小的数据，我们这个名片产品上线才短短一个多月，现在在上面认证的律师已经超过万人。超过万人是什么概念？如果我们把这些人都当成是律所的律师的话，那会意味着什么？这方面的猜想，我今天在这里就不多展开了。

但可以确定的是，让他们互相之间发生关系，让他们在这上面学习、工作，提升他们的工作效率，帮助他们改善法律服务水平，会是无讼未来的方向。

实际上，它会比现实生活当中的绝大多数律师事务所，对律师个体有更大的帮助。

在中国，像哈佛案例上讨论的这几家律所太少了，不超过10%。90%以上的律师执业的律所都不能给他提供有更大价值的平台。在座各位的所应该都在这10%之内，可能大家没有去体会那些属于90%的律所的律师的感受，不知道他们对于这样的帮助的渴求有多强烈。

我们相信，这样的问题将可以通过一个更大的互联网平台来解决。

最后，我想用几句话再概括一下我对未来发展的预判，也回应一些朋友刚刚提到的对无讼的担心。尤其是有人说，无讼未来可能会对传统的律所经营带来冲击，甚至颠覆律师行业，这让他们觉得很"恐惧"。

其实，在当今的互联网世界，有一个词非常热门，叫"共享经济"。我们会发现，世界上最大的出租车公司 Uber 并不拥有一辆出租车，世界上最大的酒店 Airbnb 并没有一间客房，那么我们有没有可能去设想，未来中国甚至是全世界最大的律师事务所并不拥有一位自己的律师？

那我们来看，Uber 上的司机会抱怨 Uber 吗？把自己的房屋拿出来放到 Airbnb 上经营，并且和来自全球各地的人交朋友的这些出租者，他们会不愿意使用 Airbnb 吗？

同样的道理，如果真的有这样一个律师平台的话，为什么我们律师事务所和律师会去"恐惧"或者抵触呢？

大家其实只需要明白一个道理，就是如果这个互联网产品不是最受欢迎的产品，它永远没有前途，根本不足以让你"恐惧"；而如果你认为它是一个可能会让你"恐惧"的产品，那前提就是说它有巨大的影响力。而在互联网世界，这样的东西一定是最符合你需要的东西，否则它根本就没人用，当然就发展不起来。

这就是马云最近一直在谈的所谓的互联网上的"利他经济"。

你如果不能给予别人价值，你自己就不会有价值，这是互联网上最颠扑不破的真理。

所以，只要你想着如何更好地帮助别人，你的用户就会越多，这个网络的价值越大，你也就会更有动力去帮助别人，别人也会更好地来使用。那么到最后，你给予别人的价值越多，你自身的价值就越大。

我想，在互联网强大的影响力冲击下，未来所有的中国律师事务所一定会在价值观上重新树立自己的价值标准，这其实是一个看得见的趋势。

无讼带来的是一个开端，也是一个我们可以共同去改变的时机。它不会影响到我们每个人既有的利益，除非你所获得的利益本身就是阻碍律师业务发展的。如果真的是这种情况，那它当然应该被改掉，我相信你也愿意把它改掉。

当然，我不敢说在这条路上无讼未来一定会成功。

或许路途很遥远，或许我们会失败，但我们知道，只要方向对了，就不怕路远；只要努力过，就不在乎成败。我相信，不管成功还是失败，我们都会在中国乃至全球的律师行业里留下自己独特的印记。

今天，我想特别恳请哈佛商学院的 Das 教授和 Ashish 教授能够继续跟踪天同和无讼的这个案例。我也非常期待未来会有一天，我能再回到哈佛商学院的课堂上来，代表中国的律师，给美国的同行讲讲中国律师的创新故事。